北京学学术文库
Beijing Studies Academic Library
北京学研究基地 组织编写

北京高校高精尖学科建设项目
"北京学"学科资助出版

北京市民俗类国家级非物质文化遗产项目保护现状与对策

张勃 等著

学苑出版社

图书在版编目（CIP）数据

北京市民俗类国家级非物质文化遗产项目保护现状与对策 / 张勃等著. —北京：学苑出版社，2021.8

（北京学学术文库 / 张宝秀主编）

ISBN 978-7-5077-6244-0

Ⅰ. ①北… Ⅱ. ①张… Ⅲ. ①风俗习惯 – 非物质文化遗产 – 保护 – 北京 Ⅳ. ① K892.41

中国版本图书馆 CIP 数据核字 (2021) 第 166271 号

责 任 编 辑：徐志琴
出 版 发 行：学苑出版社
社　　　址：北京市丰台区南方庄 2 号院 1 号楼
邮 政 编 码：100079
网　　　址：www.book001.com
电 子 邮 箱：xueyuanpress@163.com
联 系 电 话：010-67601101（营销部）、010-67603091（总编室）
经　　　销：全国新华书店
印　刷　厂：英格拉姆印刷(固安)有限公司
开 本 尺 寸：710mm×1000mm　1/16
印　　　张：17
字　　　数：200 千字
版　　　次：2021 年 10 月第 1 版
印　　　次：2021 年 10 月第 1 次印刷
定　　　价：86.00 元

《北京学学术文库》编委会

顾 问：单霁翔　　张妙弟

主 任：李建平　　张宝秀

编 委（按姓氏笔画排序）：

　　　王玉伟　　尹钧科　　孔繁敏　　刘　勇　　李建平
　　　张　勃　　张　艳　　张宝秀　　张景秋　　岳升阳
　　　贺耀敏　　秦红岭　　高大伟　　唐晓峰　　韩光辉

总 序

《北京学学术文库》是由北京学研究基地推出的系列学术著作。

北京学是研究北京的学问,是以北京城乡地域综合体为研究对象的现代地方学,同时又属于首都学范畴,是一个具有交叉性和综合性双重属性的应用性学科。

北京学研究基地是2004年9月由北京市哲学社会科学规划办公室和北京市教育委员会联合批准设立的首批北京市级哲学社会科学研究基地之一,是以成立于1998年1月的北京联合大学北京学研究所为核心,以地理学、历史学、考古学、民俗学和设计学为主体学科,以北京历史文化名城的时空演进、保护与发展为主线,以"时－空－人结合""过去－现在－未来贯通"为研究视角,以"立足北京、研究北京、服务北京"为宗旨,以"地域性、综合性、应用性、开放性"为特色,面向校内外、国内外开放的跨学科北京市级研究平台。2016年,北京学研究基地入选光明日报智库研究与发布中心、南京大学中国智库研究与评价中心联合发布的首届"中国智库索引（CTTI）来源智库"名录。2019年,"北京学"获批列入"北京高校高精尖学科建设名单"。

北京学研究基地设有三个重点研究方向:一是北京文化遗产保护与利用研究;二是北京城市空间格局与发展动力研究;三是北京文化特征与义脉传承研究。北京学研究基地重视中观到微观层次的调查研究,坚持研究北京、挖掘文化、传承文脉、服务发展,积极开展北京城市及周边区域发展的综合研究、应用研究和人才培养,努力为北京历史文化名城保护与发展、全国文化中心建设和京津冀协同发展提供智力支持。

北京学研究基地组织撰写出版《北京学学术文库》，成立编委会，团结北京联合大学校内外专家学者力量，围绕北京学研究基地的重点研究方向，统筹策划、组织撰写、统一出版有一定规模和显示度的高水平系列学术著作，兼顾部分有较高学术价值或文献价值的调研报告、文集等，旨在践行北京学学术宗旨，扩大北京学社会影响，充分发挥北京学研究基地的文化智库作用。

入选《北京学学术文库》的每部著作都力求从地域文化的视角出发，基于历史、认识当下、把握未来，追寻发展规律和动力机制，研究资料丰富，研究思路有新意，学术论述充分深入，呈现形式图文并茂。文库系列著作装帧设计力求统一，封面风格和版式保持一致，陆续安排出版。

欢迎北京联合大学校内外致力于首都文化、北京历史地理、北京文化遗产保护与利用、北京城市空间格局与发展动力等领域研究，有多年学术积累的专家学者将自己的最新研究成果列入《北京学学术文库》出版计划。同时，支持在北京学研究领域已经出版过专著的专家学者将有关作品进一步补充、完善"旧作新写"纳入《北京学学术文库》。我们也鼓励从事北京相关专题研究的青年学者将研究成果（包括但不限于博士、硕士学位论文和博士后出站报告等）经过认真梳理、升华以达到《北京学学术文库》著作要求而列入出版计划。

感谢社会各界对北京学研究基地和《北京学学术文库》的关注与支持！

《北京学学术文库》编委会

2021年7月

目录

001 绪论
民俗类非物质文化遗产的特征、意义与保护

022 第一章
北京市民俗类国家级非物质文化遗产项目保护现状与对策

049 第二章
厂甸庙会保护现状与对策

068 第三章
东岳庙庙会保护现状与对策

108 第四章
妙峰山庙会保护现状与对策

134 第五章
敛巧饭习俗保护现状与对策

156 第六章
密云九曲黄河阵灯俗保护现状与对策

182 第七章
千军台庄户幡会保护现状与对策

214 附录
北京非物质文化遗产研究综述

261 后记

绪论 民俗类非物质文化遗产的特征、意义与保护

民俗类非物质文化遗产，是伴随我国非物质文化遗产名录体系建设而出现的非物质文化遗产类别。根据联合国教科文组织《保护非物质文化遗产公约》"为了使其领土上的非物质文化遗产得到确认以便加以保护，各缔约国应根据自己的国情拟订一份或数份关于这类遗产的清单，并应定期加以更新"的要求，我国在加入公约不久即开始了非物质文化遗产代表作名录体系建设。2005年3月，国务院印发《关于加强我国非物质文化遗产保护工作的意见》（国办发〔2005〕18号，以下简称《意见》），明文规定"要通过制定评审标准并经过科学认定，建立国家级和省、市、县级非物质文化遗产代表作名录体系"，同时公布了《国家级非物质文化遗产代表作申报评定暂行办法》，对建立国家级非物质文化遗产代表作名录的目的、评审标准、申报要求、申报程序、评审程序等做出具体规定。同年6月，为了贯彻落实国务院《意见》精神，文化部发布了《关于申报第一批国家级非物质文化遗产代表作的通知》，全面启动了我国非物质文化遗产名录体系的建设工作。

该通知规定，"申报国家级代表作的项目"是"符合国家级非物质文化遗产代表作的定义，具有杰出价值的民间传统文化表现形式或文化空间"，其中传统文化表现形式主要包括民间文学（包括作为文化遗产载体的语言）、民间美术、民间音乐、民间舞蹈、戏曲、曲艺、

民间杂技、民间手工技艺、生产商贸习俗、消费习俗、人生礼俗、岁时节令、民间传统知识、传统体育竞技等；文化空间是指按照民间传统习惯的固定时间和场所举行的传统的、综合性的民间文化活动，如庙会、歌圩、传统节日庆典等。2006年5月，国务院公布了第一批国家级非物质文化遗产名录，518项国家级非物质文化遗产代表作被划分为十大类别，即民间文学、民间音乐、民间舞蹈、传统戏剧、曲艺、杂技与竞技、民间美术、传统手工技艺、传统医药和民俗。其中五个类别的名称在2008年有所调整，即民间音乐调整为传统音乐，民间舞蹈调整为传统舞蹈，杂技与竞技调整为传统体育、游艺与杂技，民间美术调整为传统美术，传统手工技艺调整为传统技艺。自此，民间文学，传统音乐，传统舞蹈，传统戏剧，曲艺，传统体育、游艺与杂技，传统美术，传统技艺，传统医药和民俗这十大类别就成为中国非物质文化遗产代表作名录体系建设和认识中国非物质文化遗产的基本框架。

然而，早在非物质文化遗产保护行动开始之前，民俗就已经是一个有着特定内涵与外延的学术概念。根据钟敬文主编《民俗学概论》（第二版），"民俗"即民间风俗，"指一个国家或民族中广大民众所创造、享用和传承的生活文化"[①]，具体包括物质生产民俗、物质生活民俗、社会组织民俗、岁时节日民俗、人生仪礼、民俗信仰、民间科学技术、民间口头文学、民间语言、民间艺术、民间游戏娱乐。其中物质生产民俗又包括农业民俗，狩猎、游牧和渔业民俗，工匠民俗，商业与交通民俗；物质生活民俗又包括饮食民俗、服饰民俗、居住建筑民俗；社会组织民俗又包括宗族组织民俗、社团和社区组织民俗；人生仪礼又包括诞生仪礼、成年仪礼、婚姻仪礼、丧葬仪礼；

---

① 钟敬文主编：《民俗学概论》（第二版），北京：高等教育出版社，2010年，第3页。

民间科学技术又包括民间科学知识、民间工艺技术、民间医学;民间艺术又包括民间音乐、民间舞蹈、民间戏曲、民间工艺美术;民间游戏娱乐又包括民间游戏、民间竞技和民间杂艺等。①将这一定义与非物质文化遗产定义相比较,可以发现,民俗学的"民俗"几乎涵盖了非物质文化遗产的所有类别,也因此,它与民俗类非物质文化遗产中的"民俗"具有不同的内涵和外延。

目前关于民俗类非物质文化遗产的研究成果,既有针对这一类非物质文化遗产的特征、保护困境和保护对策的研究②,也有针对某一区域民俗类非物质文化遗产的研究③,还有针对具体的民俗类非物质

---

① 钟敬文主编:《民俗学概论》(第二版),北京:高等教育出版社,2010年,第3页。
② 田兆元:《关注非物质文化遗产保护背景下民俗文化与民俗学学科的命运》,《河南社会科学》2009年第3期。关昕:《民俗类非物质文化遗产的特征和保护策略》,《重庆文理学院学报》(社会科学版)2010年第1期。刘明阁:《论民俗类非物质文化遗产的传承、保护和利用》,《江汉论坛》2012年第10期。戴欣佚:《民俗类非物质文化遗产开发新模式初探》,《南通职业大学学报》2013年第4期。周星:《民俗类非遗的意义、现状和问题》,《美术观察》2016年第6期。王燕妮:《中国民俗类非物质文化遗产分类研究》,《湖北民族学院学报》(哲学社会科学版)2017年第2期。李荣启:《民俗类非遗在当代的保护与传承》,《艺术百家》2018年第6期。肖雪锋、刘磊:《民俗类非遗品牌的塑造与传播策略》,《当代传播》2018年第6期。
③ 路璐、王思明:《江苏民俗类农业文化遗产的现状调查与保护对策研究》,《中国农史》2011年第3期。于家宁:《当"海洋"遇上"民俗类非物质文化遗产"——海洋实践视角下的传承与保护》,《中国海洋社会学研究》,北京:社会科学文献出版社,2017年,第188—201页。刘春香:《论民俗类文化资源的抢救保护措施及开发模式——以河南为例》,《传承》2014年第11期。杨润桂、陈刚、许娜:《新时代背景下潮汕地区民俗类非物质文化遗产的保护和传承》,《现代营销》(经营版)2019年第10期。胡艳丽、曾梦宇:《新时期民俗类非物质文化遗产传承方略探微——以贵州黔东南州为例》,《旅游纵览》(下半月)2020年第2期。

文化遗产代表性项目的研究①。这里主要从整体上就民俗类非物质文化遗产的特征、意义和保护策略进行探讨。

一、民俗类国家级非物质文化遗产代表性项目的现状

截至 2021 年 6 月 1 日，我国已公布五批国家级非物质文化遗产代表性项目共 1557 项，包括民间文学类 167 项，传统音乐类 189 项，传统舞蹈类 144 项，传统戏剧类 171 项，曲艺类 145 项，传统体育、游艺与杂技类 109 项，传统美术类 139 项，传统技艺类 287 项，传统医药类 23 项，民俗类则有 183 项（约占总数的 11.8%）。

2006 年公布第一批民俗类非物质文化遗产代表性项目共 70 项，主要包括春节、清明节、端午节、七夕节、中秋节、重阳节等全国性传统节日，京族哈节等少数民族传统节日，小榄菊花会等地方性传统民俗节庆，厂甸庙会等传统庙会，黄帝陵祭典等祭祀典礼，鄂尔多斯婚礼等人生礼俗，苏州甪直水乡妇女服饰、泰山石敢当习俗、楹联习俗等物质生活习俗，以及农历二十四节气等有关自然界和宇宙的知识和实践。

2008 年公布第二批民俗类非物质文化遗产代表性项目共 51 项。与第一批相比，第二批除继续对全国性传统节日、少数民族传统节日、地方性传统民俗节庆、庙会、祭祀典礼、地方性或少数民族服饰进行代表性项目认定外，增加了保生大帝信俗等民间信仰方面的内容和鄂温克驯鹿习俗等物质生产习俗方面的内容。此外，由一个地方女性群体冠名，由生产习俗、生活习俗、居住习俗与民间信仰习俗等共同构成的蟳埔女习俗被认定为代表性项目是一个新现象。十分重要的是，

---

① 为数众多，不再列举。

国务院在公布第二批名录时还公布了扩展项目名录，其中民俗类 15 项。这也是制度上的一种新创。自此，扩展项目名录成为我国非物质文化遗产代表性项目名录体系的重要组成部分。

之后，我国又分别于 2011 年、2014 年和 2021 年先后公布三批国家级非物质文化遗产代表性项目名录。其中，第三批民俗类非物质文化遗产代表性项目 23 项，扩展项目 24 项，共计 47 项；第四批民俗类非物质文化遗产代表性项目 15 项，扩展项目 21 项，共计 36 项；2021 第五批民俗类非物质文化遗产代表性项目 24 项，扩展项目 16 项，共计 40 项。

经过十余年的探索和实践，我国国家级非物质文化遗产代表性项目名录建设已成为常规性工作，名录体系基本完善。因此，较之具有制度开创性的第一批与第二批，后三批在制度建设方面没有多少新突破，但通过对具体项目的分析还是能够看出一些新现象，尤其体现在扩展名录方面，在同一个项目名称下出现大量地方性实践，充分反映了我国传统文化的多样性和多元一体特征。

相比之下，民俗类非物质文化遗产的"民俗"所指比学术上的"民俗"所指范围要小，但总体来看，我国民俗类非物质文化遗产内容仍然十分丰富，涉及节日、庙会、市集、祭祀典礼、民间信俗、人生礼俗、社会习俗、物质生活习俗、物质生产习俗，以及有关自然界和宇宙的知识和实践等诸多方面，而且涉及族群众多，分布十分广泛（见表1）。与其他九个类别相比，它明显更加复杂多样，并呈现出鲜明的特征。

表 1 五批国家级民俗类非物质文化遗产项目分类一览表

类别（总数）	项目名称	批次/数量
节日庙会市集（103）	春节、清明节、端午节（屈原故里端午习俗、西塞神舟会、汨罗江畔端午习俗、苏州端午习俗）、七夕节、中秋节、重阳节、京族哈节、傣族泼水节、锡伯族西迁节、火把节（彝族火把节）、景颇族目瑙纵歌、黎族三月三节、鄂伦春族古伦木沓节、瑶族盘王节、壮族蚂虫另节、仫佬族依饭节、毛南族肥套、羌族瓦尔俄足节、苗族鼓藏节、水族端节、布依族查白歌节、苗族姊妹节、独龙族卡雀哇节、怒族仙女节、侗族萨玛节、仡佬毛龙节、傈僳族刀杆节、塔吉克族引水节和播种节、土族纳顿节、都江堰放水节、雪顿节、白族绕三灵、热贡六月会、小榄菊花会、瑶族耍歌堂、壮族歌圩、苗族系列坡会群、那达慕、维吾尔刀郎麦西热甫、秦淮灯会、秀山花灯、全丰花灯、民间社火、马街书会、胡集书会、安国药市、厂甸庙会	一/47
	元宵节、渔民开洋、谢洋节、畲族三月三、宾阳炮龙节，苗族独木龙舟节、苗族跳花节、苗族四月八姑娘节、德昂族浇花节、江孜达玛节、塔塔尔族撒班节，灯会、羌年、苗年、洪洞走亲习俗、界首书会、洛阳牡丹花会、三汇彩亭会、石宝山歌会、大理三月街、抬阁，打铁花，水乡社戏，庙会	二/23
	中元节（潮人盂兰胜会）、中和节（永济背冰、云丘山中和节）、俄罗斯族巴斯克节、鄂温克族瑟宾节、诺茹孜节、布依族"三月三"、土家年、彝族年、侗年、藏历年、祭寨神林、歌会（瑞云四月八、四十八寨歌节）、尉村跑鼓车、独辕四景车赛会、网船会	三/15
	望果节、苗族花山节、寮步香市	四/3
	朝鲜族百种节、瑶族祝著节、壮族侬峒节、秀山苗族羊马节、矻扎扎节、特戀克节、三多节、普米族拈达则封山仪式、阔时节、赫哲族乌日贡大会、龙神赛会、放河灯（松花江放河灯）、腊八节习俗、壮族会鼓习俗、大安校水柜习俗	五/15
祭祀典礼民间信俗（19）	黄帝陵祭典、炎帝陵祭典、成吉思汗祭典、祭孔大典、妈祖祭典、太昊伏羲祭典、女娲祭典、大禹祭典、祭敖包	一/9

续表

类别（总数）	项目名称	批次/数量
祭祀典礼民间信俗（19）	保生大帝信俗、青海湖祭海、洪洞大槐树祭祖习俗	二/3
	舜帝祭典	三/1
	马仙信俗、察干苏力德祭、博格达乌拉祭	四/3
	炼火、祭典（老子祭典）、祭祀兄弟公出海仪式	五/3
人生礼俗社会习俗（12）	鄂尔多斯婚礼、土族婚礼、撒拉族婚礼	一/3
	朝鲜族花甲礼、汉族传统婚俗、朝鲜族传统婚礼、塔吉克族婚俗	二/4
	婚俗（朝鲜族回婚礼、达斡尔族传统婚俗、彝族传统婚俗、裕固族传统婚俗、回族传统婚俗、哈萨克族传统婚俗、锡伯族传统婚俗）、月也、径山茶宴、苗族栽岩习俗	三/4
	敬老习俗（壮族补粮敬老习俗）	五/1
物质生活习俗（35）	苏州甪直水乡妇女服饰、惠安女服饰、苗族服饰、回族服饰、瑶族服饰、壮族铜鼓习俗、泰山石敢当习俗、楹联习俗	一/8
	茶艺、蒙古族服饰、朝鲜族服饰、畲族服饰、黎族服饰、珞巴族服饰、藏族服饰、裕固族服饰、土族服饰、撒拉族服饰、维吾尔族服饰、哈萨克族服饰、蟳埔女习俗	二/13
	塔吉克族服饰	三/1
	仡佬族三幺台习俗、匾额习俗（赣南客家匾额习俗）达斡尔族服饰、鄂温克族服饰、彝族服饰、布依族服饰、侗族服饰、柯尔克孜族服饰	四/8
	徐州伏羊食俗、德都蒙古全席、尖扎达顿宴、传统服饰（赣南客家服饰）、傣族服饰（花腰傣服饰）	五/5
物质生产习俗（8）	鄂温克驯鹿习俗、蒙古族养驼习俗、长白山采参习俗、查干淖尔冬捕习俗、蚕桑习俗	二/5
	装泥鱼习俗、柯尔克孜族驯鹰习俗	三/2
	稻作习俗	四/1
有关自然界和宇宙的知识和实践（6）	农历二十四节气、女书习俗、水书习俗	一/3
	珠算、南海航道更路经、藏族天文历算	二/3

二、民俗类非物质文化遗产的特征

民俗类非物质文化遗产的特征直接关系到保护传承方式，其特征又主要是通过与其他类别非物质文化遗产的比较而获得的，主要体现在两个方面。

（一）群体参与的综合性非物质文化遗产

萧放教授曾经从存在形态角度对非物质文化遗产进行类别划分，一种是单一属性的，这种遗产"具有与个人才智紧密结合、个性特征鲜明的特点，它不依赖群体合作，具有独立表现、独立传承的文化属性"，虽然它的文化土壤是集体性的，但在才艺表演与技艺传承上大多是以个人出现的；另一种是综合性质的，"具有群体参与的属性，它依托较广阔的文化空间，文化传承与享用具有广泛的群众性"。[①] 以此为标准来看，民俗类非物质文化遗产基本上属于综合性非物质文化遗产。无论是传统节日、地方性节会、庙会、祭祀典祀、民间信俗，还是人生礼俗、社交习俗、物质生产习俗和生活习俗，抑或是有关自然界和宇宙的知识和实践，其传承与享用都具有广泛的群众性，具有群体参与的特点。

当然，群体参与又有不同的规模或层次。像春节、元宵节、清明节、端午节、七夕节、中元节、中秋节、重阳节等传统节日，都是在多个群体层次上进行传承的。首先，这些传统节日都是全国性节日，在全国范围内众多社会成员都参与其中，共同传承和享用。其次，这些传统节日往往在不同的地方形成具有特色的地方性习俗活动，这是某一地方（社区）社会成员共同传承的结果，其存续仍然需要该地方社会成员的共同传承。比如屈原故里端午习俗、西塞神舟会、汨罗江

[①] 萧放：《关于非物质文化遗产传承人的认定与保护方式的思考》，《文化遗产》2008年第1期。

畔端午习俗、苏州端午习俗、罗店划龙船习俗、五常龙舟胜会、安海嗦啰嗹习俗、五大连池药泉会、嘉兴端午习俗、蒋村龙舟胜会、石狮端午闽台对渡习俗、大澳龙舟游涌、泽林旱龙舟,这些列入国家级非物质文化遗产名录的代表性项目和扩展项目,均是具有地方色彩的端午节习俗活动。最后,我国传统节日都是家人团聚的日子,许多活动是以家庭(家族)为单位进行的,具有家庭(家族)传承的特点。孩子们总是先在家庭中接触节日文化,并不断接受节日文化的。此外,随着非物质文化遗产进校园、进就业组织,学校和各类就业组织也会在传统节日举办诸多节日活动,为师生、员工参与提供了机会与平台。由此学校传承、就业组织传承也成为重要的群体传承方式,发挥着越来越重要的作用。

当然,更多的民俗类非物质文化遗产只是某一地方、某一族群或某一群体的民俗事象,但仍然带有突出的群体参与特征。以"胡集书会"为例,该项目是山东省惠民县胡集镇一年一度的曲艺集市盛会。每年农历正月十二为"偏节",十五为"正节"。每逢书会,艺人们提前赶到胡集,借宿在村民家,集体进行"望空""报门"等联谊活动,正月十二早8时至下午1时,聚集在镇东南的干沟附近,择地演唱。书会上有西河大鼓、木板大鼓、毛竹板书、评书、渤海大鼓、山东快书、山东琴书、渔鼓书等多种曲艺表演形式。附近群众及各村的"请书"代表轮番前来观看,选定艺人及节目后,拿走艺人的乐器以示成交。从正月十二晚至正月十六,艺人在约请演出的人家或单位连演4天,所得报酬颇为丰厚。书会期间,公推德高望重者主持祭奠、授徒等仪式。书会兴盛时,除附近及本省艺人外,还有来自辽宁等地的外地说书艺人前来,最多时达到三百余档,观众十多万人。[①]可见,

---

① 胡集书会,中国非物质文化遗产网·中国非物质文化遗产数字博物馆,http://www.ihchina.cn/Article/Index/detail?id=15035。访问时间:2021年5月10日。

胡集书会也是群体参与的活动，其中既有艺人群体，也有观众群体，他们共同对胡集书会的传承发挥作用。

再以"蟳埔女习俗"为例，该项目主要流传于福建省泉州市丰泽区东海街道的蟳埔、金崎、后埔、东梅等社区，集生产习俗、生活习俗、人生礼俗和民间信仰等于一体。蟳埔女的服饰俗称"大裾衫、阔脚裤"，头饰俗称"簪花围"，体现着海边生产劳作的特点。蟳埔蚵壳厝是最富特色的闽南民居，具有抗风防水、冬暖夏凉、墙体坚固等特点，极适宜海边多风潮湿的气候环境。蟳埔还保留了许多闽南传统习俗，其中以"半夜出嫁"的婚俗、"妈祖巡香"的祭祀仪式最为突出。[①]这些习俗都是以蟳埔女群体为主体进行传承的。

总之，与其他九大类别相比，民俗类非物质文化遗产主要是群体参与的综合性非物质文化遗产，这是它的一个突出特征。

（二）以文化空间为主要表现形式

文化空间是联合国教科文组织认定的非物质文化遗产的一种形式。对此，《人类口头和非物质遗产代表作申报书编写指南》（2003）有如下表述："宣布人类口头和非物质遗产代表作针对的是非物质文化遗产的两种表现形式。具体而言，一种表现于有轨可循的文化表现形式，如音乐或戏剧表演，传统习俗或各类节庆仪式；另一种表现于一种文化空间，这种空间可确定为民间和传统文化活动的集中地域，但也可确定为具有周期性或事件性的特定时间。这种具有时间和实体的空间之所以能存在，是因为它是文化现象的传统表现场所。"[②]

作为联合国教科文组织《保护非物质文化遗产公约》缔约国，我

---

① 蟳埔女习俗，中国非物质文化遗产网·中国非物质文化遗产数字博物馆，http://www.ihchina.cn/Article/Index/detail?id=15235。访问时间：2021年5月10日。

② 《人类口头和非物质遗产代表作申报书编写指南》（2003），中国民俗学网，https://www.chinesefolklore.org.cn/web/index.php?NewsID=5441。访问时间：2021年5月10日。

国也将文化空间运用于非物质文化遗产保护的政策法律文件之中。比如，2005年3月发布的《国家级非物质文化遗产代表作申报评定暂行办法》明确规定："非物质文化遗产可分为两类：（1）传统的文化表现形式，如民俗活动、表演艺术、传统知识和技能等；（2）文化空间，即定期举行传统文化活动或集中展现传统文化表现形式的场所，兼具空间性和时间性。"[1] 稍后出台的《文化部关于申报第一批国家级非物质文化遗产代表作的通知》（文社图发〔2005〕17号），同样明确规定国家级非物质文化遗产代表作包括民间传统文化表现形式和文化空间两种形式，其中文化空间"指按照民间传统习惯的固定时间和场所举行的传统的、综合性的民间文化活动。如庙会、歌圩、传统节日庆典等"[2]。

尽管在表述上我国政府和联合国教科文组织略有差异，但文化空间的基本要素却是一致的。总体上看，文化空间有三个基本要素：一是有特定的空间，二是有特定的时间，三是有特定的文化传统。也正因此，具备这些要素的庙会、歌圩、传统节日庆典等就被视为文化空间的典型。诚如乌丙安先生所说："'凡是按照民间约定成俗的古老习惯确定的时间和固定的场所举行传统的大型综合性的民族、民间文化活动，就是非物质文化遗产的文化空间形式。'……遍布在我国各地各民族的传统节庆活动、庙会、歌会（或花儿会、歌圩、赶坳之类）、集市（巴扎）等等，都是最典型的具有各民族特色的文化空间。"[3]

---

[1] 《国务院办公厅关于加强我国非物质文化遗产保护工作的意见》，（国办发〔2005〕18号），中国政府网，http://www.gov.cn/zhengce/content/2008-03/28/content_5937.htm。访问时间：2021年5月12日。

[2] 《文化部关于申报第一批国家级非物质文化遗产代表作的通知》（文社图发〔2005〕17号），中国非物质文化遗产网·中国非物质文化遗产数字博物馆，http://www.ihchina.cn/Article/Index/detail?id=11596。访问时间：2021年5月10日。

[3] 乌丙安：《民俗文化空间：中国非物质文化遗产保护的重中之重》，《民间文化论坛》2007年第1期。

从五批列入国家级非物质文化遗产代表性项目名录的项目来看，民俗类非物质文化遗产是以文化空间为主要表现形式的。首先，节日、庙会、市集与祭祀典礼等这些公认的文化空间就占了60%以上。不仅如此，像鄂尔多斯婚礼、土族婚礼、撒拉族婚礼、敬老习俗（壮族补粮敬老习俗）、月也、径山茶宴、仡佬族三幺台习俗、徐州伏羊食俗、德都蒙古全席、尖扎达顿宴等习俗，也都是具有特定时间、特定空间和特定文化传统的文化空间。以"壮族补粮敬老习俗"为例，该项目是壮族为老人祝寿的人生礼俗。所谓"粮"，在壮族信俗观念中是一个人与生俱来的、供养其灵魂和保持其生命的"魂粮"，随着年龄增大，魂粮就会减少，就要"添粮补寿"。补粮仪式分三类情况举行。一是自49岁（虚岁）起，每隔12年举行一次，即49岁、61岁、73岁各举行一次，73岁后视老人身体和家境情况择期举行。由出嫁女儿各带一小袋米，"运粮"入"魂米筐"，为老人添"魂粮"。二是每年农历九月初九，出嫁女儿各带一个"寿粮包"，给61岁以上老人房内的"寿米缸"添粮。三是在大型公共仪式中的敬老环节举行，晚辈为老人敬茶、献粮包，并由仪式专家主持举行专门的补粮仪式，为老人祈福祝寿。[①]这一习俗同样是特定时间、特定空间和特定文化传统的三位一体。即便像楹联习俗，也因为广泛应用于节庆、题赠、祝贺、哀挽、陵墓等特定场合而具有文化空间的性质。

总之，与其他九个类别的非物质文化遗产不同，民俗类非物质文化遗产的主要表现形式是文化空间。

三、民俗类非物质文化遗产的意义

尽管民俗类非物质文化遗产的"民俗"因与学术概念的"民俗"

---

① 参见许晓明：《壮族补粮敬老习俗》，《民族艺术》2020年第6期。

不同，而可能对民俗学学科建设产生不良影响，①但节日、庙会、市集、祭祀典礼、民间信俗、人生礼俗、社交习俗、物质生活习俗、物质生产习俗，以及有关自然界和宇宙的知识和实践等民俗，能够成为非物质文化遗产，本身就具有十分重要的意义。它反映和促进了主流文化观对传统文化态度的根本改变，也对民俗类非物质文化遗产的存续产生了积极而深刻的影响，使不少已经式微的民俗活动重新在日常生活中活跃起来。

文化是民族的血脉，是人民的精神家园。中华文化源远流长、灿烂辉煌。在5000多年文明发展中孕育的中华优秀传统文化，积淀着中华民族最深沉的精神追求，代表着中华民族独特的精神标识，是中华民族生生不息、发展壮大的丰厚滋养。中华民族之所以能在人类历史上成为文明传统从未中断、不断再创辉煌的民族，重要原因就是拥有源远流长、博大精深的中华文化。但是近代以来，由于西方文化的强势冲击，由于对传统与现代关系的错误理解，在救亡图存、追求现代化的不断探索中，传统文化普遍遭受猛烈抨击批判。无论是大传统还是小传统，只要来自过去，就成为过时的、落后的文化，是需要清除的社会发展的绊脚石。后来对传统文化的态度有很大改变，采取"取

---

① 如田兆元提出民俗本是一个大的概念，但在国家级非物质文化遗产名录中列在一个很小的范围里，这使得人们对民俗的概念产生了误解，保护活动在一定程度上伤害了民俗文化和民俗学学科。因此，主张取消非物质文化遗产保护名录的"民俗"类，分立"节庆"等具体名录。周星也认为，由于民俗学定义的民俗与民俗类非物质文化遗产中的民俗存在较大差异，在非物质文化遗产范畴中纳入民俗，有可能遮蔽民俗既有非物质和无形的形态，又有物质和有形的形态这一基本事实，从而导致对民俗的片面认识。民俗通常是以社群为基础的生活方式或生活文化，如将某些民俗的传承人认定为个人，也存在一些学理上的困境。田兆元：《关注非物质文化遗产保护背景下民俗文化与民俗学学科的命运》，《河南社会科学》2009年第3期。周星：《民俗类非遗的意义、现状和问题》，《美术观察》2016年第6期。

其精华，弃其糟粕"的扬弃继承态度。但由于人们认识的局限，在精华、糟粕二分的传统文化观之下，大量与民间信仰有关的庙会、节庆、祭典等文化事象被归入糟粕一类而受到压制和禁断，从而失去了在社会生活中的合法性和生存空间。

由于传统文化生发于传统农业社会，随着社会的转型，一些传统文化因不能满足现代社会的需求，不能符合现代社会的标准而被摒弃、被淘汰是应该的，对传统文化做糟粕与精华的二元对立区分也是应该的。但是十年河东，十年河西，人们发现，一度被视为糟粕的民俗文化传统在当下具有重要的文化、社会、经济价值，有助于建立文化认同和社区认同，对当前的文化建设和社会建设具有积极意义，被人为摒弃而消失是令人痛惜的。民俗类非物质文化遗产的出现改变了这些民俗事象的命运。它将曾经剥夺的又重新进行赋予，肯定其合法性，给予甚至保护、扩大其生存空间，而这种赋予将影响到这些代表性项目所代表的所有民俗事象的命运。因为非物质文化遗产本质上是一种积极的肯定性的价值确认，这在《中华人民共和国非物质文化遗产法》中有十分明确的规定。比如第一条阐明制定该法的目的在于："继承和弘扬中华民族优秀传统文化，促进社会主义精神文明建设，加强非物质文化遗产保护、保存工作。"第二条明确"本法所称非物质文化遗产"的概念，是指"各族人民世代相传并视为其文化遗产组成部分的各种传统文化表现形式，以及与传统文化表现形式相关的实物和场所"。第三条规定："国家对非物质文化遗产采取认定、记录、建档等措施予以保存，对体现中华民族优秀传统文化，具有历史、文学、艺术、科学价值的非物质文化遗产采取传承、传播等措施予以保护。"第四条规定："保护非物质文化遗产，应当注重其真实性、整体性和传承性，有利于增强中华民族的文化认同，有利于维护国家统一和民族团结，有利于促进社会和谐和可持续发展。"所有这些都表明，只有那些优秀的、具有重要价值的传统文化才具有成为非物质文化遗产的资格，反过来，只要被认定为非物质文化遗产，其优秀性和正面价值就得到官方的认可，就有了存在的合法性，就有了生存的合理性。由此，那些曾经的"糟粕"华丽变身为今天的"精华"。这一变身，成功激活了大量民俗类非物质文化遗产项目，许多中断了几十年的活动重新出现在日常生活之中并呈现出日益强劲的发展态势。

更为重要的是，这一变身还反映了传统文化观在当代的深刻变革：传统文化，本质上不再是现代社会发展的障碍，它是现代社会建设的宝贵资源。而传统文化观的深刻变革，无疑将使中华五千年不断绝的文化传统得到更好的传承和发扬，并激发国民形成更强烈的文化自豪和文化自信。

此外，民俗类非物质文化遗产出现的意义还在于，体现了国家对大传统和小传统的一视同仁。我国素有用大传统（精英文化）改造移易小传统（民间文化）的做法，但民俗类非物质文化遗产显示出对民间生活传统的充分尊重，大多数列入国家级非物质文化遗产代表性项目名录的，正是之前不被尊重的民俗生活传统。

四、民俗类非物质文化遗产的保护

非物质文化遗产得以传承的关键是传承人。因此，我国非物质文化遗产保护既重视对非物质文化遗产本身的保护，也重视对非物质文化遗产传承人的保护。既进行非物质文化遗产代表性项目名录体系建设，又进行非物质文化遗产代表性传承人名录体系建设，就是双重重视的明证。民俗类非物质文化遗产作为非物质文化遗产中的一个类别，也是以项目和传承人为抓手进行保护的，而且和其他类别一样，也需要采取"确认、立档、研究、保存、保护、宣传、弘扬、传承（特别是通过正规和非正规教育）和振兴"等各种确保非物质文化遗产存续力的措施进行保护。

然而，正如前面已经阐述的，民俗类非物质文化遗产在表现形式和传承方式方面具有自己的鲜明特征，这给相关保护工作至少带来两个重要影响。

第一，民俗类非物质文化遗产的保护格外重要，需要特别予以重视。因为民俗类非物质文化遗产不仅仅是一项非物质文化遗产项目，它还是诸多非物质文化遗产项目展演的场域，因此对它的保护就不仅仅是保护一项非物质文化遗产项目，更是保护一种民俗场域，保护相关非物质文化遗产的文化生态。这里以"妙峰山庙会"为例。妙峰山庙会是善男信女尤其是各种香会组织到北京市门头沟区妙峰山娘娘庙朝顶进香形成的习俗活动，"每届四月，自初一日开庙半月，香火极盛"[①]，是华北地区最重要的庙会之一，在中国民俗学发展史上也具有重要地位，2008年列入第二批国家级非物质文化遗产名录。妙峰山庙会是一个文化空间，"庙期，各种民间香会，均朝顶进香，沿途边走边练，鼓钹齐鸣。路上观者如堵"。其中诸多香会（花会）作为传统舞蹈、传统音乐等类别的非物质文化遗产项目，被列入各级非物质文化遗产代表性项目名录之中。北京市级非物质文化遗产代表性项目中的数十个项目，如京西太平鼓、昌平后牛坊村花钹大鼓、密云蝴蝶会、米粮屯高跷、白纸坊太狮、大栅栏五斗斋高跷秧歌、门头沟龙泉务童子大鼓、天桥中幡、石景山古城村秉心圣会、白纸坊挎鼓、漆园村龙

---

① 〔清〕富察敦崇：《燕京岁时记》，王碧滢、张勃标点：《燕京岁时记（外六种）》，北京：北京出版社，2018年，第84—85页。

鼓、杠箱会、石景山太平鼓、怪村太平鼓、杨镇龙灯会、上金山狮舞、太子务武吵子、公议庄五虎少林会、西北旺少林五虎棍、南窑水峪中幡、西邵渠金钟总督老会、苏家坨太平鼓、西铁营花钹挎鼓、高跷秧歌、北窑村狮子会、小红门地秧歌、六郎庄五虎棍、幡鼓齐动十三档、打连湘（霸王鞭）、掌礼司太狮老会、群英同乐小车圣会、安外仰山众友同乐开路圣会等均以妙峰山庙会作为重要的展演和传承空间。所以，保护好了妙峰山庙会，这些花会就有传承空间，彼此之间也能更好地建立交流沟通关系，形成更强的文化自信和传承自觉。

第二，民俗类非物质文化遗产保护需要格外注意它自身的特点，基于群体参与和文化空间特性，精准施策。

（1）重视传承群体。民俗类非物质文化遗产主要是群体传承的"综合性非物质文化遗产"。由于综合性非物质文化遗产的复杂性，不同个体在遗产传承过程中发挥的作用颇不相同。因此，对传承主体进行区分，并提出有针对性的主张和措施，可以更好地保护民俗类非物质文化遗产。

比如黄帝陵祭典，参与人数众多，传承主体就十分复杂。轩辕黄帝被奉为中华民族始祖，早在先秦时期即已形成祭祀礼仪，汉代以后，祭祀黄帝成为国家定例。在长期实践中，黄帝陵祭祀活动已形成一定的规模格式和祀典礼仪，大致可分为官（公）祭和民祭两种形式。现在的公祭仪式一般在每年清明节期间举行，由陕西省人民政府联合其他部门主办。祭陵现场的布置是：在祭亭上悬挂一横额，上书"清明公祭黄帝陵典礼"，祭亭内悬挂吊幅，两边柱子上悬挂每年新撰的对联，祭桌上摆放祭器、时鲜水果、鲜花、蜡烛、面花等。祭陵的仪程是：①全体肃立；②主祭人、陪祭人就位；③奏古乐；④敬献花篮、花圈；⑤行三鞠躬礼；⑥恭读祭文（由主祭人宣读）；⑦讲话；⑧鸣放鞭炮、绕陵一周；⑨留影；⑩植纪念树。民间祭祀一般在清明节前后和重阳节期间进行。重阳节的民间祭典程序是：①全体肃立；②各界代表就位；③击鼓鸣钟；④奏古乐；⑤祭奠（敬献花篮、花圈，群众代表敬献三牲祭品，上香，烧纸，奠酒等）；⑥行三鞠躬礼；⑦恭读祭文；⑧鸣放鞭炮、绕陵一周（由鼓乐队前导，主祭、陪祭人依次绕行）；⑨祭陵留影；⑩植纪念树。民祭活动除保持了公祭活动中的一些内容外，更突出了民间性，增加了鼓乐队、唢呐队、仪仗队、三牲队。此外，还有自发前来祭拜的，祭祀过程中，往往无固定的仪式，根据祭拜者的愿望及习俗自己确定。①

由此分析可知黄帝陵祭典的传承主体十分复杂。首先是整个活动的组织者。无论公祭还是民祭，都需要有活动的组织者（公祭一般称为主办单位、承办单位）。没有他们的组织协调，整个活动便无法开展。其次是祭典仪式的参与者。祭典仪式是黄帝陵祭典的基本要素，如果没有通晓仪式程式的执事，没有主祭人、陪祭人、乐舞人员以及多种服务人员，仪式也难以顺利举行。再次是鼓乐队、唢呐队等艺术表演活动的组织者和传承群体。他们的存在，大大增强了祭典的吸引力和热烈气氛。最后是其他参与者。没有广大的其他参与者，便难以形成共同在场的仪式感，难以更好地实现祭典"传承中华文明，凝聚华夏儿女，共谋祖国统一，开创美好生活"的文化价值和社会意义。

当然，不同民俗类非物质文化遗产项目所涉及的群体数量、规模、层次各有不同，不是所有项目都像黄帝陵祭典这样拥有如此复杂的传承主体构成。但是民俗类非物质文化遗产项目一旦在生活中展开，通常都会有活动的组织者、核心活动（通常为仪式）的主持者及参加者、

---

① 黄帝陵祭典，中国非物质文化遗产网·中国非物质文化遗产数字博物馆，http://www.ihchina.cn/Article/Index/detail?id=14975。访问时间：2021年5月10日。

活动的服务者以及一般参与者。他们在项目开展过程中各司其职,共同构成传承人群体。因此,在对传承主体的保护上,民俗类非物质文化遗产项目就与其他类别将保护重点放在传承人个体上不同,它的重点在于传承人群体。如何协调好传承人群体内部的关系,激发传承人群体的文化自信,增进传承人群体的传承自觉,使其同心协办、各司其职、共同传承好自己的文化传统,才是保护工作的重点。当然,由于不同人在项目传承中发挥作用不同,也可以像有些学者所说,通过从文化整体中切分主干文化环节,确定关键传承人予以认定和保护,[1]但应避免传承人个体认定导致传承人群体分化的事情出现。

（2）保护核心要素的基本完整性。民俗类非物质文化遗产的存在形态主要是文化空间,通常具备三个核心要素,即特定的时间、特定的空间和特定的文化传统。在成为非物质文化遗产代表性项目之前,它们大多数是特定地方或特定群体共享的生活文化,对这个地方或这个群体中人与人之间的相互交流、相互认同具有重要意义。但是成为非物质文化遗产代表性项目之后,在文旅融合发展的情境中,它们中的许多便开始"破圈"。于是主要面向内部人开放的文化空间开始向更多外来者开放,并因此重构了圈内人之间以及圈内人与圈外人之间的关系,也对项目本身的形态和功能产生了深刻的影响。

在这个过程中,不同的项目有着不同的境遇。为了吸引外来游客的目光,从而带来更多的经济效益和社会效益,有些项目的传承主体、保护主体进一步加强对核心文化传统的坚守、丰富和发展。比如浙江省衢州市柯城区九华乡妙源村每年都会举办梧桐祖殿祭春神句芒的庙

---

[1] 萧放:《关于非物质文化遗产传承人的认定与保护方式的思考》,《文化遗产》2008年第1期。关昕:《民俗类非物质文化遗产的特征和保护策略》,《重庆文理学院学报》(社会科学版)2010年第1期。

会。这一民俗活动先以"九华立春祭"之名作为"农历二十四节气"的扩展项目被列入国家级非物质文化遗产代表性项目名录,后又作为"二十四节气——中国人通过观察太阳周年运动而形成的时间知识体系及其实践"的重要组成部分被列入联合国教科文组织人类非物质文化遗产代表作名录。这一民俗活动在每年的立春日举行,主要活动场所是九华梧桐祖殿,核心文化传统是立春祭,主要包括祭拜春神句芒、迎春接福赐求五谷丰登、供祭品、扮芒神、焚香迎奉、扎春牛、演戏酬神、踏青、鞭春牛等仪式环节。成为国家级非物质文化遗产代表性项目后,该项目的传承主体、保护主体继续保持它的基本要素,核心习俗活动一直坚持于立春日在九华梧桐祖殿举办,保持了立春祭的基本仪式环节,在此基础之上,又进一步丰富了立春祭的内容,如设计"柯城春礼"、开展九华立春祭设计创作活动等,大大提升了九华立春祭的存续力,从而在继续保持该活动对妙源村村民的重要价值外,还在很大程度上提升了柯城区乃至衢州市的知名度。

但是,为了吸引外来人的参与,也有不少非物质文化遗产项目会放弃自己的核心传统,甚至连在特定时间、特定空间才能进行的基本规则也不再遵循,于是仅在特定场合举办的仪式泛化为时时处处都可以进行的表演。这不仅使项目形态大大改变,也改变了之于传承主体的价值和意义。

社会流动性的加快、交通工具的便捷、人们对异质文化的探寻、旅游业的勃兴、乡村振兴的诉求等,使得小圈内的文化传统难以避免地要向更多外来者开放,加上非物质文化遗产身份的加持,往往会带来"圈外"人为的干预和调整。但这种干预和调整只有增进,至少无损于它所属的传承主体(社区或群体)的认同感和持续感,才符合保护的本义和主旨。而对于增进传承主体(社区或群体)的认同感和持续感而言，显然是那些具有较强稳定性（特定的时间、特定的空间、特定的环节）的仪式活动而不是随时随地面向外来者的仪式表演具有更强大的功能。正是在这个意义上，我们提倡保护民俗类非物质文化遗产要尽量保持其核心要素的基本完整性。这当然不是说民俗类非物质文化遗产不能变化。民俗文化从来都是处于变化之中的，它总是经由意义的阐释和形式的创新而不断变化，并因此保持了长久的生命力，对文化共同体持续发挥着重要作用。这当然也不是说民俗类非物质文化遗产不要对外开放，这既不必要也不可能。民俗文化成为非物质文化遗产本身即扩大了它的共享性。这里强调保持其核心要素的基本完整性，是提倡保持民俗类非物质文化遗产的日常生活关联性，提倡民俗类非物质文化遗产"内价值"的优先性[①]。

总之，民俗类非物质文化遗产主要是群体参与的综合性非物质文化遗产，文化空间是其主要表现形式。对它的保护具有十分重要的意义，保护过程中需要注重传承人群体的同心协力和传承自觉，并保护核心要素的基本完整性。我们需要记住《保护非物质文化遗产公约》所提倡的："非物质文化遗产世代相传，在各社区和群体适应周围环境以及与自然和历史的互动中，被不断地再创造，为这些社区和群体提供认同感和持续感，从而增强对文化多样性和人类创造力的尊重。"

---

① 刘铁梁教授曾论述过民俗文化的内价值与外价值，认为内价值是指民俗文化在其存在的社会与历史的时空中所发生的作用，也就是局内的民众所认可和在生活中实际使用的价值。外价值是指作为局外人的学者、社会活动家、文化产业人士等附加给这些文化的观念、评论，或者商品化包装所获得的经济效益等价值。刘铁梁：《民俗文化的内价值与外价值》，《民俗研究》2011年第4期。

第一章 北京市民俗类国家级
非物质文化遗产项目保护现状与对策[①]

非物质文化遗产是中华优秀传统文化的重要组成部分，保护传承非物质文化遗产对于弘扬中华文明、增强文化自信、实现文化强国战略，具有重要意义。自2004年加入联合国教科文组织《保护非物质文化遗产公约》以来，我国掀起了一场轰轰烈烈的非物质文化遗产保护行动。经过10余年的努力，目前已经取得显著成效。正如文化和旅游部原党组成员、副部长项兆伦所说："符合中国国情的非遗保护制度已初步建立，非遗实践日渐活跃，无论是传承人的精神风貌，还是很多非遗项目的存续状态，都发生了明显变化。活力再现的非遗对于弘扬优秀道德价值、培厚社区文化积淀、培育良好民风习俗、助力乡村振兴和精准扶贫，发挥着重要作用，成为国家和地方很多重大发展战略的助推力量。"[②]

北京市非物质文化遗产保护是在国家非物质文化遗产保护工作框架下因地制宜展开的，成效显著。一方面，北京作为历史文化名城，传统文化底蕴深厚，非物质文化遗产资源丰富。截至2019年6月，已普查非物质文化遗产项目12600余项，有126个项目列入国家级非

---

① 本部分的撰写吸纳了课题组成员的调研成果，特此说明。
② 项兆伦：《我国非遗保护的认识与实践》，《时事报告（党委中心组学习）》2018年第5期。

物质文化遗产代表性项目名录（含属地管理项目），273个项目列入北京市级非物质文化遗产代表性项目名录，909个项目列入区级非物质文化遗产代表性项目名录，已认定102位国家级非物质文化遗产代表性传承人、257位北京市级非物质文化遗产代表性传承人、780位区级非物质文化遗产代表性传承人。另一方面，北京市采取多种行之有效的措施，使非物质文化遗产保护与传承体系不断完善，非物质文化遗产保护工作机制及政策法规体系不断健全，非物质文化遗产保护的成效有目共睹。但是，由于保护与传承环境变化快，北京市非物质文化遗产保护也存在诸多需要改进的问题。

习近平总书记视察北京时强调："历史文化是城市的灵魂，要像爱惜自己的生命一样保护好城市历史文化遗产。北京是世界著名古都，丰富的历史文化遗产是一张金名片，传承保护好这份宝贵的历史文化遗产是首都的职责，要本着对历史负责、对人民负责的精神，传承历史文脉，处理好城市改造开发和历史文化遗产保护利用的关系，切实做到在保护中发展、在发展中保护。"[①]进一步做好北京非物质文化遗产保护与传承工作，是首都的职责。民俗类非物质文化遗产项目是非物质文化遗产中的重要类别，对北京市民俗类国家级非物质文化遗产项目的深入调查研究，不仅有助于北京市非物质文化遗产的保护与传承，而且可以为其他地方民俗类非物质文化遗产项目的保护与传承提供参考与借鉴。

---

① 中共北京市委办公厅编印：《习近平总书记关于北京工作指示摘编》（内部资料），2017年7月印刷，第22页。

一、北京市民俗类国家级非物质文化遗产项目的特点

（一）性质相对单一，均属综合性非物质文化遗产

民俗类非物质文化遗产项目，是伴随我国公布"非物质文化遗产名录"而出现的一个新概念。根据《国务院关于公布第一批国家级非物质文化遗产名录的通知》（国发〔2006〕18号），我国国家级非物质文化遗产项目分为民间文学、民间音乐（现称"传统音乐"）、民间舞蹈（现称"传统舞蹈"）、传统戏剧、曲艺、杂技与竞技（现称"传统体育、游艺与杂技"）、民间美术（现称"传统美术"）、传统手工技艺（现称"传统技艺"）、传统医药、民俗十大类别。这一分类被用于我国国家、省、市、县四级非物质文化遗产名录体系，可以视为从操作层面对《中华人民共和国非物质文化遗产法》界定的"非物质文化遗产"所做的分类。

根据《中华人民共和国非物质文化遗产法》（以下简称《非遗法》），"非物质文化遗产，是指各族人民世代相传并视为其文化遗产组成部分的各种传统文化表现形式，以及与传统文化表现形式相关的实物和场所。包括：（一）传统口头文学以及作为其载体的语言；（二）传统美术、书法、音乐、舞蹈、戏剧、曲艺和杂技；（三）传统技艺、医药和历法；（四）传统礼仪、节庆等民俗；（五）传统体育和游艺；（六）其他非物质文化遗产"。在这一定义中，出现了"民俗"二字，指"传统礼仪、节庆等"，但这里的民俗并不等同于作为名录中非物质文化遗产十大类别之一的"民俗"。因为名录中除"民俗"之外的其他九大类别，只是对应了《非遗法》所列的第（一）（二）（五）和（三）中的"传统技艺、医药"，第十类"民俗"则指《非遗法》所列的第（四）（六）和（三）中的"历法"，它所包括的内

容远远超过了"传统礼仪、节庆等民俗"。再从目前已经公布的五批1557项国家级非物质文化遗产项目来看，共有民俗类非物质文化遗产项目183项，大凡不能列入其他九类的非物质文化遗产，都归入"民俗"名下，由此，民俗类具有明显的"兜底"性质。这大约也是在《非遗法》的非物质文化遗产界定中，"传统礼仪、节庆等民俗"是第四种被提及的内容，而在名录的非物质文化遗产分类中却处于末位的重要原因。也正是由于这一"兜底"性质，这一类别的非物质文化遗产十分庞杂，既涉及节日、庙会、市集、人生礼俗、祭祀典礼等传统文化表现形式，也涉及民间信俗、社交习俗、物质生活习俗、物质生产习俗，以及有关自然和宇宙的知识和实践等。

与全国范围内民俗类国家级非物质文化遗产项目的庞杂性相比，北京市民俗类国家级非物质文化遗产项目的性质相对单一。截至2019年6月，北京共有民俗类国家级非物质文化遗产代表性项目15项，除去春节、清明节等9项属地管理项目外，还有6项，其中3项为庙会，即厂甸庙会、妙峰山庙会和东岳庙庙会，3项为岁时节日，包括敛巧饭习俗、九曲黄河阵灯俗和千军台庄户幡会。这些非物质文化遗产项目均属于"综合性非物质文化遗产"，具有群体参与的特点，其传承与享用都具有广泛的群众性。

（二）历史悠久，都是特定地域的标志性文化，传承基础好

北京市6项民俗类国家级非物质文化遗产项目都是特定地域的标志性文化，拥有较为悠久的历史，其中厂甸庙会是北京春节期间在厂甸一带举行的民俗活动。厂甸一带在辽金时期称为"海王村""海王庄"，明嘉靖时期在此设立官办琉璃窑，改称琉璃厂厂甸。清代琉璃厂迁至远郊，但琉璃厂厂甸的名称保留了下来，这一带还逐渐发展

成为集市。乾隆年间书肆兴起，逛厂甸逐渐成为京城居民的习俗："至正月则倾城士女，如荼如云，车载手挽，络绎于途。"进入民国以后，1918年，北京市政当局正式确定每年正月初一至十五以厂甸和海王村公园为中心举办庙会集市，厂甸庙会更成为当时京城唯一的官办春节庙会。

东岳庙庙会是以东岳大帝信仰为核心，围绕东岳大帝诞辰兴起的习俗活动。东岳庙地处朝外大街，为元代修建的东岳大帝行宫。庙会兴起于庙宇建成后，当时已"行香甚众，车马填街，最为盛都"[1]。明清时期仍然十分兴盛。清潘荣陛《帝京岁时纪胜》载："岁之三月朔至廿八日设庙，为帝庆诞辰。都人陈鼓乐、旌旗，结彩亭，乘舆导驾出游，观者塞路，进香赛愿者络绎不绝。"[2]

妙峰山庙会是善男信女尤其是各种香会组织到妙峰山娘娘庙朝顶进香而形成的习俗活动。妙峰山位于京西门头沟区，山上林木葱茏，风景优美。妙峰山娘娘庙约建于明末，清嘉庆皇帝赐名"敕建惠济祠"，供奉的主神为碧霞元君，俗称娘娘。庙会兴起于清朝初年（一说兴起于明末），在清末民初达到极盛。清富察敦崇《燕京岁时记》云："每届四月，自初一日开庙半月，香火极盛……自始迄终，继昼以夜，人无停趾，香无断烟。奇观哉！……以各路之人计之，共约有数十万。以金钱计之，亦约有数十万。香火之盛，实可甲于天下矣。"[3]

另外3项非物质文化遗产项目都是村落社区的民俗活动，同样历史悠久。其中敛巧饭习俗流行于怀柔区琉璃庙镇，尤以杨树底下村的

---

[1] 〔元〕熊梦祥：《析津志辑佚》，北京：北京古籍出版社，1983年，第55页。
[2] 〔清〕潘荣陛：《帝京岁时纪胜》，王碧滢、张勃标点：《燕京岁时记（外六种）》，北京：北京出版社，2018年，第39页。
[3] 〔清〕富察敦崇：《燕京岁时记》，王碧滢、张勃标点：《燕京岁时记（外六种）》，北京：北京出版社，2018年，第84—85页。

具有代表性。根据调查研究,杨树底下村的敛巧饭习俗已有近200年的历史,其原初形态是:每到正月十六前夕,村中十二三岁的少女就到各家敛取大米和各类杂粮、菜蔬,正月十六当天由成年妇女将其所敛实物做熟享用,在食用前由年长老人先扬饭喂雀儿。做"敛巧饭"时要在锅内放入针线、铜钱等物,食到则为得巧之兆。饭后,人们还要在村边小河的冰上行走,曰"走百病",即祛除百病的意思。

九曲黄河灯会是流行于河北、山西、北京、天津、山东、陕西、青海、内蒙古等我国北方诸多地区的节日习俗活动。北京密云九曲黄河阵灯俗大约兴起于明代初期,与移民有关。《密云县志》称:明洪武四年(1371年)和洪武五年(1372年),密云移来山西移民35个屯。这些移民将古老的黄河阵灯会也一起带来。每到元宵节,当地居民就扎制九曲黄河灯阵,中幡、舞狮、亚鼓、高跷、十不闲、地秧歌、吵子、霸王鞭等多种花会在灯阵中进行表演。目前,该活动在密云区太师屯镇东田各庄村传承较好。

千军台庄户幡会,又称"天仙会""天人吉祥圣会",是京西门头沟区千军台、庄户二村村民于元宵节期间高擎神幡载歌载舞走会互访的民俗活动,据说,"从明朝传承至今已有几百年历史"。

总体上看,北京市6项民俗类国家级非物质文化遗产项目都具有悠久的历史和深厚的群众根基,这就为其传承奠定了坚实的基础。即便由于战争、政治等因素这些活动曾经中断,一旦环境好转,也会快速得以重振复兴。

二、北京市民俗类国家级非物质文化遗产项目的存续状况

(一)20世纪北京市民俗类国家级非物质文化遗产项目的中断与复兴

进入20世纪以后,受政治、战争、文化、自然灾害等诸多因素

的影响，这些成为国家级非物质文化遗产代表性项目的民俗活动大多数一度或数度中断，但20世纪80年代以来，它们又普遍得以恢复。比如厂甸庙会，1960年曾因自然灾害中断，1963年重开，后因种种原因再度停办，2001年又重新出现在京城百姓面前，"一举成为北京标志性庙会，使这一历史悠久的文化活动继续得以传承"[①]，并于2006年列入第一批国家级非物质文化遗产名录。

东岳庙庙会是在民国时期日趋式微的，尤其1937年日军侵占北平后时世动乱，民不聊生，更呈衰败之势。1949年东岳庙被机关、学校占用后，庙会停止。1999年，随着文物腾退工作的进行以及东岳庙管理处和北京民俗博物馆的成立，沉寂了近半个世纪的北京东岳庙庙会恢复举办，延续至今，成为京城品牌庙会活动之一，并于2008年列入第二批国家级非物质文化遗产名录。

民国时期政局不稳，都城南迁、日本侵华战争爆发等重大历史事件，深刻地影响了妙峰山庙会的命运，使其在20世纪20年代末之后迅速衰落。随着惠济祠毁于日军炮火，妙峰山庙会也被迫中断。1986年，当地村民自发组织重建娘娘庙，并于两年后正式对外开放。伴随妙峰山庙宇的重修，1993年庙会以"妙峰山传统民俗庙会"之名重新恢复起来，到2019年已连续举办了27届。妙峰山庙会于2008年列入第二批国家级非物质文化遗产名录。

密云区东田各庄村的九曲黄河阵灯俗也在"文化大革命"期间一度中断。1995年，一些村民开始筹划恢复花会和灯阵，虽然没有成功，但为灯俗的复兴做了一定的准备。2002年，村里一些热心于花会的村

[①] 周和平主编：《第一批国家级非物质文化遗产名录图典》，北京：文化艺术出版社，2006年，第1058—1059页。

民自发扎制了灯场，办起了花会，自此，这一历史悠久的习俗活动重新得到传承，并于 2008 年列入第二批国家级非物质文化遗产名录。

千军台庄户幡会的恢复可谓几经波折。日本侵华时曾烧毁旗幡，解放战争时期，兵荒马乱，幡会停办。新中国成立后，幡会一度复兴，后因"社会主义教育运动"，幡会再度中断。"十一届三中全会以后，党的路线方针政策发生了变化，在'推陈出新'政策出台后，两村村民又着手筹划重新置办幡会。"①在门头沟区政府的支持下，1981 年元宵节幡会恢复，并年年举办，传承至今。该习俗活动于 2014 年列入第四批国家级非物质文化遗产代表性项目名录。

敛巧饭习俗虽未曾中断，但也发生了重要变化，尤其 20 世纪 80 年代后，村里的男性开始加入敛巧饭习俗活动。由此，该习俗活动就从最初只有女性参加的女性专属集会，逐渐演变成全村男女老少共同参与的村落合家欢。

在这里有两点特别值得注意。其一，一般认为庙会、节日等民俗活动在 20 世纪 50 年代之后普遍式微，并将其式微归因于主流社会对传统文化的压制与排斥，但上述几项北京民俗类国家级非物质文化遗产项目的发展史，显示出在北京，庙会、节日等民俗活动在民国时期已然衰落。究其原因，除了主流社会对待传统文化的态度与行动之外，战争和自然灾害是十分重要的影响因素。

其二，20 世纪 80 年代以来，传统文化自发复兴的态势十分明显，一度中断的 5 项民俗活动都是在这一时期得以恢复的。之所以出现这种现象，除了社会环境比较开放外，民众的热情和自发组织起到了十分重要的作用。这提醒文化工作者、学者等应当对社区力量予以充分

---

① 王朝臣:《千军台庄户幡会》，北京：北京美术摄影出版社，2015 年，第 42 页。

信任，而这种信任直接影响到非物质文化遗产保护行动的成效和保护事业的发展。

（二）非物质文化遗产保护行动整体上增进了北京市民俗类国家级非物质文化遗产项目的存续力

当前在中国蓬勃开展的以政府为主导的非物质文化遗产保护行动，是中国社会传承和复兴优秀传统文化潮流的组成部分，也是政府推动中华优秀传统文化传承发展的重要抓手。作为一种动用大量资源、依靠多种力量、有组织、持续开展的政策行动，非物质文化遗产保护坚持"政府主导，社会参与"的原则，对于传统文化而言是一种强大的作用力，深刻地影响其生命轨迹，也深刻地改变其存在形态。其影响的积极方面主要体现如下：

1. 持续活态传承

当前北京市6项民俗类国家级非物质文化遗产项目的存续及其存续状态，都深受非物质文化遗产保护行动的影响。由于国家级非物质文化遗产项目在申报时制定了保护计划，就保护内容、五年的保护措施及其预期目标、保障措施、建立机制等做出明确的承诺，因此在很大程度上保证了这些在不同地方开展的庙会和元宵节活动的延续性。比如厂甸庙会申报书中针对五年计划承诺采取的措施是，在2006—2010年举办第六届至第十届北京春节厂甸庙会暨第二届至第六届北京市民族民间文化保护项目展演活动，这就为厂甸庙会的活态传承提供了制度保证。而密云区东田各庄村九曲黄河阵灯俗、怀柔区杨树底下村敛巧饭习俗的持续传承，更与"遗产化"过程密切相关。据调查，密云区九曲黄河阵灯俗中断后，村民于2002年开始重新扎制灯场，办起花会，但由于资料不全，本村了解情况的人不多，灯俗恢复困难。不过，由于我国很快兴起了全国性的非物质文化遗产项目普查、收集与保护工作，密云区文化委员会也成立了非物质文化遗产工作办公室，并开展了对九曲黄河阵灯俗的挖掘整理工作，而且在 2007 年投资 2 万元帮助东田各庄村购买灯光、音响设备和演出服装，对九曲黄河阵灯俗的复兴发挥了重要作用。在怀柔区琉璃庙镇杨树底下村，由于村落空心化加剧，有些年份也不举行敛巧饭活动。但在申报国家级非物质文化遗产项目过程中以及申遗成功之后，当地政府投入了大量人力、财力、物力。2006 年依托敛巧饭习俗，琉璃庙镇政府举办了第一届"'敛巧饭'民俗文化风情节"，至 2019 年已连续成功举办了 14 届。为了保护和发展敛巧饭习俗，2011 年镇政府主动注册了敛巧饭的商标，2012 年又投入资金，在杨树底下村委会兴建了敛巧饭文化展示馆。这些措施对于敛巧饭习俗的存续都发挥了重要作用。

2. 对相关项目的价值判断普遍提升

非物质文化遗产保护行动必然包含对传统文化表现形式的价值判断，只有那些优秀的、具有重要价值的传统文化表现形式才有资格列入国家级非物质文化遗产代表性项目名录，因此，谁被列入国家级名录也就意味着谁的价值得到了国家的认可。就本书所涉及的 6 项活动而言，个别的除外，大多数都曾一度被视为"封建迷信"而受到禁断打击。被列入国家级非物质文化遗产代表性项目名录，则大大改变了人们对它的价值判断，不仅增强了项目传承人的文化自信，"这是国家级非遗"，成为他们引以为自豪的事情，也使其他人群改变了对这些民俗活动的认知，并将其视为宝贵的文化遗产。

3. 相关项目的公共化和旅游化

本书所涉及的 6 项民俗活动，或者是庙会，或者是节庆，本身就是多人参与的公共活动，但是成为国家级非物质文化遗产代表性项目之后，伴随着知名度的提高，其公共性和共享性显著增强。尤其是敛巧饭习俗、千军台庄户幡会和九曲黄河阵灯俗这三项村落中的习俗活动，原本都只是村落社区内部的自娱自乐，参与者主要是社区居民及其亲朋好友，但成为国家级非物质文化遗产代表性项目之后，就吸引了更多外来者的参与。近年来，到千军台、庄户看幡会，到杨树底下村吃敛巧饭，到东田各庄村看九曲黄河阵的人络绎不绝，少则数千人，多则上万人。这些人大多以游客的身份参与其中，虽然游客的大量出现造成了一定的干扰，但他们的到来、"凝视"和利用现代传播媒介所做的自媒体宣传，还是大大增强了项目的知名度和传承人的文化自信与传承自觉，形成一股特殊的力量，推动项目的存续发展。

4. 活动内容趋于丰富

本书所涉及的 6 项民俗活动原本都有自己相对固定的内容安排和程序安排，不过，为了申报非物质文化遗产代表性项目和体现对非物质文化遗产代表性项目的保护，大多数在内容安排上增加了更多的展演、展示和展销活动，这就为更多非物质文化遗产项目的存续提供了平台和空间。比如 2017 年、2018 年东岳庙庙会均在西路设立非物质文化遗产技艺展示及传统工艺体验区域，涉及风车、风筝、陀螺、空竹、吹糖人、糖画、绒鸟、面塑、泥塑、脸谱、毛猴、内画壶、漆雕、葫芦、龙凤字、中国结、绒布玩具、灯笼、绢人等近 20 个项目。

特别值得一提的是花会作为活动内容的重要性。花会是集歌舞、杂技等于一体的民间表演形式，在北京十分盛行。目前北京市级传统音乐、传统舞蹈类非物质文化遗产项目有 28 项，都可归入花会中。花会主要在庙会和岁时节日中出现，岁时节日中，又以春节和元宵节为重要时间节点。在历史上，花会就是本书所涉 6 项民俗活动中极其重要的内容，目前仍然扮演重要角色。

在当前传承弘扬中华优秀传统文化的社会环境中，得益于文化持有者的自发复兴和非物质文化遗产保护行动的强力助推，北京市 6 项民俗类国家级非物质文化遗产项目虽然各有自己的难题，但都处于活态传承之中。

三、北京市民俗类国家级非物质文化遗产项目保护存在的问题及对策建议

总体上看，北京市民俗类国家级非物质文化遗产项目目前存续状况较好，但每个项目又都存在着自己的存续难题，很难采用一个统一的方法加以解决，有必要因项目而异，精准施策。

（一）厂甸庙会

1. 活动空间问题及其对策

历史上的厂甸庙会，北起和平门，南抵梁家园，西到南北柳巷，东至延寿寺街，以新华街、海王村、火神庙、吕祖祠为核心地带，又以"厂东门"即琉璃厂东街为主。2001年西城区恢复厂甸庙会后，其主要活动空间在东、西琉璃厂和南新华街；自2010年起，东、西琉璃厂设有"文市区"，而"民俗区"则移至陶然亭公园。迁址陶然亭公园，从政府管理角度看有一定的合理性，但带来"名不副实"的新问题。2018年春节，时隔8年之后，厂甸庙会又全部回到源发地琉璃厂。但是厂甸庙会应该只延续传统活动空间，还是可以将琉璃厂与陶然亭公园两地重新整合形成厂甸庙会新的特色？这是关系到厂甸庙会未来发展的重要问题，需要允分尊重北京市民的意愿。为此有必要对北京市民进行深入调查，在考虑接续民众历史记忆的基础上，以是否满足市民需求、符合市民意愿为标准加以确定。

2. 传承人问题及其对策

历史上，厂甸庙会主要是自发形成的，是文人、商贾、老百姓

各阶层互动的场所,当前则主要依靠政府组织和运行。西城区政府事实上成为传承主体,这在很大程度上保证了活动的正常开展,但也带来了组织管理上付出成本高、民众主体性降低的问题。如何增强一般民众的主体性、降低政府运营的成本,是厂甸庙会面临的另一问题。建议强调厂甸庙会集体参与的特点,提倡"传承人群"概念并广为宣传,从而使北京市民普遍建立起自己作为厂甸庙会传承人的意识,并承担传承人责任,主动挖掘庙会传统,积极参与庙会活动,自觉维护庙会秩序。

3. 文化传统淡化、庙会特色消解问题及其对策

20世纪80年代以来,北京掀起举办新庙会或恢复传统庙会的热潮,这些庙会存在"同质化严重,与大众需求脱节""盈利模式单一,商业性突出""经营粗放,档次不高"等问题。[①] 厂甸庙会一向以"文市"著称,其他如传统工艺品和儿童玩具也颇具特色。但目前在销售区到处可见的是各大庙会上都有销售的"大路货",自身特色不够突出。有鉴于此,应该搭建起科研与技术、政府与学界、学界与社会互相沟通的桥梁,加强文化创意产业研究与合作,充分挖掘能够彰显厂甸庙会特色的"大糖葫芦""扑扑噔""空竹"等民俗标志物,以延续庙会文化传统,并使之成为相关民俗文物"生产性保护"的生长点。

(二)东岳庙庙会

1. 活动空间问题及其对策

在活动空间方面,如果说厂甸庙会主要处理的是能否在原址之外扩充迁移的问题,那么东岳庙庙会主要处理的是如何消除原址内部分

---

① 北京嘉乐世纪科技有限公司:《北京的庙会经济》,《中国中小企业》2011年第3期,第53—54页。

裂的问题。东岳庙庙会依托的活动空间是东岳庙。目前东岳庙有两套管理体制：一是"一套班子、两套人马"的北京东岳庙管理处、北京民俗博物馆，属于国家文物管理体系下的公共事业机构，主要承担东岳庙的文物安全、文物修缮、庙区管理和以博物馆名义开展的展览、社教、研究等工作；二是作为道教活动场所的东岳庙庙务民主管理委员会。在这种双重管理体制下，北京东岳庙庙会的活动区域被划分为两大部分。博物馆的使用区域为中路瞻岱门院和东西跨院、后罩楼院，东西廊院，可供开展民俗活动、社教体验和展览参观。宗教道团的活动区域为从瞻岱门到岱岳殿的中路神像区，常设有道教仪规法事说明和道教劝善语录等场景内容，庙会期间举行相关斋醮科仪，开展法物流通。北京民俗博物馆和东岳庙庙务民主管理委员会同为庙会主办方，但由于场域的分化、管理脉络和话语体系的不同，双方的步调尚不一致，在庙会上"各自为政"，使得同一空间处于分裂的状况。目前需要双方进一步加强统筹与协调，寻找道教文化与民俗文化共生发展的方式，更加积极主动地开展公共性文化建构，从而克服各行其是的松散关联，营造更具有同一性的公共文化空间。对社会发展建设性地介入与引领，可能是东岳庙庙会这一文化空间的重要发展方向。

2. 传承人问题及其对策

历史上，香会（花会）对于东岳庙庙会的传承起着核心作用。香会中的文会义务服务、行香走会，武会展示技艺，共同形成了神圣性的信仰秩序。而自1999年恢复举办东岳庙庙会以来，香会在东岳庙庙会的在场更多地体现为主办方的征用，从而对于东岳庙庙会的传承难以发挥主体作用。针对这一问题，东岳庙庙会可以强化与香会的联合。由于香会通常也是非物质文化遗产代表性项目，强化庙会与香会的联合，既可以为香会的传承发展提供平台，也可以加强香会组织作为庙会传承人（群体）的作用，从而促进东岳庙庙会的传承。

3. 庙会特色构建问题及其对策

面对"千会一面"的批评，东岳庙庙会同样面临着特色构建的问题。与厂甸庙会地处商贸街区和公园所不同的是，东岳庙庙会依托的空间是可以开展宗教活动的道教庙宇，这一空间已经赋予庙会鲜明的特质，它不是完全娱乐化的场所，而是可以烧香祈福、用传统方式表达心理诉求的信仰空间。因此，保持东岳庙作为宗教活动场所的性质，便能在很大程度上保持庙会的特质。另外，在目前两套管理体制并存的情况下，庙会的特色构建还需要双方都加强对历史传统的梳理、挖掘与恢复，比如强化庙会与传统意象的结合，承继东岳庙庙会历史上很有特色的道教音乐等遗产，形成"庙会 + 北京本土花会"的固定关联，保持传统花会展演的比重等，从而增强庙会的传统性、地域性和吸引力。

（三）妙峰山庙会

1. 传承人问题及其对策

庙会期间，妙峰山庙会的代表性传承人王德凤在利用个人威望和人情往来组织协调各方关系上起了举足轻重的作用，但目前他年事已高，尚未有合适的继承人选。而不少参与妙峰山庙会的香会也存在传承人缺乏的问题。过去，这些香会多以村落为单位进行组织，近年来，村落的解体和空心化深刻地影响了香会的传承。如何解决传承人问题，是妙峰山庙会目前面临的核心难题。面向未来，妙峰山庙会应探索一种较少依赖个体人情关系维持的，更具有稳定性和持续性的庙会管理体制。而在当前难以找到代表性传承人、接班者的情况下，可以由王德凤、各香会会首及学者合作编撰《妙峰山庙会传承人手册》，其主要内容包括妙峰山庙会的历史演变、庙会文化的历史传统和文化内涵、主要香会的历史及现状、香会朝顶进香的仪式流程及规则礼节、举办妙峰山庙会的经验、协调各方关系的经验等，以备后用。

2. 资金问题及其对策

妙峰山庙会的资金问题首先体现为资金不足。妙峰山庙会持续时间长，大量香会和工作人员参与其中，需要大量资金维持，目前资助有限，而且不够稳定和及时，出现一些香会因缺乏资金而无法组织人员朝山进香的情况。其次体现在围绕经费的管理和使用，存在认识误区和一些矛盾。针对上述问题，一方面，可以适当增加妙峰山庙会的补助经费。这是因为妙峰山庙会在北京非物质文化遗产中占据非同寻常的地位，它不仅是一项重要的国家级非物质文化遗产代表性项目，还是众多花会（香会）活态传承的文化空间。虽然北京市域内也有一些活动为花会展演提供了平台，但花会在这些平台上的展演主要基于主办方的"征用"，具有明显的被动性质，不像在妙峰山庙会上众多花会朝顶进香是其主动选择的结果。可以说，保护好了妙峰山庙会这一国家级非物质文化遗产代表性项目，就能保护好或带动保护好数十项北京市传统音乐和传统舞蹈类非物质文化遗产代表性项目。从这个意义上讲，适度增加妙峰山庙会的保护经费，值得考量。另一方面，有必要增强透明性，对于非物质文化遗产资金的发放额度、发放时间、发放次数和资金的管理者、使用方向、使用流程、监督监管等，予以公示，使庙会的主要参与方，尤其是各香会知晓，避免因资金运用不透明引发新的矛盾。

3. 庙会精神的宣传问题及其对策

行善积德、互助礼让、以诚相待的道德观念和服务意识以及奉献精神是妙峰山庙会作为非物质文化遗产的重要部分，是中华民族的优秀传统，理应在庙会期间得到弘扬，并发挥重要的育人功能。但当前较多的资金投入在庙会秩序的维持以及香会关系的维护上，忽略了对庙会文化内涵的挖掘和精神价值的宣传普及，这方面需要充分重视，并利用新媒体和多媒体方式进行积极传播。

（四）敛巧饭习俗

1. 从自在生活到旅游项目转化过程中的习俗变形、内涵缺失问题及其对策

在申报国家级非物质文化遗产项目之前，敛巧饭习俗一直存在于杨树底下村村民自己的生活中。虽然其间经历了活动主体由女性向全村人转变，文化内涵由乞巧、感恩向村落和谐转换，其转变也是经由村民选择而实现的。但为了申报非物质文化遗产项目，并彰显对非物质文化遗产的保护和利用，经由政府干预，这一项目变成了由政府主导建构的"'敛巧饭'民俗文化风情节"，从而由村落内部共享的习俗活动转变为面向外来游客的旅游项目。在这一过程中，为了提高旅游收入、迎合真实的和"想象"中的游客需求，风情节增加了非物质文化遗产活动展演和商业化的歌舞表演，并开始收取门票，且票价不断增加，这就导致敛巧饭习俗核心要素的改变。比如由少女到各家敛取食材的做法已经在生活中消失，虽然现场仍然会有组织好的少女成群结队地穿着统一的鲜艳服装到几户人家敛取食材，但只是为了拍摄电视宣传片的需要。为了拍摄得好看，她们可能会被要求不断重复同样的动作，而被敛取食材的人家也都是事先安排好的，至于那些敛到的萝卜、白菜、粮食，也只是拍摄的道具，而不会被放到做饭的大锅里。因为游客要吃锅里的饭菜，出于安全、卫生考虑，所有的食材均由琉璃庙镇政府统一购置，往饭菜里投放缝衣针并借以乞求心灵手巧的习俗活动也恐给游客带来伤害而弃之不用。全村人聚在一起共享美食的习惯做法，也让位于为游客提供包括一碗猪肉炖白菜粉条和一碗红

豆米饭在内的简单午餐。只有"扬饭喂雀"的做法还保留着,但呈现出明显的"舞台化",已由仪式变成供人观看的仪式表演。总之,在从自在生活向旅游项目转化后,敛巧饭习俗已经变形,从而很大程度上失去了其基本文化内涵,既无法形成对游客的长久吸引力,亦难以满足村民自身的需求。久而久之,该项目的存续力必然受影响。有鉴于此,需要深刻反思敛巧饭习俗的保护机制,处理好非物质文化遗产保护与旅游开发的关系,校正出现的保护偏差,重拾敛巧饭习俗丰富的文化内涵,使其首先在村落层面发挥和谐功能。

2. 政府主导,项目传承群体主体性丧失问题及其对策

与敛巧饭习俗由自在生活向项目表演转化有关,琉璃庙镇政府处于该项目保护的主导地位,全程管理负责这一活动。从广场的布置、食材的购买、人员的安排到活动的流程,都是由政府工作人员完成的,政府成为事实上的活动主体。与此同时,杨树底下村村民,项目本来的传承者绝大多数丧失了主体性,退居到次要地位,他们参与习俗的方式由自我的服务者变成了旅客的服务者。从联合国教科文组织保护非物质文化遗产的伦理原则要求"相关社区、群体和个人在保护其所持有的非物质文化遗产过程中应发挥主要作用"[①]来看,这种做法明显是有问题的。政府固然在敛巧饭习俗的保护和传承中发挥了重要的作用,却不能取代当地村民主体性的发挥。政府可以在资源支持、基础设施建设、活动平台搭建乃至文化内涵梳理、价值提升、宣传等诸多方面提供帮助,但对于敛巧饭习俗活动到底如何保护、怎么传承,还是要充分征求和尊重传承群体——村民的意见和建议。只有这样,敛巧饭习俗才能够保持其基本的文化内涵和核心要素,传承群体的利

---

① 《联合国教科文组织:〈保护非物质文化遗产伦理原则〉》,巴谟曲布嫫、张玲译,《民族文学研究》2016年第3期。

益才能得到维护。

3. 代表性传承人个体认定与项目需要群体传承存在一定张力的问题及其对策

"非物质文化遗产传承人应是：在有重要价值的非物质文化遗产传承过程中，代表某项遗产深厚的民族民间文化传统，掌握杰出的技术、技艺、技能，为社区、群体、族群所公认的有影响力的人物。"① 但敛巧饭习俗活动的正常举办其实并不需要杰出的技术、技艺和技能，只要社区村民积极参与就能有序传承。如果处理不好，认定代表性传承人，非但不利于项目传承，还有可能产生不良影响：一方面，政府会给予代表性传承人一定的传承补助，经济利益问题可能引发一些矛盾；另一方面，会令某些村民认为自己没有传承敛巧饭习俗的义务，逐渐放弃参加敛巧饭习俗活动，从而影响项目的存续力和村民的幸福感。目前该项目已有政府认定的代表性传承人，妥善处理代表性传承人和传承群体的关系、用好传承补助是可行的解决之道。

（五）九曲黄河阵灯俗

1. 组织问题及其对策

九曲黄河阵灯俗活动是一项节日期间举行的群体活动，无论是准备工作、正式活动还是善后工作，都需要一定的物力和人力参与才能顺利进行。在东田各庄村，过去灯会有很强的神圣感、仪式感，人们参与热情高，但现在灯会的神圣感、仪式感大大降低，很多年轻人不愿投入前期准备，中老年人的积极性也不很高，灯会负责人感到"有些力不从心"。如何动员更多力量参与该项目，使其正常运转，是这

---

① 祁庆富：《论非物质文化遗产保护中的传承及传承人》，《西北民族研究》2006年第3期。

一项目面临的最大难题。有鉴于此，需要依托乡村能人或"乡贤"，健全村落组织，加强对村民的村史教育和非物质文化遗产保护教育，使村民了解村落的历史文化内涵，并增强对村落的文化认同感和对非物质文化遗产项目的传承自觉。

2. 传承群体问题及其对策

花会表演是九曲黄河阵灯俗活动的重要内容。东田各庄村的花会在极盛时期有20多档，后来灯会恢复之后，花会也逐渐复活。2014年花会一度达到10档，但之后有几档花会因找不到合适的表演者或表演者的退出而相继解体，花会表演后继乏人是该项目面临的又一难题。目前，在村中老人及负责人的带动和支持鼓励下，一批中小学生加入了高跷花会队伍，这让该项目的传承有了更大的希望。区政府和区文化馆应该花大力气加强对年轻人的培养，可以考虑对参与花会的中小学生予以适当补贴，甚至可以考虑将花会内容纳入中小学的校本课程。在灯会和花会活动中取得家长和当地学校的支持，是今后可以努力的方向。

（六）千军台庄户幡会

1. 村落衰败问题及其对策

村落本身的衰败是幡会面临的最大问题。1981年复兴的千军台庄户幡会，是集体经济时代的产物。当时村民数量多，基层组织动员能力强，但目前幡会主要依托的千军台社区（包括千军台和庄户）处于荒芜状态，基层组织已经完全涣散。目前由于原有村落居民具有强烈的认同感，虽然因村落搬迁而散居各处，但每到幡会时间都会重回村庄，幡会也得以持续传承。但在村集体已经解散、村落空心化等现实矛盾面前，组织机制不畅是一大难题。自1981年幡会复兴后，村落基层党组织与村委会是幡会的实际负责人与执行人,但目前幡会专由大台文化遗产保护协会(以下简称文保会)负责。文保会于2005年成立,当时名称是"文物保护协会",随着非物质文化遗产保护工作的开展,改名为"文化遗产保护协会"。但是文保会作为非政府、非营利、纯民间爱好者性质的民间组织,目前面临没有办公经费、号召力不强等诸多困境。

幡会保护的根本出路在于村落重建。千军台村已经成为中国首批村落规划示范村,这无疑是巨大的发展契机。目前亟须理顺京煤集团、千军台社区与文保会之间的关系,保证新规划顺利落地,重建村落基层组织,尤其是加强基层党组织的领导核心作用,激发村落活力。可以参考南方一些村落的做法,发展文创产业,让村落在文旅融合中重焕生机。

2. 会首传承断层问题及其对策

目前,虽然文保会是名义上的负责人,但实际上还是老一辈的会首们在操持着。随着年龄的增大,他们中的很多人不再有能力参与到幡会当中来。目前幡会缺乏有效和稳定的权力更迭机制,会首传承难以为继。针对这一问题,需要各会首以传承大局为重,建立有效和稳定的权力更迭机制。

3. 艺术表演传承人缺失问题及其对策

舞狮、音乐、耍幡等诸多可以视为艺术表演的活动是幡会的重要内容,对于幡会而言具有重要价值,过去都有较为良好的传承环境和自己的传承方式。比如过去千军台有小学,小学生中就安排有舞狮课程与相关培训,但后来小学被撤销,舞狮课程自然不存在,现在就难以找到合适的舞狮人。再如幡会中的音乐传承靠音乐会,过去音乐会传承机制有赖于红白喜事、佛道法事,幡会上使用的所有乐器,也就是红白喜事与佛道法事中所使用的乐器。但伴随着婚丧制度改革,这类音乐班子的生存空间已被严重挤压。再加上幡乐曲谱为工尺谱，很难掌握，造成存续难题。为解决这一难题，可以充分利用目前北京市和门头沟区在非物质文化遗产方面的政策，申请相关资金，并与学校联手，通过"非遗进校园"的方式在学校内培养相关传承人。

4. 社区生活与旅游开发之间的矛盾问题及其对策

村民始终认为幡会是自己社区生活的一部分，并不需要得到外人的承认。但随着幡会名气越来越大，游客越来越多。游客不仅数量大，而且大多将幡会视为旅游项目而非国家级非物质文化遗产项目，不注意自己的言行，已经给幡会传承带来了明显的消极影响。比如2017年走会活动就因游客太多而临时取消了接会仪式中的号佛环节。要解决这一矛盾，一方面，需要政府将幡会视为公共事件，用公共管理的思维去应对，而不仅仅将其视为"文化传承"或"表演"活动；另一方面，必须加大对游客的管理和宣传，强调幡会的国家级非物质文化遗产代表性项目身份和游客作为外来者在保护传承中的伦理责任。

四、思考与总结

针对北京市6项民俗类国家级非物质文化遗产项目，为使其健康存续，有必要因项目而异，精准施策。但同时，这些项目也应该被视为一个彼此联系的整体，其中反映出的一些具有共同性的问题，值得格外关注。

（一）非物质文化遗产项目保护离不开生态环境保护

北京市6项民俗类国家级非物质文化遗产项目都是在北京这块土地上生长发展起来的文化事象，它们在历史上和当下的存续都有自己的生态环境。因此，对它们的保护若仅仅瞩目于项目本身是不够的。厚培土壤、改善其生态环境，才是根本的解决之道。像敛巧饭习俗、九曲黄河阵灯俗和千军台庄户幡会三个村落社区的非物质文化遗产项目，它们的兴衰直接与村落的兴衰联系在一起。对于它们而言，没有它们所依托的乡村的振兴，就难以确保长期的存续力。因此，必须采取各种措施促进乡村振兴，而民俗类国家级非物质文化遗产项目本身也是实现乡村振兴可以利用的重要资源。

（二）妥善处理非物质文化遗产项目公共化和旅游化过程中的几个重要问题

一种文化事象被列入国家级非物质文化遗产代表性项目名录，就仿佛拥有了一张金名片。在旅游业迅猛发展的当代，无论地方政府还是村民，大多希望将其转化为旅游项目以带来经济效益，促进当地发展；而外地游客也慕名前来，从而为各非物质文化遗产项目从传承人的自娱自乐向大众参与的旅游项目转变带来机遇。但这种转变也会带来一系列问题，从北京市6项民俗类国家级非物质文化遗产项目的保护实践来看，尤其需要关注以下四个方面：

1. 保持非物质文化遗产项目的核心要素和基本内涵

非物质文化遗产是流动的传统，必然随着社会变迁而发生种种变化，变身为旅游项目必然影响其存在方式和存续状态，但是从非物质文化遗产保护的角度看，遗产旅游应首先被视为非物质文化遗产保护的一种方式，因此遗产旅游不应损害其核心要素和基本内涵。但在现实中，恰恰是遗产旅游使得庄重的仪式、礼俗成为博人耳目的表演，寄寓其中的民俗情感逐渐淡化，非物质文化遗产项目失去了灵魂。为此，需要认真研究非物质文化遗产项目的核心要素与基本内涵，并在实践中予以格外关注，确保其不因公共化和旅游化而变形和丧失。

2. 政府应将民俗类非物质文化遗产项目活动开展视为公共文化事件并采取相应措施予以应对

民俗类非物质文化遗产项目的公共化和旅游化使其吸引了大量外来游客，这已不是简单的非物质文化遗产保护传承问题，而是需要确保活动安全有序举行的公共事件，必须以应对公共事件的方式加以应对，避免出现安全问题。

3. 加强游客的非物质文化遗产保护意识

对于民俗类非物质文化遗产项目而言，游客的在场往往是一把"双刃剑"。一方面，他们的参与使得非物质文化遗产项目旅游化成为可能；另一方面，他们的参与又在很大程度上导致非物质文化遗产项目保护出现问题。比如，他们经常无视非物质文化遗产项目在仪式、礼俗方面的规定，从而在活动现场肆无忌惮地走动、拍照，严重伤害项目的神圣性。因此，在非物质文化遗产项目旅游化的过程中，需要加强对游客的管理和规约，使其深刻认识到民俗类非物质文化遗产项目在作为旅游项目时不是一般的旅游项目，必须遵从非物质文化遗产项目的民俗规制，遵循非物质文化遗产保护的伦理原则。

4. 加强项目传承人的文化主体意识

为了吸引更多游客，迎合真实的和"想象"的游客需求而放弃对自己文化规制的坚守，是民俗类非物质文化遗产项目旅游化过程中经常碰到的问题。这是项目传承人放弃文化主体性的表现，长此以往，不仅对项目本身造成伤害，使其失去特色，最终也会因项目特色的失去而失去游客。因此，加强项目传承人的文化主体意识，就变得格外重要。

（三）解决不同类别的传承人问题

传承人是非物质文化遗产项目保护的核心，没有传承人便没有非物质文化遗产项目的传承。但与其他类别的非物质文化遗产项目相比，民俗类非物质文化遗产项目，尤其是庙会、节庆等民俗类非物质文化遗产项目的传承人更加复杂。从北京市6项民俗类国家级非物质文化遗产项目来看，会涉及三类传承人。

1. 整个活动的组织者

如果没有组织者的组织协调，整个活动很难开展。做好组织者的传承工作，对于非物质文化遗产项目保护起着举足轻重的作用。目前厂甸庙会、东岳庙庙会、敛巧饭习俗活动主要由政府或博物馆组织，但在妙峰山庙会和千军台庄户幡会等非物质文化遗产项目中，历史上形成的会首制度仍然发挥着重要作用。在会首的传承方面，民间自有一套约定俗成的方法，但随着国家代表性传承人认定工作的开展，二者之间形成了一定的张力。

2. 艺术表演活动的组织者和传承群体

无论是历史上还是当下，北京市6项民俗类国家级非物质文化遗产项目在活动期间都有各种艺术表演，大多由花会提供。这些花会各有自己的组织和组织头领（过去叫会首），其自身也可能是一项区级或市级甚至国家级非物质文化遗产代表性项目。比如，目前北京市28项传统音乐和传统舞蹈类非物质文化遗产项目如京西太平鼓、花钹大鼓、白纸坊太狮、延庆旱船等就都是花会，它们的出现极大地丰富了活动内容，增强了活动的文化魅力，对于庙会或节日活动的存续意义重大。在北京，民俗类非物质文化遗产项目保护问题必须充分考虑花会的传承及其传承人问题，可以就花会传承出台专门的保护措施。

3. 活动的参与者

无论哪一项北京市民俗类非物质文化遗产项目，都是群体参与的综合性非物质文化遗产，一般的参与者尤其是村民的态度和参与热情、参与度对于项目存续起着重要作用。考虑到《保护非物质文化遗产公约》对非物质文化遗产的界定是"指被各社区、群体,有时是个人,视为其文化遗产组成部分的各种社会实践、观念表述、表现形式、知识、技能以及相关的工具、实物、手工艺品和文化场所。这种非物质文化遗产世代相传,在各社区和群体适应周围环境以及与自然和历史的互动中,被不断地再创造,为这些社区和群体提供认同感和持续感,从而增强对文化多样性和人类创造力的尊重",如果一种社会实践或传统表现形式没有得到社区居民的热爱、支持和参与,不能为"社区和群体提供认同感和持续感",那么它就不再是非物质文化遗产了。因此,需要采取有力措施增进活动参与者同时也是项目传承人的认同感和传承自觉。

这里需要格外注意的是,要处理好政府与民俗类非物质文化遗产项目组织者、传承人的关系问题。在我国,非物质文化遗产保护行动遵循着"政府主导,社会参与"的原则,但政府主导应是指相关法律政策的制定与实施、组织机构的设置以及财政支持等,而不是越俎代庖,代替项目传承人实施对项目的具体传承和实践。另外,也要处理好传承人个体和群体的关系。民俗类非物质文化遗产项目有声有色地开展离不开某个或某些核心人物的贡献,但仅有核心人物而无其他人的参与,民俗类非物质文化遗产项目是难以取得成功的。因此,在民俗类非物质文化遗产项目传承人认定方面就更加复杂,应避免出现由传承人认定问题导致传承人群体分化的情况。

总之,现阶段,北京市政府在民俗类国家级非物质文化遗产保护与传承方面已经做了很多工作,取得了突出的成绩,但也面临不少亟待解决的问题。只要政府高度重视,并充分尊重传承人(包括个体和群体)的意愿和选择,因项目而异,精准施策,并将民俗类非物质文化遗产项目作为一个整体来看待,重视彼此之间的关联性,解决共同的难题，民俗类非物质文化遗产就会有更强的存续力，也能为社区和北京市的文化建设、文旅融合乃至全国文化中心建设发挥重要作用。同时，北京市在民俗类国家级非物质文化遗产项目保护方面的经验和问题，也可以为其他地方提供一定的借鉴和参考。北京作为首都，文化资源丰富，旅游消费市场庞大，通过改革和创新非物质文化遗产保护与传承模式，敢于先行先试，非物质文化遗产保护传承发展工作定会为文化强国和中华文化走向世界做出贡献。

第二章
厂甸庙会保护现状与对策

春节作为中国人的传统节日，相关研究成果[①]从岁时制度、文化功能、生活叙事、文化复兴、文化旅游、社会管理等各个角度展开。厂甸庙会是北京春节民俗活动的重要组成部分，有关其历史流变及与北京春节关系的文字记载见诸文献，而且"厂甸儿"在文人笔记中也多是构成老北京春节记忆的重要意象。本章则尝试从非物质文化遗产政府管理与节日实践互动的角度，在春节这一集体传承与共享的节日场域下，重新审视厂甸庙会的存续状况及其传承面临的问题，分析民俗类非遗[②]代表性项目与民众知识集体传承之间的张力，总结北京市非遗保护研究工作中可资推广的保护措施和经验。关注和研究北京民俗类非遗的保护现状与对策问题，不仅对丰富我国民俗学和非遗保护相关学科的研究成果具有理论探索意义，而且对助力北京首都城市文化建设具有现实指导意义。

---

① 相关研究成果举要如下：乌丙安《中国春节：祭典与庆典严密组合的传统行事》，萧放《春节习俗与岁时通过仪式》，萧放、张勃等《城市·文本·生活——北京岁时文献与岁时节日研究》，刘铁梁《社会发展与春节文化》《身体民俗学视角下的个人叙事——以中国春节为例》，陈连山《春节民俗的社会功能、文化意义与当前文化政策》，徐万邦《春节的主要活动及其文化功能》，张士闪《春节：中华民族神圣传统的生活叙事》，等等。

② 书中某些章节使用"非物质文化遗产"这一术语较为频繁，为避免冗赘，有时会使用简称"非遗"。

一、厂甸庙会研究成果综述

厂甸庙会作为首批民俗类非物质文化遗产项目之一,其研究状况离不开自2000年起"非物质文化遗产"作为工作语言进入我国的时代背景。因此,我们以时间为线索,以"厂甸庙会"为检索词,以"全文检索"为检索条件,在中国知网(CNKI)期刊论文数据库中搜罗了2000年至2018年的研究成果。通过检索看到,"厂甸庙会"的研究成果总体上可以按照该民俗活动被国务院批准列入国家首批非物质文化遗产名录的时间节点划分为两个时段。第一时段为2006年以前,相关研究多为现代民俗志资料,即清末以来厂甸庙会历史演变过程的说明介绍性文字和调查资料,多散见于期刊报纸;第二时段为2006年以后,即被列入国家级非物质文化遗产名录以来,相关讨论和研究成果随之增多,专门研究厂甸庙会的便有高巍、周海南编著的《厂甸庙会》,其他具有较高研究水准的还有北京师范大学民俗学团队执笔的《中国民俗文化志·北京宣武区卷》,内有专章内容从"标志性文化"概念视域阐释了厂甸庙会的"火神庙""糖葫芦""旧书摊"等民俗标志物和重要文化空间。

二、厂甸庙会所在地琉璃厂的自然和人文环境

厂甸庙会所在地位于北京城区西南部,原属宣武区,后于2010年划入西城区。西城区作为首都功能核心区的重要组成部分,是全国政治中心、文化中心的主要承载区,拥有上百项非物质文化遗产项目。该区处于平原区中的"北京缓倾斜冲积平原区"内,地貌单元由古永定河、清水河、温榆河联合冲积而成。全区处于该地貌单元的中部,地面由西北向东南缓倾,气候属于典型的大陆性暖温带季风气候。大栅栏地区保存着大量古建筑和文化资源,曾是国粹艺术瑰宝京剧和宣

南文化的主要发祥地,士人文化和平民文化的有机交融使其具有深邃的文化底蕴和厚重的历史氛围。

厂甸庙会,项目编码为"X-42",由北京市宣武区人民政府于2006年申报列入了国务院公布的第一批国家级非物质文化遗产名录,现项目保护单位调整为北京市西城区非遗保护中心。近年来,北京西城区厚重的历史积淀与优质的文化资源,为该区的非遗传承奠定了坚实基础。在区级政府层面,西城区非遗保护中心作为项目保护单位,在发挥西城非遗传统储量优势的基础上,主办非遗保护成果展,并向社会公众开放,对扩大北京非遗的影响力起到了积极的推动作用。例如,2017年首个"文化和自然遗产日"北京系列活动中,由北京市西城区非遗保护中心联合有关单位共同承办的"民间瑰宝·魅力之都"2017北京非物质文化遗产时尚创意设计大赛成功举办。活动立足西城区传统美术、传统技艺类非遗项目核心技艺或经典元素,面向社会公开征集时尚创意设计方案,吸引民众广泛关注并积极参与。

三、厂甸庙会的历史

历史上的厂甸庙会,北起和平门,南抵梁家园,西到南北柳巷,东至延寿寺街,以新华街、海王村、火神庙、吕祖祠为核心地带,又以"厂东门"即琉璃厂东街为主。由于厂甸庙会离市中心最近,是京城各阶层男女老幼农历新年争相光顾的场所。[①]民国吴廷燮《北京市志稿》中记载:"琉璃厂厂甸系海王村旧址,为北京夏正士女游观之地,惟是车马纷沓,摊肆纵横,十丈红尘,击摩凌杂,殊匪足以昭秩

---

① 参见周和平主编:《第一批国家级非物质文化遗产名录图典》,北京:文化艺术出版社,2006年,第1058页。

序也。经前京都市政公所于整理之中徇习俗之意，遂于民国五年有设立海王村公园之议，就原有地基缭以围墙，两旁建筑商铺，藉示规模。广场之中，辟治路径，每值岁首，自元旦至元宵节，订定开放规则，仍准照旧设立临时商市，以存俗尚；其平时则惟置山石，建筑喷水池，栽种花草，藉于市尘之内得观林泉之趣。"[1]根据相关地方史志文献，我们了解到厂甸的四至，厂甸庙会的文化空间也可从中管窥一二。

厂甸庙会作为老北京的标志性庙会，与南京夫子庙庙会、上海城隍庙庙会和成都青羊宫庙会并称中国四大庙会。关于厂甸庙会的历史概况，据《第一批国家级非物质文化遗产名录图典》记载，厂甸庙会始于明代嘉靖，兴于清代康熙，盛于乾隆。1918年，北京市政当局正式确定每年正月初一至十五以厂甸和海王村公园为中心举办庙会集市，这成为旧时京城唯一的官办春节庙会。1945年前后，厂甸庙会几近"残灯破庙"。1949年以后，每年正月初一至十五，在和平门到虎坊桥路口举办庙会。1960年曾一度中断。1963年，北京市政府重开厂甸庙会，全城轰动。后因种种原因，厂甸庙会停办。厂甸庙会历时400多年，历经由祭祀而庙市，转而书市，渐成文商并举的春节逛厂甸民俗活动的演变过程，被誉为"雅俗相济、商娱相融"。厂甸庙会以其悠久的历史、宏大的规模、开放性的形式，尤其是鲜明的京味文化特色在京城独树一帜，现已成为展示京味民间文化和宣南文化的重要窗口与平台。它是各地民族民间文化艺术精品荟萃的大舞台，具有深厚的文化底蕴和广泛的社会意义，深受广大京城百姓的喜爱，并吸引了众多民族民间传统项目和优秀民间艺术家的积极参与，由此产生的社会效益和经济效益日渐增大。2001年，新世纪的第一春，厂甸庙

---

[1] 〔民国〕吴廷燮等纂：《北京市志稿（前事志、建置志）》，北京：北京燕山出版社，1997年，第617—618页。

会在阔别京城近40年后,又以崭新的面貌、深厚的文化内涵、高雅的文化品位出现在京城百姓面前,一举成为北京标志性庙会,使这一历史悠久的文化活动继续得以传承。[①] 2006年,在原宣武区人民政府的领导下,北京春节厂甸庙会原址——南新华街全长1170米的道路扩宽到34米至60米不等,更新改造了道路上的水电设施,为厂甸庙会的后续举办创造了硬件条件。

四、厂甸庙会的存续现状

厂甸庙会落实"政府主导、企业主办、市场运作"的原则,在保持基本原貌的基础上,吸收现代庙会经营理念,结合区域特色经济发展趋向,积极实行市场化的企业管理方式。

目前,该项目的主要内容包括三个方面:第一,厂甸庙会是以展销书画、文玩著称的贸易集市,书市中既有琉璃厂的书铺,也有不少外来的大书店,如三槐堂、宝书堂等在此设摊。文物摊和文物店是与书市并驾齐驱的行业,其中不乏精品。第二,厂甸庙会仍以卖应节玩具、吃食著称,玩具摊通称"耍货",其中以"空竹、风车、风筝"等玩具享有盛名。吃食品种繁多,极具特色,其象征物——大糖葫芦成为民众喜爱的食品。第三,花会表演是厂甸庙会的一项主要内容。庙会期间,南北各路民间花会、身怀绝技的艺人荟萃在厂甸街巷,载歌载舞,绘出一幅生动的老北京民俗文化的风情画卷。

近年来,西城区根据《"十二五"时期历史义化保护区保护与发展规划》和《"十三五"时期历史文化名城保护规划》,进一步探索尝试街区管理新方式,制定并实施了《大栅栏琉璃厂历史街区保护管

[①] 参见周和平主编:《第一批国家级非物质文化遗产名录图典》,北京:文化艺术出版社,2006年,第1058—1059页。

理办法（试行）》，发布了《关于加强西城区非物质文化遗产保护工作的意见》《北京市西城区保护和促进老字号发展若干意见》等文件，综合开发琉璃厂文化区。西城区以五年保护实施方案为依据，积极组织东琉璃厂火神庙和南新华街五道庙等重要历史建筑的搬迁修缮和开放工作，计划将琉璃厂文化区建成北京最大、品位最高的文化艺术品和传统工艺品的集散地与古都风貌游览区。当前，以琉璃厂为依托的厂甸庙会随着西城区历史文脉的延续，其民俗文化将会发挥更大的价值，焕发更大的生机，庙会的赓续传承与发展品质也随之得以提升。

五、该项目保护实践中存在的问题

根据对 2017 年、2018 年厂甸庙会存续现状持续两年的田野调查，我们看到，在政府、学者和民众等多方力量的综合博弈下，厂甸庙会仅在这两年间便发生了重大变迁。2017 年厂甸庙会，举办时间为 2017 年 1 月 28 日（正月初一）至 2 月 1 日（正月初五），地点在北京市西城区太平街 19 号陶然亭公园，源发地东、西琉璃厂成为厂甸庙会的拓展区，主要组织部分手工技艺展示和民俗表演活动。2018 年厂甸庙会，取消了陶然亭公园民俗区，在时隔 8 年之后又全部回到了琉璃厂文市区，于 2018 年 2 月 16 日（正月初一）至 2 月 20 日（正月初五）每天上午 10 点至下午 4 点向公众免费开放。通过田野调查发现，厂甸庙会存续问题主要表现在以下三个方面。

（一）民俗文化空间中的厂甸庙会

场所之于非遗与民俗文化空间之于厂甸庙会的重要意义需要学界不断予以厘清。乌丙安早在 2007 年就指出了"忽视民俗文化空间的节日文化和庙会文化的保护"的问题，并呼吁在第二批国家级非物质文化遗产名录申报时，应当"把密切联系着亿万民众生活和心理愿望的民俗文化空间的遗产保护列为重中之重"。①从非遗的概念来看，我们便可以理解场所之于非遗所具有的重要意义。联合国教科文组织《保护非物质文化遗产公约》（2003年）指出，非物质文化遗产"指被各社区、群体，有时是个人，视为其文化遗产组成部分的各种社会实践、观念表述、表现形式、知识、技能以及相关的工具、实物、手工艺品和文化场所"。2011年我国颁布的《中华人民共和国非物质文化遗产法》规定："非物质文化遗产，是指各族人民世代相传并视为其文化遗产组成部分的各种传统文化表现形式，以及与传统文化表现形式相关的实物和场所。"由此可知，非遗不仅包括非物质的文化表现形式，还包括作为非遗组成部分的代表性实物和场所。

场所是保护非遗的题中应有之义。当然，在非遗保护视域下，场所不仅是指物理性意义上的某一场地，还可能是具有纪念或象征性意义的文化空间。因此，要保护好厂甸庙会，就要处理好民俗文化空间的问题，特别是厂甸庙会举办地的两地问题，即拓展区的陶然亭公园和源发地东、西琉璃厂之间的关系问题。自2010年至2017年，它一直成为社会各界人士热议的问题。

概括而言，从2001年起，西城区恢复厂甸庙会，庙会期间，东、西琉璃厂和南新华街均封路。自2010年起，东、西琉璃厂设有"文市区"，而"民俗区"则移至陶然亭公园，过去免票的厂甸庙会进入陶然亭公园后，实行低票价（票价2元，老年人和儿童半价）。当年的各大媒体争相报道，"迁址陶然亭：厂甸庙会名存实亡"②的标题让人触目

---

① 乌丙安：《民俗文化空间：中国非物质文化遗产保护的重中之重》，《民间文化论坛》2007年第1期，第98页。
② 参见《新京报》，2010年1月2日，网址：http://www.bjnews.com.cn/opinion/2010/01/02/170.html，访问时间：2019年6月1日。

惊心。直到2017年厂甸庙会面临的最大问题还是迁址问题。

厂甸庙会由琉璃厂迁至陶然亭,主要原因在于政府力量的介入。结合我们的现场观察,从政府管理的角度来看,源发地的厂甸庙会涉及交通管制、庙会安保、流动商贩、卫生环保等管理成本高的问题,应该说迁至封闭的公园有其合理性。但移师陶然亭公园后,虽解决了上述问题,却带来了"名不副实"的新问题。

2017年春节期间,在陶然亭公园里,从入园的导览图上便可看出二者的关系。陶然亭公园为"厂甸庙会民俗区",园内随处可见印有"厂甸庙会"字样的招幌,处处在凸显其"合法性"。

而在琉璃厂,中国书店门前的小广场成为"文市"的主展区。广场内搭建起舞台,舞台背板上打着"百年厂甸 全民冬奥"的标语,舞台上表演着传统表演艺术"相声"。仅在这一狭小广场上,人们便可以感受到庙会上应有的热闹与拥挤。

图1 民众在观看相声表演（摄于2017年厂甸庙会）

注：未署名的图片为本部分执笔人拍摄,如执笔人有多人仍署名。后同。

在"文市"的延伸街区——琉璃厂东街,"厂甸庙会"在晴天冬日午后3点的人流量并不算大。

在文化空间的利用上,我们看到位于琉璃厂东街的"火神庙"里举办了"猜灯谜""踩岁"等民俗活动,可以说它们是比较有文化特色的活动。

位于琉璃厂西街的荣宝斋,按照国家法定节假日安排了放假本无可厚非,但却错过了在庙会期间进行展示传播的机会。

图2 在厂甸琉璃厂东街逛庙会的市民(摄于2017年厂甸庙会)

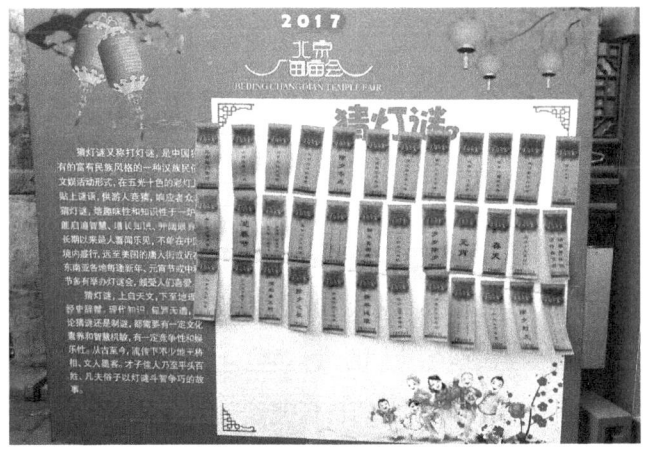

图3 琉璃厂东街火神庙猜灯谜活动(摄于2017年厂甸庙会)

图 4 琉璃厂西街的荣宝斋（摄于 2017 年厂甸庙会）

民俗文化空间的边界在哪里？试以 2017 年、2018 年两届厂甸庙会为例予以分析。2017 年春节，厂甸庙会在源发地琉璃厂和陶然亭公园两地同时举办，琉璃厂保留了文市的功能，而陶然亭公园作为厂甸庙会的扩展区。随之出现的突出问题便是，民众关于厂甸庙会所谓"文市"的历史记忆与陶然亭公园本身的历史无法对接。具体来说，琉璃厂原址曾是海王村、火神庙，以及荣宝斋、中国书店、一得阁等中华老字号的店铺建筑物所在地，这些历史地名的存在，至少表明厂甸庙会的"精气神"还在。而且从项目保护责任的落地来看，中国书店是装裱修复技艺（古籍修复技艺）的项目保护单位，一得阁墨汁制作技艺也是国家级非遗代表性项目。而扩展区陶然亭公园更多的是作为红色旅游的景点，像作为儿童滑梯娱乐场所的"大雪山"可算作其标志性场所。"大雪山"承载着许多"老北京"的童年记忆，2017 年也由此拓展成为体现"全民迎冬奥"的"冰雪嘉年华"类的体育庙会。那么，2017 年在两地举办的厂甸庙会的特色究竟是要突出以往的文市特色还是增加体育庙会的新内涵，抑或是将两地原有的传统特色重新整合而打造形成厂甸庙会新的特色？这些问题需要我们深思。我们随机访谈了几位逛庙会的市民。一位姓王的大爷说："厂甸庙会挪开了原地址就不能称其为厂甸庙会了。"[①]这一基于场所变更影响厂甸庙会特色的基本判断，反映了一般民众的心声。如何在场所变更的事实基础上，深入挖掘厂甸庙会的特色，是需要我们进一步探索和解决的重要问题。

在社会各界的广泛呼吁下，2018年春节，厂甸庙会时隔8年又全部回到了源发地琉璃厂，且突出了其"文市"特色。荣宝斋、中国书店等组织各式活动，纷纷开门迎客。与2017年关门放假不同，这次荣宝斋举办了较有特色又与"文市"契合的木版水印体验活动。店门口虽排起长队也不减市民参与相关活动的热情，特别是带小朋友的市民更要让孩子们亲身参与体验此类活动。

需要注意的是，根据我们的跟踪调查，火神庙应该是厂甸庙会可以利用的民俗文化空间，但在两年间也有变化。在2017年春节庙会期间，火神庙就得到了很好的利用，举办了猜字谜等丰富的民俗活动，而在2018年春节，却闭门谢客。据社区志愿者反映，此举更多的是出于安全考虑。所以，我们应将厂甸庙会置于其民俗文化空间中加以保护。其民俗文化空间是有一定内在规制的，并非可随意更换，也绝非与其他区域完全隔绝，需要重点处理好其边界问题，关注其中的标志性地点并做重点挖掘利用。

（二）民俗类非遗代表性项目中的民俗承担者

民俗承担者是民俗事象的主体，是民俗文化的持有者。在这方面，民俗类非遗代表性项目比较突出的问题有两个：一是如何理解非遗代

[①] 被访谈人：王大爷，旅游部门退休人员。访谈人：毕传龙、赵娜。访谈时间：2018年2月19日。访谈地点：琉璃厂东街。

表性项目的"民俗类"这一分类；二是如何处理好集体传承类项目的代表性传承人或团体的申报。

就分类而言，非物质文化遗产保护工作对非遗工作对象的分类并非严格意义上的科学分类，而是便于实际操作、易于落地的工作分类。关于"民俗类"非遗代表性项目及其代表性传承人的保护问题，项目和传承人申报是当前国家在推进清单编制工作的有力举措。理论上，非遗保护工作的主体对象是人，对人的保护就是要确保其传承能力，因此，非遗代表性项目都应该有代表性传承人。但像厂甸庙会等民俗类非遗代表性项目，却无法认定代表性传承人。所以，保护厂甸庙会这一非遗项目，无法落到保护具体的传承人上，换句话说，保护厂甸庙会该如何切入成为关键问题。实际上，从学理上说，厂甸庙会依托于春节这一集体性传统节日民俗，这一类非遗代表性项目面临的问题也正是集体传承的问题。民俗类项目多为民众集体传承和集体共享的非遗，具有集体参与性特征，应该提倡"传承人群"[①]的概念。值得庆幸的是，各地也在加强相关立法保护的工作。如 2017 年 5 月 26 日内蒙古自治区第十二届人民代表大会常务委员会第三十三次会议通过的《内蒙古自治区非物质文化遗产保护条例》就提出项目保护单位应该得到该项目代表性传承人或传承群体的认可。这在地方性法规的健全完善中可以说是一种保护理念上的突破。国家在法律法规制定方面，也应积极探索代表性传承团队的相关认定与管理办法。所以，保护厂甸庙会这一类集体传承的非遗代表性项目，不仅应注意处理好传承团队与代表性传承人的关系，也要注意保护与其场所有关联的跨类别的

---

① 参见《项兆伦在全国非物质文化遗产保护工作会议上的讲话》，2017 年 5 月 12 日。网址：http://www.mcprc.gov.cn/whzx/whyw/201706/t20170602_494760.html。访问时间：2019 年 6 月 1 日。

其他非遗代表性项目，重点做好对其传承环境和相关传承实践的保护工作。

我们再来看厂甸庙会的传承人群或共享这部分民俗知识的民众群体。据吴廷燮《北京市志稿》载，"厂甸在正阳门外二里许，古曰海王村，即今工部之琉璃厂也。街长二里许，廛肆林立，南北皆同，所售之物，以古玩、字画、纸张、书帖为正宗，乃文人鉴赏之所也。惟至正月，自初一日起列市半月，儿童玩好在厂甸"[1]。历史上，厂甸庙会为文人、商贾、老百姓等各阶层互动的场所，即"工部""文人""儿童"等都能广泛参与。这也正体现在春节这一特殊的节日时间里，社会各阶层具有共享的民俗时间和民俗活动。参与到庙会的游商也好，坐商也罢，其实是有其共享的民俗规则的，只是需要政府在制定政策时善于去发掘和利用民俗传统。

而迁址至陶然亭公园后，厂甸庙会处处体现出"国家在场"，武警、交通、消防、环卫、街道等联合执勤，政府在组织管理上付出的成本较高。"在春节庙会的组织上，每年十一就开始成立筹备会，策划完报请区政府，正月初九进入收尾工作阶段"[2]，特别是安保等工作。这样做的好处是杜绝了一切安全隐患的发生，维护了庙会的正常秩序。但受陶然亭公园售卖门票（尽管票价很低），同时在地理位置上又离源发地琉璃厂有一定距离等因素的影响，参与厂甸庙会这一集体性活动的民众在地域上有所变化，共享厂甸庙会知识的群体范围也会不同。

---

[1] 〔民国〕吴廷燮等纂：《北京市志稿·礼俗志》，北京：北京燕山出版社，1998年，第386页。
[2] 被访谈人：西城区非遗保护中心杨主任。访谈人：毕传龙。访谈时间：2017年1月28日。访谈地点：陶然亭公园。

当然，作为开放式庙会，维护治安和社会秩序理应成为庙会管理工作的重要组成部分。2017年，在庙会场域内特别醒目的是，陶然亭公园门口张贴着"禁止游商入内经营"的标语。这与原琉璃厂区游商自由经营形成鲜明对比。到了2018年春节，政府管理或志愿者服务体系仍然没有缺位，但回归文市后的厂甸庙会，活动区域更加集中，民俗活动更加突出"文市"特色，往返东、西琉璃厂购买书籍、毛笔、纸张的民众络绎不绝。

图 5 民众在琉璃厂西街的文宣堂店前购买毛笔、纸张等（摄于2018年厂甸庙会）

（三）庙会中的民俗标志物

民俗标志物是承载厂甸庙会特色的具体的代表性实物。实际上，不管是就历史文献的记载而言，还是从当下民众的现实需求来看，厂甸庙会应该继续挖掘或抢救性保护一些只有在厂甸庙会才能够买到的"老玩意儿"，而不应该仅仅销售与其他庙会一样的"大路货"，应该杜绝"千会一面"。

厂甸庙会一向以书籍古玩、字画文具独秀于林,自古便以"文市"著称,传统工艺、日用百货和儿童玩具也颇具特色。富察敦崇《燕京岁时记》记载:

厂甸儿
　　厂甸在正阳门外二里许,古曰海王村,即今工部之琉璃厂也。街长二里许,廛肆林立,南北皆同。所售之物以古玩、字画、纸张、书帖为正宗,乃文人鉴赏之所也。惟至正月,自初一日起,列市半月,儿童玩好在厂甸,红货在火神庙,珠宝晶莹,鼎彝罗列,豪富之辈,日事搜求,冀得异宝。而红货之内以翡翠石为最尊,一扳指翎管,有价至万斤者。翡翠之外并重料壶,然必须官窑古月轩者方为上品,新料不足道也。盖玩好之物,风尚不同,乾隆间重珊瑚,贱碧霞玺。后又重碧霞玺。近更重翡翠石及料壶。风雅之士亦间有重旧玉者。笛头剑隔,古色盎然,而真伪殊不易辨。故予尝曰:"物而能言,免去许多聚讼。"盖指此也。至于旧磁一类,甚属寥寥,已多为外洋买去矣。
　　谨按《日下旧闻考》:琉璃厂东有辽御史大夫李内贞墓,乃乾隆三十六年工部郎中梦溥得其志石于土中,有葬于海王村之语。①

根据相关历史文献记载,琉璃厂庙会上所售之物有古玩、字画、纸张、书帖、翡翠、料壶、瓷、玉等。从传统行业产品的角度来看,这些大多为手工艺制品,该庙会所售物品的特色也成为现代庙会复兴的文化资源。因此,厂甸庙会应该是集中展示、体验、交流、销售北京非遗制品的场所。

---

① 〔清〕潘荣陛、〔清〕富察敦崇:《帝京岁时纪胜·燕京岁时记》,北京:北京古籍出版社,1981年,第52—53页。

2017年，在琉璃厂东街的坐商，仍彰显着厂甸庙会的"老北京味儿"。但传统的儿童玩具"扑扑噔"已不见销售，在销售区到处可见各大庙会上有售的"大路货"。在陶然亭公园，热火朝天的各种非遗美食摊前，人山人海。

图 6 陶然亭公园的美食摊（摄于 2017 年厂甸庙会）

在琉璃厂东街，只见简单的几个小展柜。实际上，政府在这方面的前期投入成本也比较高。调查得知，"政府在组织策划展览后要由北京市非遗中心统一协调，选择那些濒临灭绝、老百姓又喜欢的非遗项目来参展"[1]。

图 7 琉璃厂东街的摊商（摄于 2017 年厂甸庙会）

---

[1] 被访谈人：李大爷，手串摊商。访谈人：毕传龙。访谈时间：2017 年 1 月 29 日。访谈地点：琉璃厂东街。

值得注意的是,厂甸庙会组织方也在极力挖掘民俗标志物的相关文化符号。比如,2018年春节,"大糖葫芦"的形象便出现在与民众的互动环节中。

六、厂甸庙会未来发展的对策与建议

不得不承认,对于民俗类非遗的整体性保护,政府管理的前期投入成本较高,但越是在起步阶段,就越应该搭

图8 琉璃厂西街的游客互动区(摄于2018年厂甸庙会)

建好工作框架,建立起工作模式,保证工作具有良好的可持续性。实际上,保证非遗工作的可持续性发展,恰恰正是发挥非遗活态传承活力和民众集体智慧动力的体现。因此,发挥好民俗类非遗集体传承的活力和动力这一优势,厂甸庙会的保护工作和北京文化建设势必会事半功倍。

结合上文所述厂甸庙会的生存现状和问题,就厂甸庙会未来发展提出以下对策与建议。

第一,应向民俗传统要智力支持,创新社区治理方式。政府需要激发民间智慧的创新活力和社区居民的参与动力,"还节于民"并"顺水推舟",在新型城镇化建设总体规划下降低社区发展投入成本,发

挥基层创新治理能力。政府在庙会组织工作上，充分调动了一线部门联合执法的积极性，但也付出了较高的管理成本，在挖掘历史文化资源的深度和广度上有待进一步推进。特别是在民俗文化空间的变更上，应该以是否满足民众需求、符合民众愿望为标准，在民俗文化空间的边界拓展上，可打通与此场所有所关联的跨类别非遗代表性项目进行系统性保护和展示传播，承接好社区民众的历史记忆，并做长期跟踪观察和绩效考核。从文化建设的大局着眼，非遗保护和研究工作并非短期行为，要探索长效机制。

第二，应向学界要理念支撑，创新文创业态形式。随着非遗保护工作的不断深入，北京市的相关高校和科研院所顺势涌入，纷纷成立非遗研究中心以及开设非遗相关课程。在非遗的保护与研究上，高校、科研院所、图书馆、美术馆等应积极发挥非遗的社会教育功能，以具有多学科训练背景的复合型创新人才为梯队，加强文化创意产业研究与合作。彰显厂甸庙会特色的"大糖葫芦""扑扑噔""空竹"等民俗标志物，便可以作为文化创意产业和"振兴传统工艺"类非遗很好的创意生长点。这些民俗标志物的培育，可以为厂甸庙会营造传承环境和氛围。在一定意义上说，文化产业新型业态和成果形式，为科研与技术、政府与学界、学界与社会互相沟通搭建起了桥梁。

第三，应向政府要保障机制，创新工作机制模式。我国自2011年6月1日起开始实施《中华人民共和国非物质文化遗产法》，为依法保护非物质文化遗产奠定了基础。在国家政策法规出台之后，为具体实施相关法律条文，各省（自治区、直辖市）在逐步完善制定地方性法规，健全相关职能机构，同时也在就不同类别的非遗开展分类保护工作。但随着信息技术的发展和非遗保护工作的推进，非遗工作面临着一些新的问题，特别是就厂甸庙会而言，集体传承的非遗代表性项目如何申报代表性传承人？在数据展陈和网络传播层面，相关非遗代表性传承人应享受怎样的权益？对代表性传承团体又该如何考量？这些问题的探讨与解决，需要文化界、法律界专家的共同努力。北京非遗工作的进展和相关探索，也应该给全国各省市非遗工作的开展和公共文化服务体系的建立树立起典范。

总之，厂甸庙会的未来传承与发展，需要兼顾政府、学者和民众三方力量，重视激发民众的创造活力和文化主体性，创新基层社会治理机制，注意打通物质文化遗产、非物质文化遗产和数字遗产的学科壁垒，探索破解整体文化空间与历史记忆、传承团体与代表性传承人、遗产保护与社区提升、系统性保护与融合发展等多重难题的有效路径。

第三章
东岳庙庙会保护现状与对策

历史上的北京东岳庙是王朝礼仪象征的重要组成,拥有道德-政治的礼制仪式;同时庙宇的正一派道教谱系传承有序,围绕庙宇空间也形成了京城民众相对泛化的民间信仰实践、道德观念和礼仪风习。新中国成立后,北京东岳庙被机关、学校占用,至20世纪末才以文物古迹的名义得以修复开放。北京东岳庙庙会是元代以来北京地区代表性的庙会,1999年恢复举办,进入21世纪,随着非物质文化遗产的话语进入中国的国家实践,恢复不久的北京东岳庙庙会于2008年列入了国家级非物质文化遗产名录,成为一个特定综合性的遗产空间。这一遗产空间的典型特性是,其既是一座专题博物馆,又是宗教场所。在这个空间内,庙宇与博物馆、信仰与文化、仪式与展演,几种场域特质和秩序差异地共处,共同形塑了庙宇复杂的空间形态。

本章将在历史文本与田野工作的基础上,对国家级非物质文化遗产项目——北京东岳庙庙会的当代历程进行系统梳理,总结其特性与现存问题,并为这一遗产项目的可持续发展提供优化建议。

一、前期研究成果综述

关于北京东岳庙,中外学者留下了相当数量的资料记录和论著。由于庙会是北京东岳庙代表性的民俗事象,因而关于北京东岳庙的著述都或多或少地涉及对庙会的记录与阐释。因此，我们对学术史的追述依然会从对庙宇的研究出发。

（一）对庙会历史的研究

德国汉学家卫礼贤在《中国心灵》中，讲到泰山与中国人的生死观及民众"拜神朝圣"现象时，曾以北京东岳庙为例进行介绍。[①]安·丝婉·富善（Anne Swann Goodrich）1930—1932年驻京期间，对东岳庙诸神进行了全面详细盘点，并记录了当地向导施先生讲述的大量传说故事和民俗事象。在此基础上，她于1964年出版了《北京东岳庙》（*The Peking Temple of the Eastern Peak*）[②]。这是西方学者关于北京东岳庙的第一本专著。该书附录还收录了珍妮特·里纳克·坦恩·布洛克（Janet R. Ten Broeck）女士撰写的《1927年的北平东岳庙》（"Descriptions of the Tung-yueh Miao in Peking in 1927"），着重介绍东岳庙的建筑布局和供奉的诸多神灵。

日本道教学者也十分关注北京东岳庙。他们既重视文献的解读，同时也十分重视对道教实况的田野调查。常盘大定在1921年出版的《古贤的踪迹》，描述了白云观与东岳庙在宗教体系上的差异。[③] 1931年8月，小柳司气太在日本外务省专项调查资金赞助之下，着手北京白云观和东岳庙的调查研究，并于1934年出

---

① ［德］卫礼贤：《中国心灵》，王宇洁、罗敏、朱晋平译，北京：国际文化出版公司，1998年，第87—88页。
② Anne Swann Goodrich, The Peking Temple of the Eastern Peak: The Tung-yueh Miao in Peking and Its Lore with 20 Plates, Nagoya: MonumentaSerica, 1964.
③ 转引自吴真：《1920年的北京白云观：日本最早的中国道观实地调查》，《中国道教》2010年第5期。

版了《白云观志（附东岳庙志）》①。书中记述了东岳庙的历史、碑刻、方丈，并比较了白云观与东岳庙的异同，还收录了曾任中国营造学社校理的日本建筑学者荒木清三绘制的《北京东岳庙图》（1931年）。1946年，仁井田陞对北京的工商行会进行调查，也重点调查了东岳庙碑刻中的行会碑，抄录了东岳庙马王会、鲁班会、猪市庆司老会、羊行老会等碑文，并记录了鲁班会木匠的访谈。②

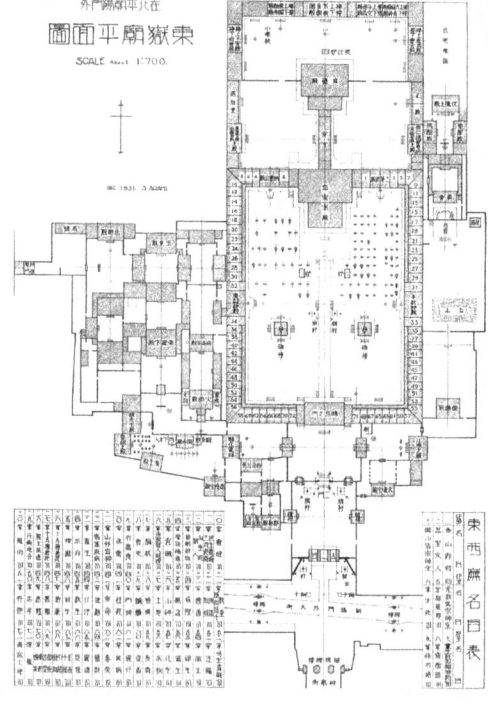

图9 1931年北京东岳庙平面图

---

① ［日］小柳司气太：《白云观志（附东岳庙志）》，东京：东方文化学院东京研究所，1934年。
② ［日］仁井田陞辑，［日］佐伯有一、［日］田仲一成等编注：《北京工商ギルド資料集》，东京大学东洋文化研究所附属东洋学文献センター刊行委员会，1975—1983年。

这些都成为研究北京东岳庙庙会和北京民间信仰的珍贵资料。

中国学人对北京东岳庙的资料整理，发端于民国年间的善士。善士刘澄园参考古今典籍，编订出东岳庙七十六司职务的考证材料，将说明文字写在木板上，钉挂在各司门前。1919年，在东岳庙住持华明馨的支持下，木板上的说明文字被整理出版，名为《东岳庙七十六司考证》[①]，民间传抄，以作劝善之书。在20世纪初的新文化运动影响下，顾颉刚、江绍原、许地山、容肇祖等学者纷纷将民间信仰作为学术对象纳入科学研究。1924年元旦，历史学者顾颉刚首次到东岳庙，就对东岳大帝统领下的幽冥地府以及地府有七十六司的传说发生浓厚兴趣，在《歌谣周刊》第50号发表了《东岳庙的七十二司》[②]。同年农历四月，他对北京东岳庙又进行了一次调查，发表了《东岳庙游记》[③]，绘制了东岳庙七十六司总图，并进行了初步分类（人事、自然界、神怪、阴司）。在顾颉刚的影响下，卢逮曾、娄子匡对北京东岳庙与其他各地的东岳庙的七十六司进行了比较研究[④]。1930年，在国立北平研究院史学研究会历史组从事金石编纂工作的刘厚滋对东岳庙碑刻进行系统整理，出版了《北平东岳庙碑刻目录》[⑤]。1939年，学者傅芸子、叶郭立诚等开展了对东岳庙的实地调查，出

[①] 刘澄园：《东岳庙七十六司考证》，1917年。此书对民俗研究者来说，是一本不可多得的资料，先后被收录到民国期间出版的日本学者小柳司气太《白云观志（附东岳庙志）》和叶郭立诚的《北平东岳庙调查》中。
[②] 顾颉刚：《东岳庙的七十二司》，《歌谣周刊》1924年第50号。
[③] 顾颉刚：《东岳庙游记》，《歌谣周刊》1924年第61号。
[④] 卢逮曾：《泰安高里山神祠的七十五司和北京东岳庙的七十六司》，《北京大学研究所国学门周刊》1926年第2卷第19期。娄子匡：《东岳庙的七十二延寿司》，《民间月刊》1932年第2卷第1期。
[⑤] 刘厚滋：《北平东岳庙碑刻目录》，国立北平研究院总办事处出版课印行，1936年。

版有叶郭立诚的《北平东岳庙调查》。在调查报告中，叶郭立诚记述了北京东岳庙的历史沿革、传说故事、东岳大帝和七十六司的神职属性，并记录了庙宇中种种的民间信仰现象和仪式。此外，她还对香会组织特别加以留意，并对其发展和特征进行了分析。[①] 1937年，北平民国学院经济系开展了对北京庙会的经济调查，王宜昌等师生调查了土地庙、护国寺、花市集、白塔寺、隆福寺、东岳庙和海王村庙会，并将各庙会商业分布和规模分类的大量数据收录在其成果《北平庙会调查报告》中。[②]

新中国成立后，随着东岳庙在20世纪末的开发利用，由地方史志和文化部门牵头，对东岳庙傅洞奎（长青）道长进行口述史访谈，先后出版了傅长青的《回忆东岳庙》[③]和刘灵子整理、姜为田撰写的《北京朝阳门外道教胜迹东岳庙傅长青老道记述东岳庙兴衰史》[④]。陈巴黎结合口述资料和有关文献编著了《北京东岳庙》[⑤]，对东岳庙的历史、建筑格局、信仰与庙会、香会与道士生活等进行系统梳理，这成为新中国成立后描述东岳庙的第一本专著。从2002年开始，朝阳区文化委员会、北京民俗博物馆先后对东岳庙的书法、音乐、楹

[①] 叶郭立诚：《北平东岳庙调查》，《国立北京大学、中国民俗学会民俗丛书》第三辑，台北：东方文化书局，1971年。
[②] 民国学院编：《北平庙会调查报告》，北平：民国学院印行，1937年。
[③] 傅长青：《回忆东岳庙》，中国人民政治协商会议北京市委员会文史资料研究委员会编：《文史资料选编》（第22辑），北京：北京出版社，1984年。
[④] 刘灵子整理，姜为田撰：《北京朝阳门外道教胜迹东岳庙傅长青老道记述东岳庙兴衰史》，中国人民政治协商会议北京市朝阳区文史资料委员会编：《朝阳文史》（第一辑），1987年。
[⑤] 陈巴黎：《北京东岳庙》，北京：中国书店出版社，2002年。

联等资料进行整理、辑录、出版①。

20世纪90年代以后，在对北京民俗事象的记述和资料整理中也多见北京东岳庙庙会的影像。如北京市东城区园林局汇纂的《北京庙会史料通考》②和文物出版社的《老北京的庙会》系列③就收录了东岳庙庙会的一些老照片及相关资料。

从史料出发考镜源流，梳理东岳庙的历史和文化内涵是这一时期的主要研究路径。其中关于庙会历史的考证和解读，讨论的一个侧面是国家礼制。林巧薇系统地梳理了北京东岳庙在明清国家祭祀体制中的重要地位。④关昕则从北京东岳庙的祭祀案例出发，讨论了小祀既是一个接衔国家制度和民间礼俗的实践性中介，也是体现传统国家政策宽容性和融通性的制度空间。⑤另一个研究重心是香会文化。作为北京东岳庙庙会的重要文化表现，由香会文化而展开的对北京行业、地域社会发展的研究，是众多学者关注的焦点。对香会组织的研究主要有两大类：其一为对东岳庙香会组织的发展史和组

---

① 北京民俗博物馆、北京市朝阳区文化委员会编：《赵孟𫖯书张公碑》，北京：中国书店出版社，2002年；《东岳庙传统音乐》，北京东岳庙出品，2002年；北京民俗博物馆编撰：《北京东岳庙楹联匾额注释》，北京：中国书店出版社，2005年；曹彦生主编：《北京东岳庙楹联荟萃》，北京：北京工艺美术出版社，2013年。
② 北京市东城区园林局汇纂：《北京庙会史料通考》，北京：燕山出版社，2002年。
③ 参见林岩、范纬：《老北京的庙会：东岳庙会、蟠桃宫庙会、白云观庙会》，北京：文物出版社，2004年。
④ 林巧薇：《北京东岳庙与明清国家祭祀关系探研》，《世界宗教研究》2014年第5期。
⑤ 关昕：《从明清北京东岳庙祀典看"小祀"制度的融通性》，《宗教学研究》2013年第4期。

织结构的系统梳理①；其二为香会个案研究，比较突出的是对行业性香会源流的梳理，且特别集中在鲁班行、骡马行、戏曲行、玉器行等方面②。

荷兰莱顿大学施舟人（Schipper）教授领导的法国科技中心（CNRS）在20世纪90年代"圣城北京"课题组的研究也以东岳庙碑刻为重点开展北京史与宗教史研究。韩书瑞（Susan Naqin）《北京庙宇和城市生活 1400—1900》（*Peking: Temples and City Life ,1400-1900*）注意到东岳庙在北京城市生活中的重要地位，阐释了北京城市与庙宇生活的种种细节，对直接生活于寺庙之中或寺庙边缘的各类宗教群体等进行了细致入微的剖析，通过对"地方性知识"的解读，梳理了庙宇在北京地方社会发展变迁中的脉络和意义。③赵世瑜则将"国家与社会""文化与权力"的问题纳入对北京东岳庙的分析中，揭示中央王朝的教化与地域社会复杂互动的契合过程，体现了对区域社会历史脉络精妙之处的感悟与理解。④董晓萍通过对北京东岳庙鲁班殿和其他

---

① 袁冰凌：《北京东岳庙香会初探》，1999年法国巴黎"圣城北京"国际学术研讨会论文；《北京东岳庙香会》，《法国汉学》（第七辑），北京：中华书局，2002年；《北京东岳庙碑文考述》，《三教文献》（法）2000年第3期；陈巴黎：《北京东岳庙香会综述》，《北京文博》2002年第1期；尚鸿：《北京东岳庙善会述略》，《北京文博》2003年第3期。

② 代表性的有：杨连启《从东岳庙碑刻看旧京伶人信仰》，《戏曲研究》2002年第3期；陈巴黎《北京东岳庙喜神殿碑识读》，《民俗研究》2006年第3期；郑永华《为有掸尘诸会友，仰游福利拜齐天——北京传统道教民俗》，《世界宗教文化》2011年第5期；等等。

③ Susan Naquin, Peking: Temples and City Life, 1400 −1900, Berkeley: University of California Press, 2000.

④ 赵世瑜：《东岳庙故事：明清北京城市的信仰、组织与街区社会》，《小历史与大历史：区域社会史的理念、方法与实践》，北京：生活·读书·新知三联书店，2006年，第188—257页。

鲁班庙的综合分析，考察了清代北京鲁班庙的宗教管理与政府管理，讨论了行业宗教活动内涵与管理模式。[1]邓庆平通过对西四真武庙马神殿和东岳庙西廊马神殿的对比分析，展现了不同群体的诉求与竞争。[2]这些研究以东岳庙为起点，通过对庙宇与地方社会互动关系的讨论，已然体现了具有人类学进路的社会史研究的学术特性，对我们理解北京东岳庙庙会的历史很具开拓思路的价值。

（二）对庙会现状的研究

在目前的北京东岳庙庙会研究中，针对现状的学术分析较少。从1997年东岳庙筹建管理处、博物馆至今，北京民俗博物馆的业务人员撰写了一些阐述东岳庙开发利用的研究文章，从博物馆的具体工作出发对庙会等新兴文化事象进行总结。[3]也有一些文章从社会意义和正面价值的勾连上对博物馆的实践进行分析。如李江、郝望舒通过以"福"为主题的东岳庙新年祈福活动探讨"福"文化在当代社会应有的价值内涵。[4]韩秀珍运用权力场域的概念剖析了东岳庙作为寺庙博物馆而存在的内在必然性，系统阐释了东岳庙的节日文化活动在"文化空间"和"文化时间"结合中的文化再生产过程，表述了它复归传统节日

---

[1] 董晓萍：《北京鲁班庙的宗教管理与政府管理》，《广西师范大学学报》（哲学社会科学版）2013年第4期。

[2] 邓庆平：《明清北京的马神崇拜及其功能、意义的转变》，《北京社会科学》2006年第2期。

[3] 代表性的有：曹彦生《走东岳庙保用并举之路　创民俗馆民俗文化特色》，北京博物馆学会编：《北京博物馆学会第四届学术会议论文集》，北京：北京燕山出版社，2004年；李彩萍《传统节日的传承与保护——北京民俗博物馆传统节日活动的实践与思考》，《中国博物馆》2008年第4期；等等。

[4] 李江、郝望舒：《论北京东岳庙新年祈福及"福"的当代价值内涵》，《创意设计源》2013年第3期。

价值、建构社会"公共时间"和展现传统文化等几个层次的公共价值。①萧放教授在研究中指出,东岳庙以其城市信仰空间的特殊地位,是传统城市生活的有机组成部分,也应是当代社会调控城市居民精神生活与社会生活的重要场所。②

在宗教学研究方面,王宗昱教授认为,在庙宇文化的多元化进程中,宗教教团在发挥庙宇的宗教功能中有了更大的作用,但目前庙宇的宗教服务依然是传统的,社会的信仰连接体现了私人性和零散性,在社会变化和多元宗教竞争的时代背景中,传统宗教的复苏依赖其生存形式的改变。③他指出,东岳庙修复的策划虽然不以道教复兴为宗旨,但它依然反映了新的时代背景下政府对传统宗教资源的利用,表现了与社会自发的民众行为完全不同的道教文化消费形式,也体现了道教新生存形态的一种可能性。④

遗产思维是讨论当代北京东岳庙的重要视角。在萧放教授关于非物质文化遗产的呼吁文章中,亦提到北京东岳庙,以之为例说明应该在城市和乡村主动恢复与开放传统庙宇,让现代民众有一个表达情感意愿的精神空间。⑤关昕则在博士论文中试图通过民族志的"深描",将这座庙宇博物馆作为独特的文化透镜,梳理了在庙宇演进过程中"民

---

① 韩秀珍:《在寺庙博物馆重构公共时间:东岳庙节日活动的启示》,中国民俗学会、北京民俗博物馆编:《节日文化论文集》,北京:学苑出版社,2006年。
② 萧放:《东岳庙与城市社会信仰空间的构建——以北京东岳庙为例》,《华中师范大学学报》(人文社会科学版)2009年第1期。
③ 王宗昱:《政府在世俗化过程中的角色》,《世界宗教文化》2011年第4期。
④ 王宗昱:《道教信仰与当代中国社会》,2014年4月18日,http://www.pacilution.com/ShowArticle.asp?ArticleID=4938。访问时间:2015年3月10日。
⑤ 萧放:《文化遗产视野下的民间信仰重建》,《探索与争鸣》2010年第5期。

俗博物馆化"和"制度宗教化"两条脉络,说明再生的博物馆与宗教组织分别在各自的话语体系中译解着传统,对空间进行重构。两条脉络在同一空间里的交流与合作、碰撞与冲突,既映射着社会发展模式的多种路向,也关联着不同的科层治理结构和组织权责,体现了对"国家"的路径依赖。①这也提示我们,从遗产视角对东岳庙庙会的分析,须将"非物质文化遗产"作为一个社会变迁与重组机制的要素,来讨论其在具体的文化空间中所起到的作用与意义。

二、庙会区位和历史

(一)所在区域及地理环境

北京东岳庙地处朝外大街。据《析津志》记载,"在北城齐化门外二里许"。元建都以来,齐化门(明以后改称朝阳门)一直是京城与外界联系的要冲。元代利用大运河从南方向北京运输粮米和其他物资,其中部分物资由当时齐化门关厢运送入京。元延祐六年(1319年),北京东岳庙便创建于朝外关厢。至明代嘉靖年间,在庙宇的正南方,朝廷又兴建了日坛,与之遥相呼应。

明代,大运河的终点码头由积水潭改为朝阳门迤南的大通桥下。外来粮食物资由大通桥码头转车经过朝阳门进入北京。京城的大部分官仓也设置在朝阳门内。当时,这里也是南北商旅陆路进京的重要通道,通往江南、东北、内蒙古等地。朝外关厢因交通便利而工商业兴盛,促进了东岳庙庙会的繁荣,而东岳庙庙会的兴盛也进一步带动了朝外关厢的繁荣。

---

① 关昕:《庙宇、博物馆与文化政治——以北京东岳庙为个案的人类学研究》,中央民族大学博士论文,2015年。

如今，庙宇所在的昔日朝外关厢，已成为北京中心商务区（CBD）商圈的门户。朝外大街被北京市政府确定为北京市第三商业大道，朝阳区的政治、文化、经济发展中心和涉外窗口。庙宇周边驻有外交部、司法部、民主党派中央等国家机关和十几个外国使馆，两侧云集了华普、中国人寿、蓝岛、沃尔玛等商厦，形成了朝外地区浓厚的商业氛围。

（二）历史发展

北京东岳庙庙会兴起于元代，兴盛于明清。建庙初起是因元代玄教大宗师张留孙晚年见大都未有泰山神东岳大帝之行宫，遂发愿筹资兴建。于延祐六年（1319年）在齐化门（今朝阳门）外买地，方欲涓吉鸠工，便于至治元年（1321年）十二月羽化。此后嗣宗师吴全节继承师志，发累朝赐金，于至治二年（1322年）春建大殿及大门，次年建东西庑及四子殿并塑神，敕赐额曰"仁圣宫"。泰定二年（1325年）鲁国大长公主捐资修建后殿作为神寝，三年后寝殿完工，文宗赐名"昭德殿"，庙宇始成规模。至今，由赵孟頫撰文书丹的《大元敕赐开府仪同三司上卿玄教大宗师张公碑》模刻立石，仍树于东岳庙张留孙祠堂前。农历三月二十八日是东岳圣诞日，以之为核心的三月中下旬也是庙会的主要会期，彼时"行香甚众，车马填街，最为盛都"[①]。

明清时期，北京东岳庙被列入国家"小祀"（清称"群祀"）体系，每逢神诞日，由太常寺主持规范的官方祭典。在以帝王为首的宫廷势力、道教神职人员及广大信众的共同作用下，北京东岳庙获得前所未有的扩充完善，除东岳大帝及东岳仙班外，还收纳了玉皇、关帝、药王、鲁班、马王、喜神等众神，庙内神灵增加到了3000多尊。东岳庙成

---

① 〔元〕熊梦祥：《析津志辑佚》，北京：北京古籍出版社，1983年，第55页。

为城市的"万神殿",人世中所遭遇的几乎所有生活难题,都可以通过信仰的途径得以解决。① 在这个空间里,容纳了儒家理念的国家祭祀礼仪、建制性道教斋醮科仪、民间香会进香仪式及抽签占卜、符箓咒语、游神烧香、祈福还愿等多种信仰形态。由庙会信仰活动而生发的商贸、游艺活动也越发兴盛,成为传统城市生活的有机组成部分。北京东岳庙庙会逐渐成为集信仰、集市、娱乐于一身的多内涵型庙会。

民国时期,东岳庙作为国家祀典之所的意义消失,成为纯粹的道教庙宇。时局跌宕,庙会日趋衰落。庙宇由于失去了国家的支持,收支短绌,其道士的法事科仪也向民间开放,并依靠日常出租庙产和庙会摊位费等支项得以维持生计。原来兴盛的民间祭祀组织也衰退得厉害。至20世纪二三十年代,民俗学者叶郭立诚夫人调查庙会,其中的香会组织"已是曙后残星寥寥无几"②。但烧香祈福、抽签占卜、求替身、拴娃娃等信仰行为依然存在,东岳庙仍是城市社会信仰的主要空间之一。1937年日军侵占北平,时世动乱,民不聊生,东岳庙庙会更为衰败。抗战结束后,庙会虽然恢复,但已元气大伤。1949年,北京东岳庙被机关、学校占用,庙会自此停止。

1995年,东岳庙被有关部门转交朝阳区人民政府,1997年正式成立东岳庙管理处和北京民俗博物馆。随着文物腾退工作的进行,东岳庙中路正院的"三多"(神像多、楹联多、碑刻多)场景基本上都得到重建,形成了东岳庙信仰景观的初步格局。1999年,沉寂了近半个世纪的北京东岳庙庙会恢复举办,并延续至今,成为京城庙会活动

---

① 萧放:《东岳庙与城市社会信仰空间的构建——以北京东岳庙为例》,《华中师范大学学报》(人文社会科学版)2009年第1期。
② 叶郭立诚:《北平东岳庙调查》,《国立北京大学、中国民俗学会民俗丛书》第三辑,台北:东方文化书局,1971年,第86—87页。

的品牌之一。2008年,北京东岳庙庙会正式列入国家级非物质文化遗产名录。

三、作为非物质文化遗产的庙会内容

当民俗事象将作为"项目"进入"非遗"申报与批准的国家程序时,须将生活中完整的文化事象进行人为划分,完成遗产与非遗产的认定。来自地方的小共同体的遗产升级为国家的、人类的大共同体遗产,须经历价值的特殊性泛化为普遍性、价值的多样性等级化为代表性、价值的自在性置换为国家授权的合法性、价值的差异性演化为权益的排斥性、价值的同一性协商为族群的整合性的复杂过程。① 在《北京东岳庙庙会申报报告》中,对庙会文化特征的总结与提炼,基本上属于对清末民国时期东岳庙庙会的历史追述和总结,也体现了遗产性的价值转换。

1. 北京东岳庙庙会历史极为悠久,融信仰、商贸、游艺于一身,是典型的多内涵型庙会。

2. 北京东岳庙庙会以东岳泰山信仰为核心,在北京地方民众信仰体系中具有独特地位。东岳庙与以东岳信仰为源流、信奉碧霞元君的"三山五顶"

图10 东岳庙大殿前排队的香客(田莉莉摄于2017年东岳庙庙会)

---

① 李菲:《遗产名录与族群整合》,《中南民族大学学报》(人文社会科学版)2008年第3期,第16—21页。

图 11 画福布(关皓摄于 2018 年东岳庙庙会)

在社会民众中共同形成了神圣的信仰体系。如清代东岳庙山门上贴的万善掸尘会报单就说,其会在三月二十八日东岳庙会酬神拜礼、进献供物之后,便去京西妙峰山娘娘庙朝顶进香。同时,由于东岳庙的国家正祀性质,其香会也较之他处更多渗入了官方的色彩。

3. 北京东岳庙庙会是北京城区及周边地区民间香会联合组织的重要文化空间。根据现存的会碑资料,北京东岳庙集中了最多的香会组织。东岳庙庙会的香会也有自己的特色,如庆司会、散司会、白纸神帐会、精忠圣会、山东掸尘老会等与东岳庙属性直接相关的独特香会以及与行业有关的马王老会、鲁班圣会等。庙会期间,香会中的文会义务服务、行香走会,武会展示技艺,共同形成了具有神圣性的活动展示空间。

4. 北京东岳庙庙会内涵丰富,是祈福文化的集中展示空间。《京都风俗志》载,东岳庙"诸大神像最全,故酬神最易"。如月老殿、阜财殿、广嗣殿以及福寿司分别满足着人们对于姻缘、财富、子女、长寿的美好祈福。东岳庙西路云集的众多祖师殿宇,对各行各业的吸引可谓如磁石一般,庙会也充分展示了行业祖师文化。来东岳庙抢烧头香、拴娃娃、摸铜骡、月老挂线、浴盆洗目、打金钱眼、带福还家等种种传统习俗也体现了东岳庙庙会的特色。

图 12 打金钱眼（关皓摄于2018年东岳庙庙会）

5. 北京东岳庙庙会具有地域性和集市性，是北京人日常生活的重要组成部分。清人潘荣陛在《帝京岁时纪胜》中写道："至于都门庙市，朔望则东岳庙、北药王庙，逢三则宣武门外之都土地庙，逢四则崇文门外之花市，七、八则西城之大隆善护国寺，九、十则东城之大隆福寺，俱陈设甚多。人生日用所需，以及金珠宝石、布匹绸缎、皮张冠带、估衣骨董，精粗毕备。"东岳庙庙会作为老北京知名的庙市，嵌入了地域民众的生活，并带动了朝外大街的繁荣。

图 13 工艺体验（田莉莉摄于2017年东岳庙庙会）

6. 北京东岳庙庙会作为华北地区著名的庙会之一，是一种综合性的民俗事象。它关系到宗教信仰、商业民俗、文艺娱乐等诸多方面，很早就受到民俗学者的重视。如1924年，著名民俗学家顾颉刚先生对东岳庙进行考察，1939年，叶郭立诚夫人一行调查东岳庙会，以《北平东岳庙调查》为名出版了调查报告。1946年，日本学者仁井田陞在对北京工商业进行调查时，重点调查了东岳庙庙会的行会活动。

虽然申报材料从多个侧面阐释了庙会的多元性，但我们仍清晰地看出作为庙会各种民俗事象的生发源头，东岳信仰无疑是最具标志性的，这也是北京东岳庙庙会区别于其他庙会事象的根本特征。我们注意到，许多民俗类非物质文化遗产是涉及信仰的事象。宗教信仰层面的处理始终是我们讨论此类文化遗产不可回避的前提条件。因为"许多遗产类型由于附加了民族国家的符号特质和品牌效益，如果遗产的某些特质未达到或未满足国家政治高度的部分则被漠视甚至去除。……许多民族遗产，其原始形态中大量祭祀、巫术、生殖、迷信等内容已经被删除或不被强调。被强调的部分则必须符合民族利益"[①]。

在申报文本中，由于祀典之所的传承意义消失，王朝祭典被相对忽略，从而使庙会的信仰特性更多地集中在制度宗教和民间信俗上。但由于制度宗教在意识形态中尚未全然脱敏，因此，原本枝蔓丛生的传统被凸显为以民间信仰为特征的民俗文化构造，体现了客体意义上的文化建构。申遗文本并不是凭空的臆造，也反映和代表了庙会恢复的重建策略。一方面，重新恢复的庙会回避了神诞日这一敏感的日期，而选择春节这一更具民族性的节日作为庙会的会期；另一方面，民俗文化内涵的构建仍"以东岳大帝信仰为核心"，但被表述为"以生命意识和祈福文化为表现形式"。20世纪末恢复后的庙会，提炼出了"祈福迎祥、带福还家"的主题。比如在庙会策划方案中这样解读"福"：东岳大帝宝训中说，"一日行善，福虽未至，祸自远矣"，可见行善即是"福"。而东岳信仰的精髓恰恰在于惩恶扬善。从这个角度来说，庙内固有的信仰体系都可以用"祈福迎祥"这样的内涵来包容。庙会通过对福文化活动的策划设计，回避了原有的斋醮科仪、求签算命等

---

① 彭兆荣：《以民族－国家的名义：国家遗产的属性与限度》，《贵州社会科学》2008年第2期，第7页。

图 14 摸玉马祈福（摄于 2015 年东岳庙庙会）

制度宗教和巫术行为，在重新开放以来制度宗教相对缺位的背景下，将原有相对复杂的宗教信仰形态，通过内涵的提炼，用"福"这一更具有普适性的思想内涵来表现，突出了民俗性、社会性，彰显了合法性。这种庙会信仰策略性的合法化建构为其成为遗产项目并进一步得到国家认可打下了基础。

申报文本中特别强调庙会的多内涵性，以及其作为综合性民俗事象的定位。这种阐释在某种程度上是对 21 世纪以来京城庙会逐渐走向庸俗化、同质化发展的回应。悠久的历史性、浓厚的信仰性的建构，使其迥异于京城其他的春节庙会，而成为北京地区特色庙会的代表者之一。

深厚的历史渊源、东岳信仰加福文化的核心组合以及内涵的丰富性，使东岳庙庙会卓然于京城庙会之林。这也体现了北京东岳庙庙会作为地方标志性文化事象和具有核心象征的文化空间的重要遗产特征。

作为非遗申报的要件，传承人的认定很关键。历史上的东岳庙庙会，烧香祈愿等弥散性的信仰事象本身即生活习俗。与此相较，围绕庙会信仰表征而彰显的祭祀仪式及组织群体都是可以溯源的传承人群体。从东岳庙庙会的案例中,我们能分析出曾经活跃的具有一定组织性的主体,如儒家礼生、道士、香会。但由于国家祀典的历史性、当时东岳庙尚未恢复宗教活动的局限性及宗教敏感性,香会成为庙会传承人谱系的构建主体。这一主体也更能表现遗产所希望具有的民众自发性的社会特征。在详细的申报书中,京城知名的老会都因为在东岳庙庙会上表演过而成为传承谱系的重要环节,也使东岳庙庙会在形式上达到了非遗申报的基本要求。

四、遗产项目现状

(一)庙宇空间现状

今日的北京东岳庙占地3万余平方米,由中路正院、东廊院、西廊院三部分组成。整个庙宇气势恢宏,建筑精良,庙内殿宇、神像、石碑、楹联众多,重要殿宇、院落以轴线对称排列,建筑层次分明。中路主体建筑包括琉璃牌楼、山门(已拆除)、钟鼓楼、棂星门、瞻岱门、岱岳殿、育德殿、后罩楼,排列在子午线上,其他建筑则规整、对称地分布于两侧,沿轴线的纵深方向次第展开,形成相对独立又相互连通的院落。中路正院是主体参观开放区域。

东岳庙东、西廊院多为规制不一的小型殿宇。如果说东岳庙的中路正院主体供奉的是东岳神系,历史上东、西廊院供奉神祇则较为混杂,尤以民间俗神和行业祖师为多。西廊院供奉神殿从北往南依次为玉皇殿、岳帅殿、东岳宝殿、延寿宝殿、火神殿、仓神殿、海神殿(灵济先祠)、眼光宝殿、鲁班之殿、鲁祖之殿、药王殿、关帝马王殿、月下老人、观音殿、显化真君殿、瘟癀宝殿、督首教官殿、酆都殿等。东廊院的建筑较为分散,生活气息较浓。它主要分为三个空间:靠南为娘娘殿、江东殿、玄坛宝殿等神殿;中部为仿照苏州园林风格建造的花园，花木扶疏，回廊环绕，并精心布置了亭台怪石，名为"致静园"，内有"御座房"供帝后休息，是清代皇室前往东陵的临时休憩之所。致静园北侧为伏魔殿，供奉关圣帝君。东廊院最北部，是"同善堂"义学，为清道光十六年（1836年）东岳庙住持马宜麟所创建，附属建筑有文昌阁、魁星阁等。如今东岳庙东、西廊院经过收复腾退、古建修缮和市政配套工程建设，已经达到了开放再利用要求。目前东、西廊院除有一些殿宇用作办公场所、临时库房外，也供开展传统文化社教活动和培训课程，并在举办庙会或特定文化活动时对外开放。

（二）庙宇管理现状及庙会使用区域分配

目前，北京东岳庙有两套管理体制。其一为"一套班子、两套人马"的北京东岳庙管理处、北京民俗博物馆，属于国家文物管理体系下的公共事业机构。在近代博物馆的发生阶段，利用已有文物古建作为博物馆馆舍建筑，成为相当长时期内国内外博物馆发展的通例。早在1985年，东岳庙即被定为北京市文物保护单位。1996年11月，东岳庙被国务院定为第四批重点文物保护单位。1996年4月，北京市政府公布的《北京市国民经济和社会发展"九五"计划和2010年远景目标纲要》提出，要调整全市博物馆布局，健全博物馆门类，充分发挥博物馆的社教功能。经北京市政府批准公布的《北京文物事业发展五年规划（1995年—1999年）》提出，"九五"期间每个区县境内至少有一座博物馆，以专题博物馆为发展方向。在经过前期论证和相关政策精神的指导下，北京市文物事业管理局和朝阳区政府向市政府请示批准，于1997年以北京东岳庙为馆址正式成立北京民俗博物馆（同时作为北京东岳庙管理处），作为区文化部门直属的全民所有制事业单位。它作为北京市域内以民俗为主题的专题博物馆，旨在发挥东岳庙文物古建和历史文化的独有优势，从事传统文化的研究与传播。

北京东岳庙当代建设与发展的主要格局即是以管理处和博物馆为主体形成的。作为朝阳区文化委员会下属的全额拨款事业单位，北京民俗博物馆承担了东岳庙的文物安全、文物修缮、庙区管理以及以博物馆名义开展的展览、社教、研究等工作。北京东岳庙庙会的恢复和非遗申报即是在博物馆的策划中完成。

另一套管理体制是宗教道团。1993 年，当北京市启动东岳庙的腾退修复工作之时，就有相关的民族宗教部门发函提出恢复宗教庙产的问题。此后，每逢政协会议召开，一些宗教界人士就提出提案要求政府重视东岳庙宗教场所的恢复，并得到了政府有关部门的关注。由相关市区领导牵头，东岳庙宗教活动的恢复在 21 世纪初逐渐被提上了日程。2004 年 12 月，北京市民族宗教工作领导小组召开专题会议，研究并确定了关于将东岳庙恢复为道教活动场所的意见。此后，经过市区政府的积极配合与工作，2007 年 11 月，由民族宗教部门和属地政府牵头选定中国道教协会副秘书长、正一派茅山上清宗 Y 道长为东岳庙的住持，在此基础上成立了庙务民主管理委员会。2008 年 3 月 12 日，朝阳区民族宗教工作部门对东岳庙道教活动场所进行了依法登记审批。5 月 3 日，北京东岳庙举行了恢复道教活动场所开光颁证仪式。北京东岳庙中路神像区作为道教活动场所对外开放。曾镶嵌于庙宇结构中的制度化宗教的脉络，在当代国家的宗教治理政策中，在有限定的条件下得到恢复。

在这种双重管理体制下，北京东岳庙庙会的活动区域也分为两大部分。博物馆的使用区域为中路瞻岱门院和东西跨院、后罩楼院，东西廊院，可供开展民俗活动、社教体验和展览参观。作为宗教活动场所的中路神像区，即从瞻岱门到岱岳殿这一区域（含瞻岱门、岱岳殿、工字廊、育德殿、阜财殿、广嗣殿、三茅君殿、炳灵公殿、七十六司），由东岳庙庙务民主管理委员会负责。在该区域常设有道教仪规法事说明和道教劝善语录等场景内容，并在庙会期间举行相关斋醮科仪，开展法物流通。

（三）庙会的保护措施与活动现状

1999—2007年，恢复举办的北京东岳庙庙会实际实施主体为北京民俗博物馆。2008年以后，东岳庙庙务民主管理委员会被吸纳进来，成为庙会活动组织的一部分。在20世纪末庙会恢复初期，主办方的阵容较大，多冠之以地方政府和主管部门的名义，有时也加入中国民间文艺家协会、中国民俗学会等学术合作方。庙会于2001年转型为北京民俗文化节，也体现了在北京民俗博物馆本位下对民俗活动的文化建设和品牌提升。近几年，庙会的主办方逐渐下沉为博物馆本体，不再强调其背后民俗学会的名头，而地方区政府也不再担任主办方。这也说明，随着区属地方文化的多元性增强和地区文化活动的日益繁荣，东岳庙庙会从一个代表该区特色的重点文化品牌，逐渐过渡为常规性的传统文化活动。

这种活动的常规化，也与地方政府对大型群体性活动的安全管控越来越严格有关。作为文物保护单位的北京东岳庙要举办大型群体性活动必须经过文物主管部门和公安部门的审批。而2015年元旦上海外滩踩踏事件的发生，使大型群体性活动获得许可更为困难。在这一情况下，庙会便转换为春节期间日常的开庙行为，以满足民众的烧香祈福和文化需求。但从1999年至今，无论是否公开打出庙会的旗号（2018年即称之为北京民俗文化节，更突出了博物馆文化活动的特征），每年庙宇春节文化活动依然存在，充分体现了庙会事实上的持续性。现将近年来庙会的活动分类综述如下：

1. 体现遗产性表达的庙会活动

在博物馆的庙会策划中,为了申报非物质文化遗产和体现对非物质文化遗产的保护,常常会加入与庙会遗产性构建息息相关的传统项目。首先,是作为庙会标志性文化的"福文化"。比如在2017年庙会策划方案中这样写道:

> 按照我国的传统习俗,每年春节,广大群众有到寺庙进香祈福的习惯。为了满足人们祈福求吉的心理诉求,春节期间,游客可在东岳庙进香祈福,表达迎祥纳福的美好愿望。为了使人们更多地了解这些宝贵的非物质文化遗产内容,在继承传统民俗文化的同时,表达现代社会人们祈福迎祥的心愿,春节期间还安排了画福布,绕福树,走福路,摸铜特、玉马等祈福活动。

在具体的传统活动项目上,最具代表性的是被列入群体传承项目的民间花会。庙会恢复以来,武会每年都会被邀请来参与表演。2007年经过北京民俗博物馆的抢救挖掘,杠箱、杠子、天平等断档花会得以恢复,在第九届东岳庙春节文化庙会上,"幡鼓齐动十三档"全面亮相。主办方还曾恢复了传统庙会的开门仪式"狮子掷门"。文会也不定期地出场。比如具有悠久历史的"亲朋同乐清

图15 庙会上表演的狮子会(摄于2013年庙会)

茶圣会""万代助善清茶圣会"于2005年、2006年庙会期间都在东岳庙设驾。但近年来,花会并不是必须到场,有时会替代以全国的其他遗产类表演项目。

2. 博物馆性质的庙会活动

文物古迹通过再利用转换为博物馆,已经是文物基础价值认定上的再延伸和深化。庙宇博物馆化的过程,也是对庙会开展遗产化解读和博物馆化实践的过程。这主要体现在三个方面:

第一,陈列展览。在东岳庙历史展等基本陈列之外,每年都会有新展览推出。如2017年庙会推出"降以瑞相　吾在其中——十二生肖文化展""阅旨——徐州圣旨博物馆晋京馆藏精品文物展""华衣冠佩——北京民俗博物馆馆藏精品文物展"等展览。2018年推出"中国道教文化展""草原丝路——内蒙古明博草原文化博物馆精品文物展"和"香飘千年·时代香风——中国香文化主题汇展"等。

图16　中国道教文化展(关皓摄于2018年东岳庙庙会)

第二，工艺体验与活动展演。主要指被列入各级非遗类别的民间工艺和表演项目。在庙会上常见的民间手工艺展示包括风筝、陀螺、空竹、吹糖人、糖画、绒鸟、面塑、泥塑、脸谱、毛猴、内画壶、漆雕、葫芦、龙凤字、中国结、绒布玩具、灯笼、绢人等。同时，扁担戏、耍耗子、二鬼摔跤等过去老北京庙会上常见的民间表演也是今日庙会上的保留项目。2017年，博物馆还邀请了井陉拉花、唐山皮影来馆表演。

图17 耍耗子（关皓摄于2018年东岳庙庙会）

第三，民俗讲座。春节期间，博物馆常邀请专家学者就人们感兴趣的话题开设讲座，介绍传统民俗文化知识，如2017年对春节传统礼仪、养生等话题的专题讲授。

3. 制度宗教性质的庙会活动

在北京东岳庙恢复为道教活动场所之前，一些宗教性质的活动以文化活动的名义进行展示。2008年以后，则以宗教道团为主体开展。主要内容有两项。

一是"斋醮科仪"。一般有阳事与阴事之分，也就是清醮与幽醮之分。清醮有祈福谢恩、祛病延寿、祝国迎祥、祈晴祷雨、解厄禳灾、祝寿庆贺等，属于太平醮之类的法事。幽醮有摄召亡魂、炼度施食等，属于济幽度亡斋醮之类的法事。宫观道众每逢朔望日、祖师圣诞，也都要举行祝寿、庆贺等典礼。这些常行的仪规统属斋醮科仪。东岳庙常用的斋醮有很多，主要有早晚坛功课、接驾、祝寿、进表、拜忏、超度等。在相关的道场法会期间，要张榜、净坛、拈香、画榜、扬幡及至科仪、拜忏。春节庙会期间，宗教活动更为频繁，从腊月二十三到正月十五，每天都有相应的宝忏科仪。

二是在中路神像区开展法物流通。在中路主殿及配殿通道两侧加以宣传展示，包括道教秘符、生肖吉祥物、吉祥手串、太岁符、化太岁锦囊等。如化太岁锦囊，道教经籍中说太岁神主管人的"本生身命之灾"和"流年临犯之厄"，如生肖与当年值年太岁有"值、邢、冲、破、害"的不利关系，需要化解。化太岁锦囊内含多种化解该年度生肖犯太岁的吉祥物品，均开光加持，"将锦囊请回家，选初一、十五将祈福人的名字、生辰写于祈福卡上，然后点香三炷，祈求神灵保佑在新的一年里消灾免难，吉祥如意，然后将锦囊中的太岁金牌取出压于枕下，余下挂于佛堂、车上、床头或挂在常出入的门框上即可"，可化煞辟邪，安身健康。这些宗教法物和神像区既有的活动如打金钱眼、摸铜特和玉马、绕福树等，共同形成了宗教场所区域的信仰氛围。

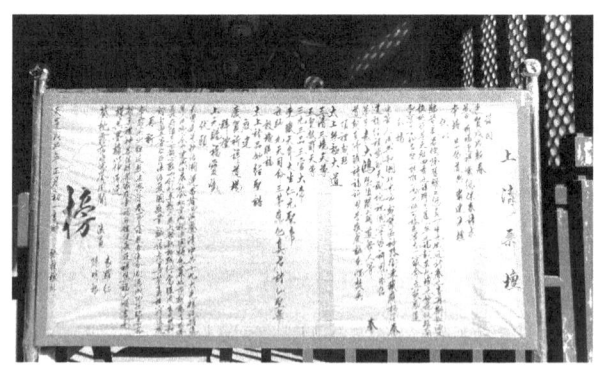

图 18 庙会期间张挂的道教科仪文书（关皓摄于 2018 年东岳庙庙会）

五、东岳庙庙会项目保护中存在的问题

（一）群体传承人在文化空间中的符号化在场

传承人是非物质文化遗产申报与保护的重点。由于民俗类非物质文化遗产是综合性的民俗文化事象，往往关联着更多的时代背景，其传承人也往往是群体性的。一般认为，可以按非物质文化遗产的样态进行切分，找出主干的文化环节，确定其中具有组织推动力量的关键人物，即在特定文化环境中形成的知识人或文化权威，作为传承人。[①]所谓的主干文化环节，既应是民俗事象的标志性体现，也是指在特定文化空间中能表现出核心象征的事象。但民俗类非物质文化遗产与所在社会情境的演进息息相关，群体传承人亦无一定的惯例可寻，而在具体的遗产项目中会表现出差异性的样态。就北京东岳庙庙会而言，在传承人的认定与实践表现上就存在以下特征：

1. 香会与庙会的弱联系使庙会传统更多地体现为弥散性生活习俗的空间表现

根据现存的会碑资料，北京东岳庙庙会的香会有自己的特色，如与东岳庙属性直接相关的庆司会、散司会、白纸神帐会、精忠圣会、山东掸尘老会等，以及与行业、地域性有关的马王老会、鲁班圣会等。庙会期间，香会中的文会义务服务、行香走会，武会展示技艺，共同形成了神圣性的信仰秩序。明清以来，碧霞元君在民间的影响日隆，京城的文武香会以之构建了信仰核心和象征秩序。在城内的东岳庙中亦建有妙峰山和丫髻山行祠，与民众需求相呼应。民国时期，叶郭立诚夫人调查时，东岳庙香会已经极度衰减，这既体现了社会时局情形

---

① 萧放：《关于非物质文化遗产传承人的认定与保护方式的思考》，《文化遗产》2008 年第 1 期。

之影响，也体现了以东岳大帝信仰为核心的香会传承的弱化。

新中国成立后，与东岳庙相关的香会更多的是与东岳信仰直接相关的提供敬神服务的文会，在意识形态限制下它亦没有生存的空间。改革开放后，更多的民间香会组织围绕妙峰山恢复构建了自己神圣的信仰秩序。至 20 世纪末东岳庙重新开放时，传统庙会的恢复，更多地体现为一种对地方民众烧香祈福的弥散式生活习俗的重现。经过半个多世纪的中断，在香会与东岳庙的联系本来就已经弱化的情况下，香会在东岳庙庙会的在场更多地体现为主办方的征用，体现出了与同为东岳信仰体系内的妙峰山截然不同的模式。

2. 非遗申报的空间关联原则带来的群体传承人出场的灵活性

非物质文化遗产的传承具有一定的空间复杂性，一些可以被认定为非物质文化遗产的项目，并非与地理或行政意义上的某一确切地点相对应，或者对应于其整体展演逻辑中的多个地点。比如具体到某一档花会①，其传承人群体的生活空间属于某一特定的村落，但其认定的传统表演空间，则既可能包括村落中的神庙，也包括每年农历四月的妙峰山庙会，有时也包括东岳庙庙会。"由于缺少物质承载者的固定性，非物质文化遗产认定和申报中都出现了既有的地点化机制所难以应对的情况。"②因为这种非物质文化遗产在空间上的非固定性和复杂性，在"文化遗产空间化"机制作用下，那么只要与该遗产项目的任一环节所联系的任一空间具有关联性，就有可能在名录清单的申报体系中找到一定的话语权，将不同门类的民俗对象申报为各级职能

---

① 新中国成立后，香会信仰内容被弱化，人们取意"民间艺术之花"，改称"香会"为"花会"。
② 宋奕：《人类学空间视角的文化遗产研究》，《中国名城》2009 年第 7 期，第 35 页。

行政部门和申报单位主管的"遗产"。我们注意到，由于京城花会公认的老会首是有限的，其师承脉络是相对清晰的，因而，一支老会及知名的老都管既可能被所在区域的行政单位申报为单一类别的非遗，也可以被妙峰山庙会等民俗类非遗纳入传承人群体中。也就是说，这些相对传统的民间花会的传承谱系实际上是被一些民俗类、传统舞蹈类等非物质文化遗产所共用的。东岳庙庙会也借由曾在庙会上展演过的会首赵宝琪、冯建华等追溯到了其师傅京城老会头隋少甫、白德山等人。因此，可根据遗产申报空间化机制的灵活性，理出传承谱系，切分出单一属性的非物质文化遗产传承人。

这种传承人的建构是聚焦于文化空间与具体花会之间曾经的"实践"联系，而并非关注到具体花会自身的价值和认知，因而也在日后庙会遗产传承中出现了两个现象：一方面造成花会出场的"符号化"。庙会被确定为国家级非遗项目后，主办方也常常从遗产传承的角度将花会表演列为每届庙会的重点内容，有时也会要求参加庙会表演的花会尽可能地展现一些传统仪式。但庙会与花会的结合，更像是遗产与遗产间的联手。另一方面带来了花会群体出场的灵活性。由于非遗申报空间关联机制的灵活性，也很难指定某一具体花会作为传承人，只要来庙会的花会是传统"幡鼓齐动十三档"里的花会类别，就可以参加。虽然越传统越好，但对于其本身是否具有足够的谱系传承并没有硬性要求，形式性和符号性的意义更为重要。

（二）庙会遗产表现主要体现为分类结构基础上的文化展演

汉德尔曼认为，仪式因为与宇宙秩序紧密相连，其分类体系呈现出稳定的状态，"宗教在这些世界中乃是无所不包的整体，它由全面而系统分类的大大小小的宇宙构成，道德和社会秩序的组织原则均自宗教演绎而来。这些分类方法被视为'天然合理的'"①。传统庙会，无论是国家祭祀还是宗教科仪、民间善会仪式，其内容的表述都是与东岳信仰的核心相关的。其组织者和参与者，或多或少都积极地与庙内神灵信仰相联系。保罗·康纳顿说："仪式之所以被认为有意义，是因为它们对于一系列其他非仪式性行动以及整个社群的生活，都是有意义的。仪式能够把价值和意义赋予那些操演者的全部生活。"②虽然实践形式取向多元，但基于宗教信仰体系而主导的内涵是聚合的，是"天然合理"的。人、仪式、神三者在一种看似无可言状的微妙关系中构筑起一个"神圣空间"。于是，这一空间也可看作一个社会特定的"公共空间"的浓缩。它既包含有一套确认的时间、地点、器具、规章、程序，还包含着一个特定的人群所建立起来的人际关系。

  进入非物质文化遗产时代，庙会内容的传统化重塑，增加了浓郁的文化展演性。汉德尔曼认为，在展演的世界里，随着"巫魅"成分的不断被驱逐，原始宇宙观遭到瓦解，宗教性因素逐渐丧失了先前的主导地位，一切组织、整合的原则都交予了权力。政治的、经济的、理性的、官僚制度等现代性秩序因素已充斥了文化展演的世界。③庙会的非物质文化遗产认定虽然在形式上对庙会习俗有所恢复，但若干的非物质化遗产内容在关联上却是相对松散的，没有了之前原生的"天然合理"。庙会内容被区分为"民间工艺""香（花）会表演""宗

---

① ［以色列］唐·汉德尔曼：《仪式——壮观场面》，《国际社会科学杂志》（中文版）1998年第3期，第99页。
② ［美］保罗·康纳顿：《社会如何记忆》，纳日碧力戈译，上海：上海人民出版社，2000年，第50页。
③ 参见［美］麦克尔·赫兹菲尔德：《什么是人类常识：社会和文化领域中的人类学理论实践》，刘珩、石毅、李昌银等译，北京：华夏出版社，2005年，第294—304页。

教仪式"等类别。

在主要传承人群体花会方面，妙峰山庙会总体上依然是当代花会表明、标榜自己具有渊源传统的重要平台，是彰显花会"社会合法性"的标志。与之相较，东岳庙在历史上与花会有联系，但这种联系已然在时代变迁中消失殆尽，需要人为地重新建立。通过对近几年庙会的观察，我们可以发现，花会人士面对这种空间的心态也是相对复杂的，经济需求和信仰成分是杂糅在一起的。民间花会在东岳庙庙会的活动，与依然保持着一定民间自发性的妙峰山庙会和纯粹属于商业演出的公共场合的活动不同，其意义游移在两者之间。

花会的在场虽然增强了庙会的传统性，但总体上仪式性减弱，而展演性增强。民间武会表演已经淡化了在庙宇表演敬神酬神的传统。香会对传统中东岳庙特有的挂号典礼议程不甚了了，一些老会首只能依据妙峰山庙会等相对模式化的进香仪式和颂词来进行。"叫香""三参"之后的"献艺"原是指酬神献艺，每档香会要向神灵表演自己会里的文武把式。但庙会中所有香会在进香之后都只能到庙外广场进行献艺，而献艺的受众已然是广大游客了。即使有时有主办方请来茶会献茶，许多来表演的武会也不按老规矩进行参驾。虽然只要有香客对茶棚中的观音或娘娘磕头，茶棚中的磬声就会响起。不过茶会作为香客和神灵之间中介的作用已经弱化，在东岳庙庙会上，它更多地成为供游客拍照的摄影地和为游客提供茶水休息的游客中心。

宗教科仪道场也有自己严格的系统，不与香会发生联系。其他传统民间工艺项目则是星罗分布于庙内，在展演空间中，已不具有信仰所联结的共享状态。换言之，这种空间内的情感在某种程度上不具有均质性，由此也就导致该空间内人际关系的松散、疏离化。不过虽然它们可能各行其是，但都拥有一个非物质文化遗产项目的名头。如果说传统的庙会行事都凝聚在东岳信仰的内涵下，那么当代的庙会行事则越来越团聚在非物质文化遗产这样的新时代内涵中。但这种凝聚是以分类结构为基础的文化展演，"场面虽然壮观，其内在逻辑仍然没有能力弥合这些破裂，从而使它们统一起来"①。

但我们也注意到，由于庙宇自身的神圣性，在一些具有明显文化展演性质的香会仪式中，也有香会群体的真实"朝圣"体验。近年来，庙会上由神职人员开展的斋醮科仪也带有宗教的"本真"。对于众多游客来说，"春节"时间和"庙宇"空间的结合，仍然带来了身体体验上的"通过仪式"感。庙会依然在一定程度上具有传统庙会祭典所带来的仪式"转变"的元逻辑。仪式与展演从某种意义上来说是连在一起的，无论是最初的宗教活动，还是中断复兴后恢复展示的民间艺术形式，东岳庙庙会一直都具有仪式与展演的双重特质，单纯地将其定义为"仪式"或"展演"都有失偏颇。二者之间这种错综复杂的关系在东岳庙庙会历史发展过程中得到了很好的演绎。但我们所强调的是，从传统庙会到20世纪末的庙会恢复再现，经历了一个从"仪式"到"展演"的历史变迁过程。这一活动在发展演变中表现为仪式的特征不断弱化、展演的特质不断增强。

（三）庙会的运作处于两种调控体系的冲突与磨合中

庙宇的管理涉及两个不同的主体：博物馆和宗教道团。在2008年以后博物馆与道团共存的情况下，博物馆贯彻文化部门的意见，试图用博物馆的功能实践来体现和推进庙宇整体的公共文化与社会文明

---

① ［以色列］唐·汉德尔曼：《仪式——壮观场面》，《国际社会科学杂志》（中文版）1998年第3期，第99页。

建设。民族宗教部门则结合国家统战和宗教政策,一方面推动庙宇道团开展"创建和谐寺观教堂"等活动,以促进宗教和谐、社会稳定,另一方面则继续努力扩大道教教团在庙宇中的话语权和主体作用。

  由于场域的分化、管理脉络和话语体系的不同,双方的区隔体现在庙会上的"各自为政"。在庙会空间分布中,宗教道团主导的中路神像区基本上是道教信息的布置与说明,服务于斋醮科仪和法物流通。庙内的神职人员往往突出信仰自身的神圣性。北京东岳庙Y住持谈到道教庙宇宫观的管理时指出,"宫观存储着许多的文化内涵,更重要的是道教作为信仰,其神圣性和神秘性的坚守"[1],并认为在道教活动场所要按照"法财侣地"的次序努力践行,"法是信仰,财是自养能力,侣是能常住适量的道士,地是要建设管理好所驻修的道场"[2],将信仰放到首要的位置,强调"道就是道,庙就是庙",这样才是"道教的真精神"[3]。这种对宗教精神的强调体现了对宗教资本的重视,对博物馆的"文化信仰"来说,客观上呈现为强烈的排他性。而由民俗博物馆主导的中路瞻岱门院、东西跨院和后罩楼院及东西廊院,则是博物馆化空间,并体现出了越来越强的遗产性重塑倾向。在2017年、2018年的庙会中,中路的后罩楼及东西跨院为展览空间,而新开辟的西路则被设为非物质文化遗产体验区,进行手工艺展示和民俗展演。对于中路神像区的宗教活动,博物馆也通过遗产化的表述将其融入庙会宣传和策划的总体特点建构中。因为只有成为"遗产",才能

---

[1] 袁志鸿:《道教组织宫观场所的管理》,《思问晓录》,北京:宗教文化出版社,2013年,第75页。
[2] 袁志鸿:《当代道教的观察与思考》,《思问晓录》,北京:宗教文化出版社,2013年,第90页。
[3] 袁志鸿:《促进教制建设创建和谐宫观》,《思问晓录》,北京:宗教文化出版社,2013年,第281页。

被博物馆合法地介入和操作。在王铭铭的表述中,"遗产"可能指到现在依然延续存在的"过去的文化",但对于现代性政治和文化精英来说,"遗产"表达着断裂的意义,它是一个"有选择"的传统(selected tradition),代表着已经为现代革命和改革所破除的完整历史的有选择复兴,代表着文化的最终消失和不符合现代性的文化形式的革除,更代表着民族化和全球化的历史正当性。[①]只有成为"遗产",或者在言说中成为"遗产",才能使一种"过去的文化"的非官方性转换为官方文化的形式,才能建构在场的正当性,重新塑造权力支配下的社会秩序。将宗教科仪用非物质文化遗产这样更具有政治合法性的名号来融合,才能使博物馆从国家遗产管理的角度对庙宇-博物馆的内涵在名义上加以统合。

(四)游客视角下传统庙会特性弱化和多元需求抬升

赵世瑜教授指出,北京东岳庙作为被纳入国家正祀的庙宇具有超地方性的文化象征,但它还是一座属于邻里的庙宇,其宗教、文娱、商业属性都表现出了明显的街区属性。萧放教授也阐明,东岳庙以其城市信仰空间的特殊地位,它的公共性、融通性和生活性,使它成为传统城市生活的有机组成部分。无论是国家象征在地方社会上的折射,还是地缘性的邻里传统,乃至上至皇家官宦下至普通民众的信仰底色的均质性,我们发现历史上的东岳庙庙会所具有的公共性、融通性等特质都建立在昔日京城民众对庙宇精神的潜移默化的认知上。因此,当庙会所面对的地方人口结构与社会情境发生更易时,其所传递的场所精神也悄然从昔日东岳信仰基调下的芜杂与枝蔓转

---

① 王铭铭:《灵验的"遗产"——围绕一个村神及其仪式的考察》,载郭于华主编:《仪式与社会变迁》,北京:社会科学文献出版社,2000年,第40页。

入更加多元化的民众诉求。

游客参与庙会传统的信仰行为,可以体现为挂福牌、摸铜特和玉马、烧香、购买道教锦囊秘符、参加斋醮科仪等,宗教性的介入程度不一。在新年庙宇祈福的传统行为之外,从博物馆开展的庙会问卷调查中,也可以看出在参与庙会的人群中,知识性的学习已经成为一个显性的目的。①对"休闲"与"社交"活动的期待,亦应视为重要的参观目的。2011年庙会中,历史学者M先生在庙会大众讲坛上做讲座,有一名听众问及庙会的意义是什么。他略思索了一下,回答说,庙会为我们每一个人体味家庭、体味团圆提供了一个窗口,提供了一个契机,因为在逛庙会的过程中可以增加感情,共享天伦。这实际上是把庙会的意义从对"目的"的专注转向"过程"。生命的意义就在于你能创造这个过程的美好与精彩。将社交过程本身作为目的,这显然是一种知识分子的理性主义解读。

在游客的凝视中,也充满了个性化的差异。佛克(Falk)曾经将博物馆观众比喻为百货公司的顾客:有些观众就像有目标的采购者(serious shoppers),知道自己要做什么;而有些观众则是"浏览橱窗者"(window shoppers),并不确定要做什么,喜欢随意逛逛。②我们在庙会期间经常看到一些典型的香客,来主殿烧香、磕头之后,并未再深入馆内参观,而是转身离去。他们只在初一、十五或者他所认定的具有特殊意义的日子才会来。由于博物馆的展厅主要位于后罩楼,从

---

① 在2014年博物馆组织的问卷调查中,关于"选择参与庙会的目的","体味传统民俗、学习文化知识"的选项得到了最多人的认同,而选择烧香祈福的并没有占主流。虽然可能存在问卷调查参与者的代表性不足以及游客填写问卷时或多或少存在规避和彰显潜意识,但依然说明了知识学习已经成为一种需求。
② 转引自陈慧玲:《花莲县石雕博物馆推广教育与观众参观经验之研究》,硕士学位论文,台湾东华大学视觉艺术教育研究所,2010年,第10页。

院中如果没有看到展览的标识，第一感觉依然是后院会是如前院般的层层古建。有人曾在庙会期间站在后罩楼的展厅门口向人打听，"这还有个博物馆，在哪儿呢？"听到说"这就是啊"，他探头往殿里张望，看到了展柜和展品，才点了点头。对于大众来说，有展览，就是博物馆。据一个做公务员的Z姓女士说，她之所以带家人来这个庙会，是因为家中的老人喜欢看传统的花会，孩子则喜欢看拉洋片。一个对京城庙会观众的调查指出，"享受美食"是影响游客重游庙会的主要因素，也是游客来庙会的主要动机。[①]有些人则只是如本雅明所言，喜欢做一个都市的游逛者，在这里自由自在地逛逛。有的游客在游逛中会突然在一个感兴趣的物事前停留很久。比如我们在2014年春节追踪过一对带孩子夫妇的参观行为。在一个多小时的参观时间内，男游客被东太子殿院的益智游戏所吸引，看了一会儿便亲自上手，玩了约40分钟"华容道"才罢休，他的家人则一直在旁边闲逛着等待。2009年3月21日，在豆瓣社区，一个名叫梓人学社的民间组织开展了一场感受帝都元明官式建筑的参观活动，号召"在春日的上午，我们前往东岳庙，感受元代的景象"。参观的动机是因为"建筑物的吸引力"。对于他们来说，殿宇本身的高大和宏伟，已经足够壮美，充满了穿越时空的想象力。

诸如阶层、受教育程度、职业、生性等个人背景的差异，使得参观者在行前的期待、参观过程中个人与社会及环境的互动，以及参观后的经验回溯都呈现出了不同。参观者的经验会受到个人脉络、社会脉络及环境脉络的影响，成为一种复合型经验。人是"悬在他自己所编织的意义之网中的动物"，就像一个多棱镜，每个人的经验光谱结

[①] 李伟、许忠伟、魏翔：《北京春节庙会游客动机研究》，《北京社会科学》2011年第1期。

合着庙会中的可参观性生产,在每时每地都会形成每一个人心中既相同又不同的凝视意象。

六、优化东岳庙庙会项目保护的对策建议

(一)将庙宇化的生产和重塑作为遗产保护与传承之基础

庙会类非物质文化遗产常常是镶嵌在地方社会情境中的,这种嵌合导致庙会的兴衰部分取决于社会生活大环境的更易。虽然如今有了多种精神表达的途径与社会问题的解决方法,庙宇空间的现实意义已经明显降低,但有些精神问题还需要传统的信仰方式解决,庙会也应是在当代社会调控城市居民精神生活与社会生活的重要场所。[①]20世纪90年代末,博物馆对以建筑与神像为主体的庙宇景观的再生产客观上呈现为宗教文化的意象生产,已经为北京民众提供了一个实现传统信仰方式的场所。随着2008年宗教神职人员的进驻,作为信仰结构的要件都已齐备。虽然生产者和研究者多从文化维度和信俗视角来诠释这一生产历程,但其作为宗教景观的心理暗示,为民众提供了一个表述信仰需求的渠道却是毋庸置疑的。在春节期间的通过仪式体系中,大年初一进入庙宇空间烧香祈福也是"边缘期"的核心过渡礼仪,春节庙会能体现"阈限阶段"的时空统一性。北京东岳庙庙会自恢复以来,无论策划什么主题内容,其观众量常常固定在五六万至十万之间。即使近年来取消了庙会商摊和小吃摊等,观众量亦达到数万人。这也从另一个侧面说明,庙宇化的重建奠定了遗产自在性延续的基础。它嵌合在地方民众的心理需求中,持续发挥着影响。

---

① 萧放:《东岳庙与城市社会信仰空间的构建——以北京东岳庙为例》,《华中师范大学学报》(人文社会科学版)2009年第1期。

（二）寻找道教文化与民俗文化共生发展的模式，打造更具有文化特质性的庙会

道教文化与民俗文化本就是相互渗透、相互影响的，而庙会更是制度性宗教与民俗文化有机结合的重要空间。在目前双线治理脉络下，制度宗教对于庙会道教属性的增强和民俗博物馆对于庙会遗产性特征的凸显，共同形塑了庙会的今日样貌。但目前双方的步调尚不一致，需要进一步加强协调与统筹。

首先，重新恢复的道教团体虽然是正一派，但依然需要进一步重视与挖掘原有的庙宇及地域宗教传统。比如承继传统东岳庙庙会历史上很有特色的道教音乐等遗产，从而进一步彰显庙宇制度性宗教的特性。

其次，在博物馆的文化建设中，每年庙会的展览主题仍然相对灵活，需要进一步增强序列性和体系性。在社教活动的组织中，近几年发生了减少或取消北京花会展演的情形，转而邀请京外的非物质文化遗产项目进京展演，如2017年庙会从京津冀一体化的角度引入的井陉拉花、唐山皮影等。虽然这可以形成遗产间的新组合，但使庙宇的北京非物质文化遗产特性有所削弱。

在庙宇的物质遗产和庙会的非物质文化遗产的双重遗产语境下，庙会文化空间的建构须更为聚焦，而不是形成各行其是的松散关联。在制度性宗教脉络下，加强对历史传统的钩沉与恢复；在民俗博物馆脉络下，注意展览主题的系统性和庙会场域的呼应性，强化庙会传统意象的结合，比如形成"庙会＋花会"的固定关联，保持传统花会展演的比重等。

最后，庙会恢复期即建构的福文化，作为东岳文化的时代转译，对满足地方民众心理起到了重要的作用。但这种相对普遍的、具有一

定均质性的福文化，又在一定程度上稀释了东岳信仰的特性。比如挂福牌，即使在京城，也有太多的地方可以体验。因此，如今已持续20余年的东岳庙庙会，在祈福迎祥、带福还家的福文化基础上，加强对东岳文化自身特性的宣传与推荐，将有助于提升遗产的特质性。

（三）庙会主办方要更加积极主动地开展公共性文化建构

在博物馆以文化建构信仰的政府主导型模式以及"制度性宗教·民俗文化"的双线发展脉络下，新恢复的庙会已经从一个传统意义上的神庙文化空间，渐进为一个具有现代性复杂意旨的公共空间。

在这种公共空间的打造中，新的文化资本已经开始在庙宇空间中再生产，但并没有出现与之相应的大众惯习；往昔社会整体意义上的庙宇信仰形态已不复存在。在这个空间内，受到西方影响的中国的博物馆与制度性宗教的建设都尚无法达到昔日以分散信仰为表现的社会整体层面的影响力。无论是博物馆的功能宗旨还是制度性宗教的话语表达，其作为一个独立的实体都在以自己的方式努力地加强与社会的连接，打通、重塑与社会民众关联的纽带。在社会力量分化的背景下，有些事关局部利益的诉求被转变为各自场域的"公共议题"，这本身亦体现了社会建设的路径差异。虽然它们各自在努力建构与国家意识形态相符的道德化的秩序和社会层面的公共性，但并没有真正发挥庙宇在社会层面的整合作用。目前，庙宇宗教只能抽象地说有发展信仰型公益组织的可能性；博物馆虽然具有公共文化服务的天然机构特性并有所建树，但其与社会的关联建设依然主要体现了自上而下的安排，尚未完全实现社群建设的理想。从目前的情势看，与其说它们是社会化的，不如说是国家化的。

社群性的弱化，使新时期的庙会习俗依然主要体现为一种空间弥散性的生活方式的折射。而在这种国家化的脉络下，此空间场域内的参观者作为被动的接受方，其惯习的形成会受到主观性较强的庙会策划潜在的影响。因此，庙会的未来发展，依然需要重点观察其空间内社会公共性的建设情况。在2018年的庙会中，博物馆强调了公共文化服务的重要性，并通过送腊八粥、送春联进一步彰显博物馆的公益属性，通过关联"工匠精神"理念的工艺体验更突出表现了博物馆对非物质文化遗产的传承责任。对于博物馆来说，要秉承这样的进路，在遗产的共享共有和传统文化的社会生产上加以强化。宗教道团则在"信仰却不认同"的总体信仰格局中，注重在宗教意旨上从私人性向道德重构、精神共同体建设转向，指向道教信众的社群意象和宗教道德文化的生产。对社会发展建设性的介入与引领，可能是东岳庙庙会这一文化空间的重要发展方向。

（四）将花会从遗产传承的认知导向转化到调控遗产公共性因素的策略导向上来

在民俗类非物质文化遗产项目的一般性保护举措中，对集体性传承人的抢救与保护始终是聚焦的关键点。就北京东岳庙庙会的案例来说，在其遗产化过程中，群体性传承人本身就是一种空间关联原则下的追溯与建构，而传承人的在场也是弱关联状态下的文化展演。对于全北京市域的遗产呈现来说，北京东岳庙庙会所带有的地方信仰空间特色，并不必然和特定的群体性传承相连，而更多地表现为一种弥散性的生活文化现象。在这种现状下，将传承性的阐释过多地放在花会身上，反而会体现出对一般性的民俗类非物质文化遗产保护原则的趋附。

特定花会与庙会关系的搭建，只是一种遗产化表征的建设。作为丧失了历史社群基础的现代政府主导型庙会，这种人为搭建的关联性随时可能会中断。因此，在妙峰山庙会等其他庙会类非物质文化遗产项目中起到主导传承作用的花会群体，在北京东岳庙庙会的传承上却不能太过彰显其价值和意义。花会的在场实质上体现了在弘扬传统文化的宗旨下博物馆对非物质文化遗产的机构责任。关于东岳庙庙会中的花会在场，与其强调其作为遗产传承人的角色，不如更为关注其如何作为文化空间中公共性特征的调控因子，服务于庙会公共文化特性塑造的功用与价值。

第四章
妙峰山庙会保护现状与对策

妙峰山庙会是北京市及周边地区较为著名的庙会,它源起于碧霞元君信仰,始于明代,兴盛于清,自民国至今,虽一度中断,但仍延续传承了下来。妙峰山庙会有着广泛的社会基础,它受到自普通大众到政府官员、学者、商人等社会各阶层的关注,且地域延伸至天津、河北等北京周边省市。在三四百年的历史传承之中,妙峰山庙会不仅影响大,而且形成了一套特色鲜明与文化内涵丰富的庙会仪式、规矩和管理组织方式,并能在半个月的庙会期间烘托出感染力极强的传统

图19 红寺村太平同乐秧歌圣会赴妙峰山朝顶进香(摄于2018年妙峰山庙会)

文化氛围。人们置身其中，颇能感知民间互助互让、虔诚向善的精神追求。由于它所承载的文化传统、价值观念的丰富性及其历史的悠久性，妙峰山庙会成为北京市的一项十分重要的文化遗产。

20世纪90年代，妙峰山庙会在中断多年的情况下，得以恢复，使人们又能领略当年庙会的盛况和仪式传统。2008年6月，妙峰山庙会正式入选第二批国家级非物质文化遗产名录。从此之后，妙峰山庙会的保护传承进入一个新的阶段，至今已有十余年的时间。

本章结合田野调查资料和历史文献，对北京妙峰山庙会的历史与现状进行梳理，总结它的非遗保护经验与问题，并就其非遗保护提出相关对策建议。

一、已有研究成果综述

妙峰山庙会很早就受到了学者们的关注，对它的调查与研究，已有近百年的历史。来自历史学、民俗学、社会学、人类学、宗教学等不同学科的学者持续不断地对妙峰山庙会进行调查和研究，积累了丰富的田野资料和研究成果。从对香会朝顶进香仪式活动的田野记录，到对庙会历史流变的梳理、文化内涵的挖掘，对庙会文化空间、仪式活动的文化阐释，再到对香会个体日常生活和精神世界的关注，以及对庙会组织管理、保护传承问题与对策的思考，学者们调查与研究的范围、视野越来越广阔，相关探讨和总结日益深入。下面以时间为序，对已有的调查研究成果做一番梳理。

（一）民国时期的调查与研究

1925年，顾颉刚、孙伏园、容肇祖等五人受北京大学风俗调查会的委托，于4月30日至5月2日在庙会期间对妙峰山庙会进行了为期三天的田野调查。返回后，他们撰写了调查报告，成果发表于

《京报》副刊《妙峰山进香专号》上,共出了 6 期。1928 年,顾颉刚将这些报告文章整理后结集出版了《妙峰山》专著。顾颉刚等人的这次调查不仅考察了当年妙峰山庙会的场景,而且还结合碑刻、会帖、会启等文献资料,对香会组织、妙峰山碧霞元君信仰的历史,香会的类别、数量、组织结构,以及朝顶进香的仪式等众多方面进行了描述和分析。这次调查在学术上具有非凡的意义,它是学者第一次有组织地对妙峰山庙会进行调查研究,这为后面的调查研究起了很大的推动作用,并在研究的对象、问题与方法上为后面的调查研究提供了可资借鉴的范式。由于顾颉刚、容肇祖等人与民俗学的渊源,这次调查也成为早期中国民俗学田野工作的范例,妙峰山遂有"中国民俗学发祥地"之称。

除了顾颉刚等人的调查研究之外,奉宽、金勋也较早关注了妙峰山庙会,并给予记录和研究。奉宽是满族人,他在清光绪二十二年(1896 年)首次朝观妙峰山,在之后的近 20 年里多次考察妙峰山庙会,掌握了丰富的田野资料,在此基础上,完成研究专著《妙峰山琐记》,于 1929 年出版。奉宽记录了进香的古道、茶棚及妙峰山周边的庙宇、碑刻、村落等,对香会组织、进香规矩礼节等亦有较为深刻的见解。由于奉宽对妙峰山庙会观察的时间较长,与顾颉刚等人的调查比较,他对妙峰山庙会的描述更为细致,理解也更为深刻。金勋的《妙峰山志》是民国时期又一部关于妙峰山庙会的著作,这部书是抄本,在当时并未正式出版。它不同于一般的山水志书,而是以妙峰山进香活动为描述重点,对香会及其进香仪式,尤其是皇会,进行了详细的记录。

民国时期的妙峰山庙会调查研究,受到了"五四"新文化运动时代精神的鼓舞。这些调查研究鼓励学者深入民间社会,倡导田野调查，在研究对象和研究范式上具有开创意义。

（二）新中国成立后至庙会申报非遗前的研究成果（1949—2007年）

新中国成立后相当长的一段时间，由于各种原因，妙峰山庙会中断，其间的调查研究也非常少。1985年，常华开始对妙峰山庙会进香的香会、进香古道的文化遗存进行细致的考察，走访相关人员，收集妙峰山庙会的民间传说，并拍摄了大量照片。他的专著《妙峰香道考察记》是他多年考察妙峰山庙会的成果总结。

进入20世纪90年代，随着妙峰山庙会的复兴与重建，妙峰山庙会再次受到学界的广泛关注，相关调查研究成果逐渐增多。1995年，值顾颉刚等人妙峰山调查70周年之际，中国旅游文化协会旅游民俗专业委员会在门头沟区召开首届"中国民俗论坛"学术研讨会，并对妙峰山庙会进行了考察。会后出版《妙峰山：世纪之交的中国民俗流变》一书，收录《民国时期的妙峰山民俗研究》《妙峰山庙会的历史沿革》《妙峰山的历史文化价值与开发远景》等多篇关于妙峰山庙会的论文。

自20世纪90年代后期开始，陆续出现多篇以妙峰山庙会为主题的博士学位论文，如1998年北京师范大学民俗学专业吴效群的博士学位论文《北京的香会组织与妙峰山碧霞元君信仰》、2002年北京师范大学民俗学专业王晓莉的博士学位论文《碧霞元君信仰与妙峰山香客村落活动的研究——以北京地区与涧沟村的香客活动为个案》等。吴效群指出了妙峰山行香走会的象征意义，认为妙峰山是一个如维克多·特纳（Victor Turner）所说的不同于日常的"社会戏剧"剧场，是民间社会"象征的紫禁城"。王晓莉重点探讨了民国期间和改革开放之后妙峰山庙会中的香客活动，她分析了妙峰山如何成为北京及周边地区碧霞元君信仰的中心,以及在现代化、工业化的冲击下,妙峰山作为碧霞元君信仰中心在香客心中的变化。

这一时期,妙峰山庙会亦引起西方汉学家的关注。美国普林斯顿大学历史系教授韩书瑞曾于 1992 年发表 "The Peking Pilgrimage to Miao-feng Shan:Religious Organization and Sacred Site" 一文,分析了妙峰山庙会朝圣者的组织方式、身份构成及其对朝圣的看法。她指出各香会之间以及香会内部各成员之间存在的差异。韩书瑞的这篇论文后来被周福岩、吴效群翻译为《北京妙峰山的进香之旅:宗教组织与圣地》,发表于 2003 年第 1 期的《民俗研究》上,开始逐渐引起国内学者的关注。日本民俗学者樱井龙彦与中国社会科学院的贺学君组织北京师范大学、北京大学等高校的数名研究生对 2004 年、2005 年的妙峰山庙会进行了细致的调研,他们对香会的会期、旗帜、实物、碑文等予以拍照记录,对香会会首、管理处工作人员做了深入访谈,收集了大量翔实的文字和音视频资料,并汇编成书。

由上可见,对妙峰山庙会调查研究的成效,与庙会的处境息息相关。伴随 20 世纪 90 年代妙峰山庙会的恢复,学界对它的研究出现了一个高峰期。

(三)成为国家级非遗项目以来的研究成果

2008 年,妙峰山庙会被确定为国家级非遗项目,对其研究,学界保持持续的热度。在研究的视角上逐渐发生变化,探讨的范围由庙会空间拓展至香会生活的村落,愈加强调对香会个体日常生活的研究。

自 2005 年开始,孙庆忠带领中国农业大学社会系学生对妙峰山庙会和香会组织进行了持续的调查研究。他们的调查范围比较广阔,能够深入香会活动的村落空间,观察到日常生活状态下香会组织的日常和非日常行为。在多年调查积累的基础上,他们将调查研究成果整理成三部专著：《妙峰山：民间文化的记忆与传承》（2011年）、《妙峰山：香会组织的传承与处境》（2011年）、《妙峰山：香会志与人生史》（2013年）。这些研究成果探讨了村落或社区中香会组织的生存境况与香会个体的心态。

张青仁的博士学位论文《个体的香会——近百年来北京城"井"字里外的社会、关系与信仰》（2013年，北京师范大学）同样将调查研究的视角从山上转移到山下。他深入香会组织生活的村落和社区空间，观察香会成员的社会人际关系，对于香会组织的发起、香会成员之间关系的维系、香会的朝顶进香活动进行了较为全面的研究。他明确提出"个体香会"的概念，关注了香会个体成员间的差异，将个体的日常人情纳入香会维系的分析之中。张青仁在博士论文的基础上，于2016年出版了他的专著《行香走会：北京香会的谱系与生态》，对他的妙峰山庙会及香会的调查研究做了总结。

孙庆忠、张青仁的调查与研究，与以往的研究相比较，特别关注香会个体的差异和心态，探讨的范围由妙峰山及周边地区扩展至各香会分散的村落和社区，在关注的时间上也从庙会期间拓展到非庙会期间香会的日常生活，在这些方面，是对以往研究的扩充。

还有些学者分析了妙峰山庙会自20世纪90年代复兴以来的变化，以及庙会、香会与地方社会的关联。高丙中《妙峰山庙会的社会建构与文化表征》（2017年）一文分析了妙峰山庙会衰败、复兴与成为国家非遗的过程，指出妙峰山庙会在地方社会建构及其作为北京文化代表的意义。王立阳《庙会组织与民族国家的地方社会——妙峰山庙会的公民结社》（2011年）一文分析了庙会和香会中的社会因素、香会合法性的自我表述及香会个体的心理认同，探讨了庙会组织对现代成分的吸收及其作为中国地方社会形式的可能性。曹何稚《交换断裂——

妙峰山庙会的危机》(2016年)一文分析了妙峰山庙会恢复以来香客、游客、香会、管理者等各方关系的变化，从交换体系的构建与断裂角度，探讨了妙峰山庙会中存在的一些矛盾和冲突，以及潜在危机。李华伟《非物质文化遗产对妙峰山庙会之影响——以妙峰山庙会申报非遗前后的活动为中心》(2014年)一文分析了妙峰山庙会申报非遗的策略与过程、奥运会语境下的庙会活动以及民俗旅游与庙会的关系，指出妙峰山庙会在成为国家级非遗项目前后的一些变化。

应该说，对妙峰山庙会的调查研究，学界已经积累了丰富的成果。从庙会香会的历史考察，到庙会空间、香会组织的构成与仪式表演，再到香会组织生活的村落和社区空间及香会个体的精神心态，研究的对象和视野不断拓展。但与丰富的理论成果相比较，对妙峰山庙会的保护、传承与利用的实践和应用还不够深入细致。虽然目前妙峰山庙会保护传承状况尚属良好，但依然存在不少潜在的问题，需要学者在理性认识的基础上，对未来妙峰山庙会的保护传承提出切合实际的对策建议。

二、妙峰山庙会的历史

妙峰山在北京西北约40千米处，隶属门头沟区，它是北京西山分支仰山的主峰，原来唤作妙高峰。这里奇岩怪石，古柏苍松，景色秀美，是北京休闲游玩的胜地。

妙峰山庙会以碧霞元君信仰为基础，最迟在明末，妙峰山上就有碧霞元君庙，但那个时候的香火还不太兴旺。明代北京碧霞元君信仰极为流行，当时北京城很多地方都建有供奉碧霞元君的娘娘庙。其中，以"五顶"的碧霞元君庙的信仰活动为盛。这"五顶"指的是东直门外小关之东顶、西直门外蓝靛厂之西顶、大红门外南顶村之小南顶和通县（今通州区）马驹桥之大南顶、德胜门外之北顶、右安门外十里草桥之中顶。明代妙峰山上的碧霞元君信仰不及"五顶"活跃，还没有发展为北京碧霞元君信仰的中心。

清代北京碧霞元君信仰依然盛行，但在地理空间分布上发生了一些变化。"五顶"的香火依旧不断，但在"五顶"之外，丫髻山、妙峰山也发展为北京碧霞元君信仰的中心。尤其是妙峰山，呈现后来居上之势，逐渐发展为北京及周边津冀地区碧霞元君信仰的中心。

北京妙峰山庙会兴起于康熙、乾隆年间。据民国时期奉宽编著的《妙峰山琐记》、金勋编著的《妙峰山志》及顾颉刚主编的《妙峰山》三部书上的论述和考证，妙峰山朝顶进香的老会（成立年数在百年以上的香会）不少是在康熙、乾隆年间发起的，说明这一时期妙峰山上的碧霞元君信仰已有相当的影响力。但清代前期和中期，关于妙峰山碧霞元君信仰及庙会活动状况的文字记载鲜有出现，直到光绪年间，富察敦崇的《燕京岁时记》中才有了比较详细的描述。该书提到，妙峰山上有碧霞元君庙，庙东有喜神殿、观音殿、伏魔殿，庙北有回香亭。每年农历四月，妙峰山自初一开庙半月，香火极盛。进香之路，有三家店之南道、大觉寺之中道、北安河之北道、石佛店之老北道四条。庙会期间，各路之人，达数十万之多。"自始迄终，继昼以夜，人无停趾，香无断烟……香火之盛，实可甲于天下矣。"从这些文字记载中，我们可以看出妙峰山庙会在清代中后期盛极一时。与之相关的众多香会组织也大都成立于此时，香会朝顶进香的规矩礼节、仪式程序等民俗规范也逐渐确立，使妙峰山庙会呈现出较强的地域特色。例如，到妙峰山朝拜的香会组织分为文会和武会，义会免费提供修路、架灯、补鞋、施茶、施粥等服务，武会则表演高跷、舞幡、舞狮、杠箱、莲花落等技艺。各香会之间的交往礼节都有一定的规矩，这些传统大都在清代既已形成。

　　清代前往妙峰山朝圣的香客构成比较广泛，既有寻常百姓，又不乏豪右富人、王室贵族，乃至清皇室成员。尤其到了清朝末年，妙峰山的香会有些得到了清宫的认可和支持，成为"皇会"。相传慈禧太后曾到妙峰山进过香。在这种情况下，妙峰山庙会在清末达到极盛。

　　民国初期，妙峰山庙会延续了清末的兴盛状况，朝山的香会和个体香客数量都十分可观。除北京之外，亦有来自天津、保定等地的香会、香客。顾颉刚、奉宽等人的调查，记录了民国初期妙峰山庙会的进香情形，从中可以看到当时的盛况。奉宽记载庙会期间，妙峰山"山下遥望，昼则紫烟成盖，夜则红光烛天，盛矣"。撰有《妙峰山》一文的关璞田提到，赶上好年月，妙峰山在开庙前的三月份就开始准备，庙会期间更是热闹非凡。"从三月里就忙起了，先是满市间贴报子、写布施。一到二十几，有愿心的就得预备着了。扫山、修道、路灯、茶棚等会，都得在开山前二三日报齐。助善的诸位，也得早到，初一得接待香客。自初五六往后，可就热闹了，就听茶棚里唱道：'先参驾，太爷们，参完了驾这边儿落座喝粥了，阿嘿。''当当'打磬哪。'稀里哗啷，稀里哗啷'会笼子上来啦。'冬布隆冬冬，冬冬次布隆冬'，五虎棍来了。'强中强，强中强，强梁终自戕'，秧歌来了。您听吧，保管不闷得慌。这要是赶在好年月，也很是个乐境哪。"

图 20　庙会历史宣传雕塑《五虎少林会》（摄于 2018 年妙峰山庙会）

但随着政局动荡、国都南迁、抗日战争的全面爆发，20世纪20年代末之后，妙峰山庙会逐渐衰落，进香的人数越来越少，渐渐失去了昔日的繁盛景象。妙峰山供奉碧霞元君的惠济祠也毁于日军的炮火之中，相关信仰活动被迫中断。

清代与民国时期的妙峰山庙会，受交通局限，进香者大都徒步登山，往返需要数天时间。他们中有不少人是虔诚的信众，有的三步一拜，或一步一拜，以求得娘娘的福佑。由于香路漫长，进香途中充满艰辛，各条香路都有文会组织搭建的茶棚，为香客免费提供粥茶，以减轻香客的劳顿之苦。这逐渐成为妙峰山庙会的一大传统，几条重要的香道也基本上是在清代中后期开辟出来的。

图21 庙会历史宣传雕塑《舍粥茶棚》（摄于2018年妙峰山庙会）

新中国成立之后至"文化大革命"期间，由于各种原因，妙峰山庙会始终没有恢复起来。直到20世纪80年代末，部分老会首开始组织香会到妙峰山进行朝顶进香活动。至20世纪90年代，妙峰山的庙宇得到重修，庙会也逐渐得以恢复。1997年，京西旅游公司成立，接手对妙峰山景区的管理，开始实行门票制度，进行市场化运作。这对香会与妙峰山之间的关系产生了较为深刻的影响。进入21世纪，妙峰山庙会稳定发展，于2008年列入国家级非遗名录。从此以后，妙峰山庙会的保护和传承进入非遗时代。

三、妙峰山庙会保护传承的现状

庙会根植于中国传统社会，在变化剧烈的现代社会中，从整体上看，庙会呈现日渐式微的发展景况。妙峰山庙会的传承亦受到现代诸多因素的制约，也存在不少问题，但由于它的根基较深，社会基础广泛，加上政府的政策扶持、学者的研究与宣传，当前妙峰山庙会的保护传承还没有受到那么严重的威胁。从总体上看，它呈现较为良好的保护传承态势，一年一度的庙会活动如期举行，参加庙会的游客、香会数量并无明显减少，近几年香会数量还有所增加。如2018年妙峰山庙会香会达90余档，较2008年、2009年的50余档已经有了明显增加。

图22 香会朝顶进香会启（摄于2018年妙峰山庙会）

当前，妙峰山庙会被列入国家级非遗名录予以保护传承，国家的非遗政策对妙峰山庙会的保护传承产生了不小的影响。国家力量的介入，对庙会起了导向作用。这体现在以下几个方面。

（一）确立了庙会的合法性

在妙峰山庙会被确定为国家级非遗项目之后，妙峰山管理处对庙会的管理工作及香会的朝顶进香活动获得了政府的认可，这样在一定程度上打消了庙会组织管理人员和香会会首的一些顾虑。在这之前，他们的一些活动，特别是那些带有信仰色彩的活动，有时会受到地方政府的阻拦。在成为国家级非遗项目后，庙会的组织管理者和各香会会首主动了解国家非遗政策，对庙会和香会的活动进行了部分调整，自觉向国家导向靠拢。例如，在妙峰山庙会"申遗"过程中，组织者强调庙会作为传统文化、民俗文化、民间文化的属性，而有意识地淡化其信仰成分，以规避潜在的政策风险。有的香会会首表示，非遗政策给了他们做这个的合法权利，只要上头让做，他们就会坚持下去。

妙峰山庙会在获得政府认可、取得合法地位的同时，也规范了组织管理，进一步明确了责权范围，如加强了安保措施，公司退出庙会的运营管理等。

（二）推动了香会的朝顶进香活动

在看到妙峰山庙会成功申报为国家级非遗项目之后，有些武会也积极申报非遗。而"申遗"需要具备诸多条件，其中，到妙峰山庙会朝顶进香成为一项重要的衡量指标。因此，不少武会出于对自身合法性的考虑，他们在妙峰山庙会期间积极参与朝顶进香活动，努力争取成为非遗项目，以便获得政府认可和资金支持。在妙峰山庙会成为国家级非遗项目的十余年间，到妙峰山朝顶进香的香会由当初的四五十档增加到近两年的八九十档。虽然不少香会并不是为了"申遗"才上妙峰山的，有些香会的会首，特别是文会的会首，他们表示不管妙峰山庙会是否被确定为国家级非遗项目，他们都会坚持到妙峰山来。但是，不可否认，非遗政策的刺激，成为一些香会，特别是武会到妙峰山朝顶进香的重要因素。

（三）催生出一些新的矛盾

国家非遗政策对妙峰山庙会的保护传承从整体上无疑起了积极的

推动作用。但各香会、管理处、香客、游客及附近村民等各方人员对非遗政策的认识并不一致,以致由此衍生出一些新的矛盾。例如,有的香会认为妙峰山庙会是一个群体性的活动,他们在其中也发挥了重要的作用,但在妙峰山庙会成为国家级非遗项目后,他们并没有从中得到好处。这些香会认为非遗政策对他们没有什么影响,反而让他们觉得受到了不公平的待遇。有些武会本身也成功申请为非遗项目,但文会没有一个成为非遗项目的,这种情况使部分文会会首也认为非遗政策有失公允。他们认为文会提供的服务虽然简单,没有多少技巧,但在妙峰山庙会中的作用一点都不比武会小,甚至比武会大。他们在庙会期间需要每天坚守,是庙会文化精神的重要传承者。有的文会会首表示:我们自己玩得也挺好,能成为非遗更好,我们也想积极配合国家政策。但评不上非遗,我们也会坚持做下去,之前没有非遗的时候,我们不是也在做嘛。我们其实对"申遗"不抱什么希望,就是有时候觉得非遗政策没有考虑到我们的价值,这点让我们觉得有点不公平。还不如没有非遗这一说,因为有了非遗,有些游客上来就认为我们这是非遗,一定是从非遗政策中得到了好处。我们其实

图 23 妙峰山庙会中的文会(摄于 2018 年妙峰山庙会)

从非遗政策中什么都没有得到,但你解释不清楚,人家会误解你。

虽然存在些许问题,但非遗政策对妙峰山庙会的影响总体上起到了积极的推动作用。非遗政策不仅为妙峰山庙会活动的开展注入资金,而且使妙峰山庙会获得合法的身份,引导庙会向着更加规范有序的方向发展。成为非遗项目后的十余年,妙峰山庙会虽未到达鼎盛时期的盛况,但也年年如期举行,得以平稳发展。

除了非遗政策带来的变化之外,还有两个方面的变化值得关注:一是部分香会的传承与当地中小学教育结合起来,将学生纳入妙峰山庙会朝顶进香的团队之中。例如,红寺村的太平永乐秧歌圣会就与当地的小红门小学合作,从中选拔学生,让传承人到学校教授秧歌技艺,并在妙峰山庙会朝顶进香时带上学生,让其参与庙会秧歌表演。这一方面是由于国家对中小学传统文化教育的重视,另一方面也是近些年香会在面对诸多传承问题时的应对。

图 24 参加红寺村太平秧歌圣会表演的小学生（摄于2018年妙峰山庙会）

二是游客在庙会中的休闲需求与日俱增。我们不难在妙峰山庙会上见到虔诚的香客,也有不少上了年纪的游客。每逢妙峰山庙会,他们都会过去,这已成为他们的习惯。但近几年,主要以休闲为目的的年轻游客亦不在少数。我们在 2018 年、2019 年的妙峰山庙会上,看到有些游客带着孩子,他们属于家庭出游。还有些年轻人,跟朋友们一起上来,有的还搭起了帐篷。亦有不少骑行爱好者,一路骑着自行车上来。这些游客有的也上香,也会欣赏庙会的活动,但他们对周边的景色也很有兴致。与过去相比,游客到妙峰山庙会的动机与目的更加多样化,休闲观赏的需求愈加明显、重要。

图 25 "金钱眼"投掷游戏(摄于 2018 年妙峰山庙会)

四、妙峰山庙会保护传承的经验与问题

妙峰山庙会历史悠久,有自己的特色和传统,在保护和传承的过程中,既积累了不少经验,也存在不少问题。

(一)妙峰山庙会保护传承的经验

1. 与学术界的关联性强,学者的调查研究和宣传在妙峰山庙会的保护传承中发挥了较大的作用

顾颉刚对妙峰山庙会的调查研究,促使学界开始关注妙峰山庙会。之后不断有学者到妙峰山上调查,特别是 20 世纪 90 年代以来,妙峰山庙会成为中外学界关注的一个重要调查研究对象。来自民俗学、社会学、宗教学等学科的学者持续不断地对妙峰山庙会进行调查研究。庙会期间，我们不难发现高校学者和学生们的身影，他们已成为妙峰山庙会上的重要群体。学者们的调查研究既能深化人们对庙会的认识，又能起到很好的宣传作用，还能够引起政府的关注，扩大妙峰山庙会的影响力。这些对于妙峰山庙会的保护传承起到了积极的推动作用。

2．人情在香会关系维系中的作用

香会是妙峰山庙会的重要构成部分。武会的朝顶进香与表演活动，文会的热心无私服务，以及各香会之间按约定规矩礼节进行的交往互动，成为妙峰山庙会的重要内容。妙峰山庙会的顺利开展，需要各香会的支持。为了让各香会积极参与庙会，就需要跟各香会的主要成员维系好关系。妙峰山庙会的传承人王德凤承担着联络各香会的工作，他从事这项工作的一个重要经验便是依靠日常的人情往来。每逢会首家里有红白喜事，王德凤均会过去随礼。逢年过节，他也常常去看望上了年纪的老会首。通过这种人情往来，王德凤与各香会会首建立了良好的人际关系。部分香会会首上山进香是基于与王德凤的个人交情，因为王德凤经常看望这些会首，他们觉得去妙峰山进香是应该做的事情。

图 26 海淀区巴沟村汇新舞狮会的表演（摄于 2018 年妙峰山庙会）

由于香会数量众多，各香会之间的情况不一样，各香会之间、各香会与庙会管委会之间的关系错综复杂。日常的人情礼俗，成为香会之间维系关系的重要纽带。这既是妙峰山庙会保护传承的一种经验，同时由于这种经验过度依赖某一个体，又存在一些潜在的问题。

3. 公司与市场因素的介入

妙峰山庙会在20世纪90年代恢复之后，公司较早地介入了庙会的运营和管理，对妙峰山庙会的重建产生了较大的影响。应该说，公司的介入并非坏事，但其对庙会历史传统的重视和把握并不到位，在一定程度上削弱了庙会的传统因素，同时也增加了庙会管理的难度，使庙会管理的责权不够清晰。经过长期的尝试和探索，公司的开发并没有取得理想的效果。在这种情况下，目前公司已经退出庙会的管理和运营。

（二）妙峰山庙会保护传承中存在的问题

虽然当前妙峰山庙会的保护传承状况良好，但也存在不少潜在的问题。

1. 资金问题

在调查期间，我们询问庙会保护传承的问题与困难时，不少香会会首和妙峰山庙会管委会的负责人都强调了资金的问题，它体现在以下两个方面：

第一，资金不足。妙峰山庙会管委会负责人告诉我们，妙峰山庙会不同于一般的非遗项目，它依靠群体传承，需要大量的香会和工作人员参与，加上持续时间长，前后历时半个多月，其间的花费是很大的。这包括：庙会前组织香会会首聚会，商讨庙会期间的一些事情，需要一些招待费用；庙会期间给予香会的奖励，比如旗子、服饰、工具、地方特产等，奖励需要照顾到每个香会，不能分别对待，由于香会众多，即便每个香会给予的奖励不多，但总量还是不小的；妙峰山庙会成为国家级非遗项目后，有的香会希望在庙会期间得到一点资金奖励；庙会期间部分工作人员、服务人员的伙食费和住宿费。管委会负责人员表示，维持半个月的庙会，需要大量的资金，而非遗的资助非常有限，有时还不够稳定和及时，远远不能支撑庙会的支出。香会之间的情况不尽相同，有的香会本身也是非遗项目，又得到地方政府的扶持，或是地方企业的资助，并不存在资金短缺的问题。但也有

图 27 馒头圣会舍馒头情况（摄于2018年妙峰山庙会）

不少香会因缺乏资金无法组织人员朝山进香。

第二，资金使用方向与现实情况不符。非遗资金的使用有特定的方向。妙峰山庙会管委会负责人员表示，国家非遗资金的使用方向有时与妙峰山庙会的实际情况不符，导致有些能够促进庙会传承的重要工作无法使用非遗资金。如前面提到的与香会关系的维系靠的是日常人情往来，这对庙会的维系是非常重要的。最起码在过去一二十年里，这是维系与各香会关系的有效手段。但其中的花费和投入，是不能动用非遗资金的。管委会希望非遗资金的使用方向根据妙峰山庙会的实际情况做出适当调整。

2. 传承人问题

缺乏年轻的传承人是妙峰山庙会面临的一个比较严峻的问题。目前庙会的代表性传承人王德凤在组织协调庙会期间各方关系上起了举足轻重的作用，他利用个人的威望和人情往来协调维系庙会中的复杂关系。但他已是一位年纪比较大的老人，身边并没有合适的继承人选。在访谈过程中，王德凤表示，现在还没有一个年轻人主动找他学习庙会的规矩礼节和组织管理经验，可用的年轻帮手也比较少，很多事情都得他自己跑。对于妙峰山庙会的维系，王德凤的这种个体人情关系虽然是有效的，但很难在短时间里传递给年轻的传承人。这就增加了妙峰山庙会传承的不稳定性，在人情关系上很容易形成断裂。因此，除了寻找合适的年轻传承人之外，为了妙峰山庙会的稳定持续传承，在人情关系之外，应该寻找一种不过度依赖个体关系的协调方式。

不少香会也存在传承人缺乏的问题。过去的很多香会是以村落为单位组织起来的，它们建立在村落关系的基础上。但由于城镇化建设，拆迁打乱了村落共同体原来的居住秩序，原属于同一村落的居民可能被分散到了不同的地域居住，大家不容易聚在一起了，也不容易找到合适的活动场地，这都增加了香会活动的难度。在这种情况下，部分香会探索了新的传承方式，如与中小学教育相结合，但学生群体是不稳定的，他们会随着升学不断流动。也有的通过建立拟亲属关系，靠人情交往维系，还有的尝试公司化运营等。

总之，无论是妙峰山庙会组织管理人员的培养，还是各香会年轻传承人的培养，都存在不稳定的情况，各方也都在结合自身情况进行一些探索。

3. 宣传问题

一些文会的会首反映，他们的活动有时不被游客理解，有的游客嘲笑他们是"傻子",也有的游客认为他们收取了别的好处,才会在这里舍粥舍茶,还有些游客在领馒头时不懂规矩礼节,等等。这一方面反映了部分游客对妙峰山庙会的历史传统和精神内涵缺乏了解,另一方面也反映了庙会的宣传工作还有待提升。

妙峰山庙会所宣扬的行善积德、互助礼让、以诚相待的道德观念及其所蕴含的服务意识、奉献精神是妙峰山庙会作为非遗项目的重要部分,其所折射的人文价值和精神追求应在庙会期间得到弘扬,使游客在上山进香、观看表演、欣赏风景的同时,亦能受到中华优秀传统文化的熏陶教育。这理应成为妙峰山庙会保护传承工作的一个重要方面。但当前较多的资金和精力投入在庙会秩序的维持以及香会关系的维护上,在庙会文化内涵的挖掘及其精神价值的宣传普及方面的工作做得还不够好,致使妙峰山庙会的文化教育功能没有充分发挥出来,以致出现香会活动不被游客理解的情况。

五、妙峰山庙会保护传承的对策建议

根据上述提出的妙峰山庙会在保护传承中遇到的问题、困难,结合当前妙峰山庙会保护传承的现状及变化趋向,在总结以往保护传承经验的基础上,对于妙峰山庙会的保护传承,本章提出以下几条对策建议。

(一)规范非遗资金的管理和使用

妙峰山庙会是一个群体性的非遗项目,涉及的各方关系较为复杂。非遗资金本是为了促进庙会的保护传承,但若这部分资金在管理和使用上不够规范合理,不仅难以达到保护传承的预期效果,而且容易滋生一些新问题,影响庙会各方的关系。目前,无论是妙峰山庙会的代表性传承人,还是各香会会首,对于非遗资金的管理和使用,或多或少存在认识上的一些误区。因此，有必要加强非遗资金管理和使用的说明，明确非遗资金管理和使用的方法、流程和规定，使非遗资金的管理和使用更加规范合理，使之在庙会保护传承中发挥应有的作用。

1. 增强透明性

对于庙会非遗资金的发放额度、发放时间和次数，以及资金的管理者、使用方向、使用流程、监督监管等，应予以公示，使庙会的主要参与方，尤其是各香会知晓。对于妙峰山庙会这样的群体性非遗项目，非遗资金管理和使用上的公开透明，有利于避免庙会各方之间不必要的猜测，也能起到一定的监督作用。

另外，还有必要加强对国家非遗政策的宣传力度，使庙会传承人和各香会会首了解国家非遗政策的旨意、内容和实施方案，使其正确理解国家非遗政策。这样有利于庙会各方正确看待庙会成为国家级非遗项目这件事，避免因不了解非遗政策而产生的误解。

2. 明确资金的使用方向

妙峰山庙会持续时间长，是一个较大型的庙会，举办这样的庙会，需要较多的投入。庙会非遗资金是扶持性的，满足庙会的所有资金需求显然是不现实的，也是不合理的。非遗资金有它特定的使用方向和范围，这个使用方向和范围要合理，才能使非遗资金发挥应有的效果。

当前庙会非遗资金的使用方向及诉求，集中在举办庙会的花费上，但在庙会非遗传承人的培养，庙会文化的知识普及，庙会精神、价值与文化内涵的宣扬，庙会历史文化的挖掘、梳理与展示（包括与庙会相关的各香会档案史料的搜集整理与展示）等不少方面，投入资金相对不足。因此，有必要围绕妙峰山庙会保护传承的实际状况，进行考察评估，对于能推动庙会保护传承的事项，按照轻重缓急排序，在此基础上，明确庙会非遗资金的使用方向和范围，使有限的非遗资金用在刀刃上。

从整体上看，妙峰山庙会非遗资金的使用方向不应局限于补贴庙会期间的费用支出，在庙会非遗传承人培养、庙会文化的普及宣传以及庙会历史文化资料的整理与展示上也应有所重视。

适当考虑上述庙会非遗代表性传承人提出的在资金使用方向上遇到的实际问题，如传承人通过人情关系运作来维护与各香会的良好关系，目前不失为一种有效的调节方式。这部分费用也不小，非遗资金能否在这方面给予适当补贴？

3. 结合妙峰山庙会实际情况，适当增加非遗资金的扶持力度

鉴于妙峰山庙会本身的特点和它的历史地位、文化意义及学术价值，非遗资金的支持额度可否适当增加？关于这一问题，在调研过程中，传承人反复提出这样的希望，他们觉得跟一般的民俗类非遗项目相比较，妙峰山庙会各方面的情况更加复杂一些，各种花费也更大，目前的非遗资金很有限，一些可以促进庙会保护传承的方法因资金短缺无法实施。

4. 多渠道解决庙会资金短缺问题

资金是推动妙峰山庙会保护传承的重要因素，但妙峰山庙会的保护传承不能完全依靠非遗资金，应结合妙峰山庙会的实际，积极探索庙会运作机制，增加资金的来源渠道。例如，传承人的培养、庙会历史文化的展示与教育等，可申请其他的专项资金支持，也可与相关文化机构、文化企业合作，争取更广阔的资金支持。但在与企业等商业单位合作时，注意坚守庙会的历史底蕴和传统文化本色，不能为迎合市场随意改变庙会的文化传统。

（二）建立规范稳定的庙会管理体制

妙峰山庙会的恢复已有20余年的历史，在这么长的时间里，妙峰山庙会管委会积累了比较丰富的庙会管理经验。但这种经验在很大程度上依赖个体的能力、经验和声望，它建立在个体的社会人际关系基础上，依靠个体的人情关系维持。虽然在较长的一段时期里，这种管理方式是比较有效果的，但若着眼于未来，这种以个体为基础的管理模式缺乏稳定性和持续性。因此，逐渐建立规范稳定的庙会管理体制是一项非常有必要的工作。

首先，要梳理清楚责权，组建一个责权清晰、分工明确、高效合理的管理团队。其次，将传统的人情管理与现代化管理方式相结合，增强管理人员的现代管理意识，逐步引入现代化的管理理念和机制，弥补传统人情管理的不足。最后，适当培养年轻的管理人员。

（三）编撰庙会传承人培训手册

随着传承人的年纪越来越大，培养年轻的传承人成为一个越来越急切的问题。由于各种原因，当前的庙会传承人一时难以找到合适的年轻徒弟，这种状况可能会持续一段较长的时间。在这种情况下，有必要及时记录老一辈庙会及香会传承人所掌握的庙会知识，如朝顶进香的规矩礼节、香会表演的程序、各香会之间的交流用语等，在此基础上组织人员编撰面向年轻传承人的培训手册。这不仅对保存庙会历史文化资料有意义，而且使年轻传承人的学习有了书面文字依据，避免传统口耳相传的不稳定性。

传承人培训手册的编撰，可由当前庙会传承人王德凤、熟悉庙会知识的香会会首及学者共同完成。主要内容包括妙峰山庙会的历史演变过程、庙会文化的历史传统和文化内涵、主要香会的历史及现状、香会朝顶进香的仪式流程及规则礼节、举办妙峰山庙会的经验、协调各方关系的经验等。通过撰写庙会传承人培训手册，将熟悉妙峰山庙会及香会的老一辈传承人的庙会知识、管理经验及学者对妙峰山庙会历史文化的梳理、挖掘与阐释及时记录和保存下来，以供将来年轻的传承人学习使用。

（四）增强庙会历史文化展示与教育功能

妙峰山庙会期间，武会的技艺表演和文会的舍粥舍茶等服务，使游客对庙会的文化传统有了切身的体验和感受，但还无法了解庙会的历史演变及文化内涵，这需要进一步增强庙会历史文化的展示与教育功能。在这方面已经有了一些初步的成果，如进入妙峰山庙会现场后，游客不难发现一些宣传庙会的历史照片、墙画、文字简介等。这些促进了游客对庙会历史的了解，但这些展示还比较简略，不成系统。建议在庙会场域寻找一处合适的地方，建立专门的庙会历史陈列室，广泛搜集庙会相关的旧照片、绘画、视频、实物等，根据历史文献和口述资料，系统性地展示妙峰山庙会的历史盛况、演变过程、文化传统和精神追求等，使游客在欣赏武会表演、接受文会热心服务的同时，还能够了解妙峰山庙会的历史传统和文化内涵，从中受到庙会传统文化的熏陶和教育。

目前，妙峰山已经有了专门的香会博物馆，这对于妙峰山庙会和香会历史文化的传播具有重要的意义。但是，现在的香会博物馆开放程度较低，距离妙峰山庙会的现场空间较远，无法成为庙会的一部分，不能做到集中展示，游客参观颇为不便。鉴于这种情况，妙峰山庙会现场历史陈列室的建设可与妙峰山香会博物馆合作，克服香会博物馆观赏不便的问题，提高其利用率。

（五）促进传统庙会与现代节庆的融合

无论是香会，还是普通游客，他们参与庙会活动的目的和动机与以往相比，都发生了很大的变化。从总体上看，休闲娱乐的需求在逐渐增长，而信仰需求在日益淡化。在这种背景下，一方面要整理记录庙会中的传统元素，深入挖掘庙会的文化内涵，继续保留和弘扬庙会在历史中形成的优良传统与文化价值，如以诚相待、互助礼让、行善积德的精神追求。同时，要向游客展示庙会的历史演变过程、文化传统及其蕴含的价值理念，向其进行庙会传统文化的熏陶教育。另一方面也要充分考虑游客的群体构成及其特征，重视满足游客的休闲娱乐需求，在保留庙会文化核心价值和传统的前提下，挖掘新的观赏点和游玩方式，增强庙会的休闲娱乐色彩，吸引年轻人群的参与。在庙会期间，可适当策划非遗展演活动，项目不一定局限于香会的表演，妙峰山周边地区乃至北京的非遗项目都可前来展演，类别也可丰富多彩，既可以有传统手工工艺流程的展示，也可以是艺术类非遗的表演。这样将传统庙会与北京非遗展演活动结合起来，由此将传统妙峰山庙会拓展成为一个盛大的民俗文化节庆，使庙会更加热闹，更加有看点，更能激发游客的观赏兴趣。还可以增加现代体育赛事，例如，在庙会期间举行骑行比赛，目前庙会的游客中就有不少骑行爱好者。这些都

图28 龙鞭表演（摄于2018年妙峰山庙会）

有一些可资借鉴的成功例子。例如，杭州半山立夏节，既有传统的祈福进香仪式活动，又有当地饮食民俗、特色手工技艺、传统音乐舞蹈等非遗项目的展演与体验，还有跑山、篮球赛等现代体育项目，满足不同游客的多样化需求。

当然，这将会增加庙会管理的难度。目前，妙峰山庙会的管理方式还不足以支撑它发展为盛大的现代民俗节庆，这需要一个较长期的规划和准备。

第五章
敛巧饭习俗保护现状与对策

"敛巧饭",即怀柔琉璃庙镇在元宵节期间举办的一种特殊风俗活动,每到正月十六前夕,村中十二三岁的少女到各家敛取大米、各类杂粮、菜蔬。正月十六由成年妇女将所敛实物做熟,供全村人一起食用,在食用前由年长老人先扬饭喂雀儿,并念诵吉祥之词。当地人将"雀"称为"巧",这一民俗活动又兼具"乞巧"之俗。做"敛巧饭"时要在锅内放入针线、铜钱等物。凡能食到者,便证明求到巧艺及财运。饭后,人们还要在村边小河的冰上行走,曰"走百冰(病)",即祛掉百病。而且,在这一时段还会有戏班及花会等活动。这一习俗迄今已有近200年的历史,2008年入选第二批国家级非物质文化遗产名录。

一、敛巧饭习俗研究成果综述

敛巧饭习俗长期以来被作为怀柔区旅游推广项目予以介绍。这些介绍性资料中,既有怀柔区文化馆编纂的,亦有怀柔区宣传部、北京市宣传部的推介,如周淑荣的《敛巧饭》快板书[①]、怀柔区宣传部编辑的《天下怀柔》、张慧光主编的《文明新风北京行》、中共北京

---

① 周淑荣:《敛巧饭》,怀柔文化馆编:《怀柔曲艺:二○一○年怀柔文化馆第二届曲艺培训文化创作班优秀作品选集》,内部资料,2010年。

市委宣传部编撰的《过节大参考》等地域性宣传手册以及北京市非物质文化遗产书籍等。专门研究敛巧饭的则是北京民间文艺家协会编著的《杨树底下敛巧饭》一书。该书是由北京民协组织学者在调研基础上编撰完成的，集中论述了杨树底下村的文化概况以及扬饭喂雀、农村社会婚俗等。

二、敛巧饭习俗所在地琉璃庙镇的自然与人文环境

怀柔地处北京市东北部，南邻顺义，西南为昌平，西是延庆，东为密云，西北至东北则与河北省赤城县、丰宁县和滦平县接壤。怀柔历史悠久，商朝时属燕亳方国，西周时属召公奭燕地的范围。战国时，燕国在今怀柔区北房镇梨园庄城子地始置渔阳郡。从所出土的战国墓葬情况看，当时这一带经济繁荣，也是中原农耕文明与燕山山脉以北草原游牧文化接壤、交融之处，"开上谷胡市之利，通渔阳盐铁之饶"。魏晋时期，这一带战争频仍，经济遭到破坏。隋唐时期，渔阳郡迁至今天津蓟州区一带，怀柔则成为契丹弹汉州部落定居之所。唐王朝在今顺义一带设置了怀柔县，这也是怀柔立县之始。"怀柔"之名源自《诗经》"怀柔百神"，其意为招来安抚，这与唐王朝当时允许少数民族入关定居的政策息息相关。元明清时期，它作为首都的畿辅要地，位置也极其重要，但是一直到新中国成立前，这一带经济都相对比较落后，民众经常外出逃荒，出现过"烟火几绝于千家"的情形，且居民流动性较大，移民村较多，琉璃庙二台子、杨树底下村一带即是如此。敛巧饭习俗在怀柔以及其西南部的延庆一带都有流传，现在则主要留存于琉璃庙镇。琉璃庙镇地处北京市怀柔区北部山区，距怀柔城区43千米，面积226.3平方千米，辖17个行政村，总人口8600人。2008年，敛巧饭习俗列入第二批国家级非物质文化遗产名录，它的活动开始有政府的介入，杨树底下村成为活动的核心区域，白河北、

西台子等13个村子共同加入。但对外宣传以及外界参与较多的就是杨树底下村的民俗活动。

杨树底下村地处怀柔山区，群山环抱，交通闭塞，在琉璃庙镇政府驻地琉璃庙村以西22千米处，再往西5千米则是延庆地界，距离其最近的镇是20千米外的延庆四海镇。从琉璃庙镇到四海镇的公路紧邻杨树底下村南，从台地前通过，早期村落与外界联系主要依赖这一通道。杨树底下村以靳、霍两姓为主，其他还有黄、梁、常等姓。靳、霍两姓均从外地迁入。一种说法是靳、霍两姓都来自山东德州。相传清嘉庆、道光年间德州大旱，大量村民外出逃荒，靳、霍两姓部分族人陆续迁到怀柔杨树底下村，在此生息繁衍，至今已有13代。另一种说法则是霍姓从密云县苍头村迁来，来时是兄弟俩，至今有宗谱排字为"永宏长久在，正大光明来"。无论哪种说法，杨树底下村都是清代嘉庆、道光年间形成的移民村。从清嘉庆年间到现在200多年间，这里的民众在这片土地上生活劳作。当下这里与许多农村相似，村民生活富足，但村中主要是老人留守，最年轻者50岁左右，其他青年人和孩子都已移居到城市。依照住建部新的农村规划，村落房屋不得再拆迁重建，只能在原地翻建，修建女儿墙。最初规划是2017年建好35户，预想2018年在村里建一条步行街。现在杨树底下村有农业人口263人，非农业人口82人，[①]有传统民居618间[②]。现在按照规定，所有的农户、非农户都归村委会管理。

[①] 有关杨树底下村的人口、发展规划等资料来源于2017年2月10日毛巧晖在杨树底下村文化委员会访谈靳红星时他对村落基本情况的讲述。靳红星，男，1962年生，现负责杨树底下村管理工作。

[②] 这一数字来源于包世轩《杨树底下村概述》一文，见北京民间文艺家协会编：《杨树底下敛巧饭》，北京：文物出版社，2011年，第2页。

图29 杨树底下村一角（孙蕾摄于2018年）

三、敛巧饭习俗的历史

杨树底下村村名源于一株大青杨，与二郎神担山赶日神话亦有关。当地相传二郎神赶了九个太阳后，看到大青杨，想在树荫下小憩片刻，等树荫偏斜他再继续逐日，没想到树荫一直罩在他头上，等他醒来太阳已逃跑。这一神话与其他地域的马齿苋（俗称"不死草"）救太阳的神话故事一脉相传，只是用大青杨这一地方方物置换了"马齿苋"，其神话内核依然是"担山"与"赶日"。正如维科所说，各民族最早的知识"都是神话和神话故事的解释"，神话故事是各民族最古老的历史。①二郎神担山赶日神话是民众对日月山川等自然世界认知的一种表达，太阳对世界万物极其重要，但世界万物又怕干旱与炙烤。

---

① ［意］维科：《新科学》，朱光潜译，北京：商务印书馆，1989年，第55页。

人们希望太阳既能满足万物对阳光雨露的需求,又不会"十日炙烤"。对太阳的信仰与鸟息息相关。从距今 8000 年至 6000 年的河姆渡文化遗址出土的"双鸟舁日图"恰是远古时期太阳神鸟的图像化。《山海经·大荒东经》载:"汤谷上有扶木,一日方至,一日方出,皆载于乌。"[①]《淮南子·精神训》中说"日中有踆乌",高诱注"踆犹蹲也,谓三足乌"[②]。关于杨树底下村村名来历的神话故事与敛巧饭习俗的"山雀信仰"恰是太阳崇拜与鸟信仰在民众日常生活中的呈现。随着社会的发展,人们对太阳和鸟的认知已经超越了原始文化的知识体系与逻辑,但是这一认知依然留存于信仰仪式中。至今南方很多民族与区域还有关于鸟的信仰,比如京族每年的哈节祭祀中,祭祀对象之一就是点雀大王。点雀大王现在京族地区有信仰无口传叙事,但是京族的起源地越南涂山一带,这一神话故事依然流传。他们认为点雀大王是帮助人们消除旱灾或杀死水怪的神灵,其被称为"点雀大王"是因为这一神灵在米粉或米面上所留脚印,可以判别出是鸟的痕迹。而在杨树底下村亦流传着谷种来源的神话。

当初霍、靳二姓来到杨树底下后,见这里山深僻静,水清地沃,便决定在此定居下来。

想生存,就必须有粮食,就要开荒种地。可种地没有种子。必须到别处讨要一些。于是,派人到邻村乞求。

那时,山高林密,村落稀疏。霍、靳两先人走了一天一夜才遇到一个村庄。二人进村找到村民,说明来意,村人立刻慷慨地给了他们一些谷子当种子。返回到杨树底下村途中,要翻越几座大山,他们在翻越最

[①] 袁珂校注:《山海经校注》,上海:上海古籍出版社,1980 年,第 346 页。
[②] 刘安等编著,高诱注:《淮南子·精神训》第七卷,上海:上海古籍出版社,1989 年,第 69 页。

后一座山峰时小憩。没想到一阵山风吹来,包种子的布被吹开,讨来的种子撒进了石头缝里。

二人连忙敛拾。可是,由于石缝太窄,手伸不进去,种子拿不出来,两个人十分焦急。

没想到这时,有几只山雀飞来,落到他们身旁。这几只山雀用喙叼啄落在石缝里的谷种后并没有将叼出的谷种咽下,却一粒一粒地放在了霍、靳二人面前。不一会儿,掉进石缝的谷种就全部被几只山雀衔了出来。

霍、靳二人重新装好谷种,对着帮助叼啄种子的山雀说:"谢谢诸位神雀相助,来日种出粮食,即使我们不吃,也要先敬奉你们……"①

这一传说专门提到霍、靳两人丢失种子后,山雀将种子从石缝中叼出,两人磕头念道:"多谢雀神相助,待等庄稼收成后,即使我们自己不吃,也要先敬诸位雀神!"②此雀神与点雀大王有诸多相似之处。至于杨树底下村敛巧饭习俗是霍、靳二姓迁徙到此处时携带而来的,还是一直在怀柔琉璃庙一带留传着,从当下的史料很难考证,而且民俗源流考辨也存在很多未知因素。但是从"敛巧饭"并不是杨树底下村一处独有可以推知,这一习俗应该是多种文化层结合凝筑而成的。太阳与鸟崇拜在中国南北方是一种较为普遍的信仰存在,可能是当地本就有这一文化信仰或知识认知,后来者又有认同的基础,因此很容易将其内化为自己的"地方性知识"。杨树底下村的习俗在时代变迁中保存相对完整,尤其是"扬饭喂雀仪式"代代传承。以鸟崇拜为核心的这一信仰或崇拜仪式,其文化内涵并不单一,它与元宵节这一民

---

① 《"敛巧饭"民俗活动》,来自华灯初上的博客,2009 年 2 月 9 日,http://blog.sina.com.cn/s/blog_488b42b20100bwzl.html,访问时间:2017 年 12 月 13 日。
② 刘嵩崑:《杨树底下往事如烟》,北京民间文艺家协会编:《杨树底下敛巧饭》,北京:文物出版社,2011 年,第 36 页。

俗时间节点相结合，融入了大量新的文化元素。首先就是与女性性别身份结合，融入了男性社会对女性角色的期待，即女性的"巧"。在采集社会，无论男女都处于生产的主力地位，"男女平等程度远超农业社会，没有重男轻女这回事。……采集狩猎社会，两性平等程度都高"[1]，只是到了农耕社会，男女性别分工与社会价值体现渐渐不同，女性的社会地位进入"男耕女织"的模式，对女性社会价值的考量亦以此为标准。再者就是这一习俗与"春耕仪式""敬老"以及村落内部人际关系的协调相结合。这些文化因素使得这一节俗内涵丰富，同时也形成了具有地域特色的元宵节文化。

四、敛巧饭习俗传承现状与保护中存在的问题

进入 21 世纪，传统的敛巧饭习俗在非物质文化遗产语境中发生了巨大的变化。

2006 年，中国的非物质文化遗产保护全面开启，至今已有十余年。非物质文化遗产在学界搭起了一个新的平台，民俗学、文学、戏曲学、艺术学、人类学、建筑学等多学科在这一学术话语下交融共筑，形成了新的研究领域。尽管"非遗是块唐僧肉"，但不同领域在"吃法"上有不同理路。民俗学因为关注非物质文化遗产，逐渐将"民""俗""民间"转入国家话语空间，其对非物质文化遗产的研究涉及保护内容、保护原则、保护方法、保护伦理等。这一过程呈现了民俗学者在非物质文化遗产研究中渐趋深入的学术历程。而对于学术问题的探究，亦经历了"本真性""原生态""文化保护区"以及非物质文化遗产关注群体（政府、学者、文化承载者）、传承人（传承主体）等不同层

---

[1] ［美］玛乔丽·肖斯塔克：《妮萨：一名昆族女子的生活与心声》，杨志译，李娟、刘文尧校，北京：中国人民大学出版社，2017 年，第 1 页。

面的问题。上述问题的演化恰恰反映了非物质文化遗产的学术史历程以及理论的内在变迁，同时也呈现了非物质文化遗产研究的发展路径。随着非物质文化遗产研究理论渐趋深入与成熟，初起之时"非遗运动"的喧闹渐趋转入理性的学理分析与思考。

节日作为民俗学研究的重要内容，历来受到学者的高度关注。2016年，二十四节气列入人类非物质文化遗产代表作名录，其所受的关注度得到进一步提升。在众多话题中，民俗节日在当下社会的发展这一话题引起了社会各领域的热议。学者的关注点有民俗节日的节庆转型与建构以及新型节庆与公园文化、旅游、对外传播等，并通过"传统的发明""嵌入理论""脱域与回归"等理论阐释其文化内涵。①这些对于民俗节日研究而言，都超越了传统的单向度与平面化研究。

"当前，我们正处在人类历史上的一个转折性时期，充满不确定因素。自古以来，人类从未像今天这样动员起来并充满热情地保护过去的遗产，特别是在不同社会间大范围接触和对资源进行以消费为导向的过度开发的背景下。这种遗产保护意识的产生有一个先决条件，即'地方性的生产'（production de la localité, Appadurai,1996）及其模式与机制的转变；同时还造成了一个代价，即在周围一切或几乎一切遗产都消失的时候，感到惊恐的人们才去寻找坐标（repères）和里程碑（bornes），以维系他们陷入剧变中的命运。正是在这种情况下才

---

① 相关研究甚多。关于"传统的发明"理论，参见霍布斯鲍姆《传统的发明》（顾杭、彭冠群译，译林出版社，2004年）；关于"嵌入理论"，参见马威《嵌入理论视野下的民俗节庆变迁——以浙江省景宁畲族自治县"中国畲乡三月三"为例》[载《西南民族大学学报》（人文社会科学版）2010年第2期]；关于"脱域与回归"理论，参见成海《传统民俗节庆的脱域与回归——以云南新平花腰傣花街节为例》（载《旅游研究》2011年第3期）。

出现了遗产的生产，不论是遗址、文物、实践或理念；这种遗产的生产能够恰如其分地被视为一种'传统的发明'。"①

敛巧饭习俗虽不是从无到有的，但其在新的历史语境中发生了显著变化，从"村落文化"逐步转变为怀柔区、北京市、国家级的"非物质文化遗产"。《中国非物质文化遗产百科全书·代表性项目卷》"敛巧饭"条中，"敛巧饭"写在"元宵节"名称后的括号内，即"元宵节（敛巧饭）"，对其内容的描述突出了"感恩""春耕"及"乞巧"。②

敛巧饭习俗在遗产化的过程中，进行了标准化规范，进入社会公共领域后，即按照上述内容，将时间程序、敛取食材过程以及参与人员安排纳入了现代秩序。

（一）传统习俗时间观转换为"日程表"

从2006年开始，敛巧饭习俗不再是村民的自发活动，而开始由村委会、镇政府策划和组织，成为政府主导的公共领域的"民俗节庆"。政府参与和组织的优越性就是各种活动规范统一，而且传统的习俗被纳入了新的社会秩序范畴。到2017年，这一节庆活动已经组织了12届。2017年的活动流程如下：

09：00　调音师在主会场播放背景音乐
09：10—10：30　按节目单内容进行歌舞表演
10：30　主持人上台宣布"2017年'敛巧饭'民俗文化风情节"活动正式开始。具体安排如下：

---

① ［摩洛哥］艾哈迈德·斯昆惕：《非物质文化遗产及其遗产化反思》，马千里译，巴莫曲布嫫校，《民族文学研究》2017年第4期。
② 冯骥才主编：《中国非物质文化遗产百科全书·代表性项目卷》，北京：中国文联出版社，2015年，第1037页。

1. 介绍敛巧饭举办情况
　　2. 杨树底下村党支部书记靳洪安致辞
　　3. 祈福仪式开始（同时播放祈福仪式背景音乐）
10:35—10:45　敛巧饭祈福仪式，具体安排如下：
　　1. 主持人宣布祈福活动正式开始（点响电子礼炮）
　　2. 请主祈福人上台，净手上香后：
　　　（1）行施拜礼
　　　（2）恭读祈福文
　　　（3）祈福上苍
　　　（4）主祈福人和陪祈福人转身向游客鞠躬致谢礼
10:45—11:05　"敛巧饭情景剧"表演
11:05 主持人上台，邀请游客进行互动
11:30 主持人宣布敛巧饭开饭（古戏台按节目单内容继续歌舞表演）
11:30—13:30 游客品尝敛巧饭
14:00 演出人员退场，游客自行选择冰雪游乐活动[①]

统一的活动流程，改变了敛巧饭习俗的传统时间存在，民俗活动的时间秩序变成了每位参与者手中的"时间日程表"。这一日程表的出现，意味着民众的习俗时间观念被纳入"现代时间"观。在不同社会、不同文化群，时间观念不同。正如《走进他者的世界》一书中所说，在田野调查中，经常会遇到被访谈人不按时出现，或者问他某地有多远的时候，对方的回答是"半天"或者"一顿饭的

---

① 怀柔区琉璃庙镇人民政府、北京华夏人民艺术创作院：《2017年"敛巧饭"民俗文化风情节执行方案》，内部资料。本材料由怀柔区琉璃庙镇宣传部工作人员提供，特此致谢！另，书中提到的政府参与举办的敛巧饭习俗活动，其名称均与此文件中的名称保持一致。

时辰"。① 一旦转换为"日程表",就意味着这一民俗活动的时间统一化为现代时间。民众的各项相关活动,都要按照这一时间执行,当下民众大多已习惯在现代时间中生活、工作,虽然时间范式转换了,但对他们而言并没有太大不适,但也不是完全适应。在调查中,最显著的一个例子就是:敛巧饭开饭时间按照日程表是11:30,很多民众11:00就开始拿着碗筷在各个灶台前喧哗,甚至与做饭人员争执,意见极大。当地外出归乡村民念叨从前不会如此,大伙一起做饭,随时做好随时吃。对于政府而言,时间是活动执行的标准,而当地民众却忽略了"日程表"。在这一最普通、最本能的时刻——饮食时刻,民俗时间观与现代时间观发生了矛盾与冲突。标准化的"日程表"也改变了敛巧饭习俗的时间框架。传统敛巧饭习俗的时间只是正月十六,但是现在一般会有三天,有可能是十四、十五、十六,也有可能是十五、十六、十七。其目的主要是想凑周末,希望村里的年轻人能够回来,外来旅客多点,增加节庆创收。村民在接受现代社会秩序规范的同时,又难以遗忘民俗时间,其冲突与矛盾多有呈现。这也是当下民俗节庆存在的一个普遍性问题,即如何将传统的民俗时间与现代社会秩序更好地契合,是否可进一步增强现代民俗节庆的包容性,在现代化的转换中能适当吸纳传统的"时间观念和时间感觉"②,使得习俗在纳入现代秩序的同时,保存其时间文化的多样性。

(二)传统食材敛取方式与现代食品安全的抵牾

我们在2017年正月十五当天前往敛巧饭制作现场。在杨树底下村新建的文化广场,全场有7个档口,每个档口10口锅。在场外(西

---

① 麻国庆:《走进他者的世界》,北京:学苑出版社,2001年,第4—8页。
② 周星:《关于"时间"的民俗与文化》,《西北民族研究》2005年第2期。

检票口外）还支了10口锅，共计80口大锅。场外的10口大锅主要是负责参与活动的工作人员与保安人员的午饭。参与做饭的人员统一着装，都是蓝底碎白花的围裙与罩衫，全场看过去，整齐划一。

在调查中，我们访谈了常××。她今年74岁，没读过什么书，认识的字很少，有三个女儿，一个儿子。她18岁嫁到当地霍家，霍家兄弟姐妹六人，只有一个女孩，全家共17口人。她最初嫁到杨树底下村时，敛巧饭就是村里人一起熬粥，粥的食材主要是棒糁、小米、大米等。一般村里的小姑娘（指未嫁人的女性）在正月十六一早去各家"敛饭"，各家有什么就给什么，有的人家给玉米糁，有的给红豆、大米、小米，最富裕的人家就给块肉。然后村里的已婚女性在村子里支起十几口锅，最多的时候是十三四口锅，大伙聚集在一起煮粥。粥快煮好时，在粥里放上针、顶针等，吃到的女性就会变得心灵手巧。敛巧饭一般是女性吃，但有时候小男孩也吃。以前杨树底下村敛巧饭习俗活动没有现在热闹，但是一般在外工作的人都会回来参加。现在敛巧饭习俗活动由镇政府统一负责，2017年又由北京华夏人民艺术创作院承办，所有的食材（大米、豆子、杂粮、白菜、豆腐、粉条、猪肉）都由政府统一采购。她提到万一谁家自己提供的食材不够新鲜，大伙吃出问题来就不好办了。在"2017年'敛巧饭'民俗文化风情节"举办的两天时间里，我们访谈了8位参与做饭的女性、一位负责敛巧饭"做饭组"的男性以及当地政府的工作人员，都提到了食材关乎食用者的身体状况，万一食物中毒谁都负担不起。在这一过程中，传统"敛饭"过程就被置于"食品安全"的对立面。正如罗兰·巴尔特所说："疯癫不是一种疾病，而是一种随时间而变的异己感。"[①]随着时间

---

① 见[法]米歇尔·福柯：《疯癫与文明》，刘北成、杨远婴译，北京：生活·读书·新知三联书店，1999年，封底。

的改变，"敛饭"这一过程成为与食品安全、食品卫生格格不入的事件。在现场，我们还看到到处飘扬着赞助商的广告标语。京信社的广告标语是"吃了敛巧饭，六村吉祥安——京信社为您祈福"。京信社是近年来成立的理财机构，2015年成立，2016年就参与了"'敛巧饭'民俗文化风情节"的赞助活动。只要在它的一份资料上填上自己的名字和电话，就可以得到一张京信社名片和一套餐具等小礼物。其摊位前的杨女士，1968年生，京信社资深员工，曾参加过京信社的筹备成立工作。她说他们董事长积极资助文化事业，但具体赞助情况她不了解。京信社在现场搭了红色的帐篷，它希望给来参加敛巧饭习俗活动的本社VIP提供一些服务，比如免洗洗手液和热水以及休息场所。另外值得一提的就是北京恒信昌盛商贸有限公司提供的"敛巧饭"酒。该公司专门申请了"敛巧饭"商标，使之成为这一传统习俗的衍生文化产品。商家在活动现场提供免费品酒，既是广告宣传又增添了节俗气氛，同时也为大家提供洗手、热水等基本服务。现代商业机构介入传统习俗，它更多的是为民众提供现代社会保障，而这恰是传统习俗活动所缺失的，成为传统民俗活动的一个良好补充。

将"传统食材"置于"食品安全"的对立面，这在一定意义上也消解了这一活动的文化内涵，尤其是"敛"的文化意义及其实践。在"敛巧饭"民俗风情节的举办中，举办方为此做了一些弥补。他们在活动中举行了"敛"的仪式，组织16位十二三岁的小姑娘到村边的两三户人家象征性地敛取白菜、萝卜、大米等。这就使得一些文化实践活动转换为"仪式"，今后这一文化现象将作为仪式留存在民俗活动中，其实用意义则渐渐消失。这是在新的民俗风情节中做得相对完善的一点，值得进一步推广，对其他新型民俗节庆活动有一定的借鉴意义。

(三)敛巧饭习俗活动由"自在参与"转向"统一安排"

最初没有举办"'敛巧饭'民俗文化风情节"的时候,村里人都是自发举行敛巧饭习俗活动,主要是几家人聚在一起,或者大家聚在村落的公共场域(如村里的街道或村边的河套旁),做好饭后,先扬饭喂雀。从前,村里的这一仪式由梁治国主持,后来,他入选了北京市级非物质文化遗产传承人,因他户口不在村里,现在被本村人员所取代。扬饭喂雀仪式结束后,大家敞开吃,谁来谁吃,有时候有过客通过,只要不开车的,还会让他们留下来喝酒。2006年,随着非物质文化遗产受到国家的重视,这一民俗活动开始由村里统一筹办,正月十六这天文化活动内容丰富,有二魁摔跤、高跷、秧歌、小车会等,村里向参与民俗活动的外来人员收取二三十元的费用。

从2008年列入国家级非物质文化遗产名录后,敛巧饭习俗活动由镇政府统一管理规划。镇政府从正月初七开始启动准备工作,其实早在前一年10月就开始规划活动了。在活动现场,我们访谈了活动承办商北京华夏人民艺术创作院的工作人员、杨树底下村书记、参与安保的警察等人,他们陈述了这次活动的人员安排。

全村村民分为10个组,分别负责做饭、洗碗、打扫卫生。打扫卫生的人员每人每天100元,其他人员每人每天150元。在"'敛巧饭'民俗文化风情节"现场,他们坚持有票[①]先吃、工作人员和村里人后吃。2017年来了欧曼集团的50多人,其中外国人20多人,在村干部家吃饭。参与活动的工作人员老龄化严重,至少有3个是1942年出生的。当地人都希望在节庆活动中实行承包制,现在这种"哭的拉笑的"(当地俗语,"吃大锅饭"之意)方式大家都能有些许收入,但人员不好

---

① 指购买门票入场者,2015年开始门票为每人100元。

管理，年龄大、劳动积极性差等情形较为突出。尤其是活动由承办商北京华夏人民艺术创作院安排，包括感恩神雀祭祀仪式的30人都是从琉璃庙镇各村选拔的村干部，杨树底下村没有这么多年龄、外形符合条件的人员。

图30 访谈做饭组人员（孙蕾摄于2017年）

图31 敛巧饭习俗的外来参与者（孙蕾摄于2018年）

从上述内容可以看到，"'敛巧饭'民俗文化风情节"改变了参与人员的"自在性"，杨树底下村村民从文化承载者、文化传承主体逐渐转变为新型节庆活动的"工作人员"。既然是工作人员，就要按照现代社会薪酬规范接受相应的配给，同时他们渐渐淡出了节庆活动的核心"祭祀仪式"，这给他们带来巨大的压力感与焦灼感。2015年底，联合国教科文组织第十届常会审议并通过了《保护非物质文化遗产伦理原则》，强调"确保非物质文化遗产的存续力；把社区、群体和个人置于传承非遗的核心位置"[1]。显然，这一活动形式不符合这一规定，在今后"'敛巧饭'民俗文化风情节"的举办中，希望能观照民众的文化传承，他们作为文化承载者不能被从民俗节庆活动中"隐去"。

（四）"扬饭喂雀"仪式舞台化

民俗展演所呈现的"舞台真实"是旅游人类学的重要理论。[2]在文化旅游中，展演地的民俗文化与民众的生活割裂，所展示的文化经过了权威话语的重新建构。从"'敛巧饭'民俗文化风情节"活动的内容可以看到，"扬饭喂雀"仪式占重要地位。早期的敛巧饭习俗活动是村里人自发举行的，在每年农历正月十六中午，村民搭锅垒灶，在村中有威望的老者指挥下，人家动手，将敛收而来的食粮、菜蔬做熟，全村人共餐。做巧饭前，老者高喊"生火点柴喽！生财气，点旺运，预祝财源兴旺，日子红红火火。水开下米喽！水开财源滚滚，下米五谷丰登"。全村参与敛巧饭活动的人家在午饭时间同时开始做饭。其间，在锅内放入针线、铜钱等物，吃饭时若吃到顶针表示心灵，吃到针线表示手巧，吃到铜钱者，被认为是祈到一年的财运。而在"'敛

---

[1] 《联合国教科文组织：〈保护非物质文化遗产伦理原则〉》，巴莫曲布嫫、张玲译，《民族文学研究》2016年第3期。
[2] 张晓萍：《西方旅游人类学中的"舞台真实"理论》，《思想战线》2003年第4期。

巧饭'民俗文化风情节"活动中，重要的仪式在"神雀台"（示意图中的祈福台，见图32）举行。整个仪式的核心区域就是祈福台，核心仪式展演地就是祈福人（2017年由靳红安担任）与陪祈福人（两列各站15人）所在的中央舞台区。

图32 祈福台（孙蕾摄于2017年）

图33 杨树底下村"2017年'敛巧饭'民俗文化风情节"仪式场域示意图

按照《2017年"敛巧饭"民俗文化风情节执行方案》，10:35至10:45为敛巧饭祈福仪式。祈福仪式主持人由承办单位北京华夏人民艺术创作院推选的人员担任，按照主持人的指示，首先鸣礼炮，接着祈福人员全部到中心舞台，主祭人念祭文①。

祭神雀祈福

中华文明，源远流长，天人合一，道兴德长，物与人是，古有传唱，人称龙凤，玄鸟生商，虽为传说，图腾继往，以之喻人，教化纲常，记天地万物之恩惠，承华夏文明之翰光，琉璃庙城杨树底下居京畿宝地，得乾坤滋养，自清道光之际，二百年以降，靳霍双族以勤朴而生养，肇始之初，垦荒种粮，借金谷之种，启田陌之桑，奈天道无常，谷种遗撒于石隙而生机无望，时天遣神雀衔种而生秧，成百业之兴旺，滴水之恩，万世不忘，铭记神雀之功德，感上苍之厚望，每年以上元宵节之际，集百家之蔬果，融一村之食粮，唤神雀之回乡，置百口大锅，巧一村之炊，时维丁酉上元，同聚杨树下村，共祭祥鸟之恩，同谢天地上苍，吾辈当勤奋前进，初心不忘，团结协力，富民国强。

尊礼成服，伏惟尚飨！

2017年岁次丁酉上元②

祭文突出的是文人叙事特色，不过这一祭文的诵读更多的是一种舞台展演，现场村民只是这一"文化展示"的观众。他们不再是仪式的践行者，而成为文化的"观赏者"。在这一"文化展示"中，政府试图借这一契机，将其转化为"有利可图的资源"③。他们期冀将之按照美学规律展示，呈现给文化他者，并在这一过程中将"文化记忆"

---

① 据说祭文是北京华夏人民艺术创作院请人民艺术剧院的院长所撰写。
② 此祭文由怀柔区琉璃庙镇宣传部工作人员提供，特此致谢。
③ ［英］贝拉·迪克斯：《被展示的文化：当代"可参观性"的生产》，冯悦译，北京：北京大学出版社，2011年，第126页。

转化为文化资本。"'敛巧饭'民俗文化风情节"活动的主办者、承办者,"运用'阐释'的技巧小心翼翼地创造意义"[①],如果是种生意,只要能借此让传统文化红火起来,未必不是件好事。只是在这种文人化的祭词中,村民对于"扬饭喂雀"仪式的认知及仪式的参与性越来越低,他们与舞台下的其他游客已经没有区别,在这种文化身份的转换中,他们渐渐失去了文化传承主体的位置。这一仪式表演也会逐渐出现前文所说的"脱域"现象,它会逐渐丧失文化的土壤。

参与"扬饭喂雀"仪式的主祈福人与陪祈福人的活动,更多的是仪式的表演。这一表演是舞台的延伸,他们在观众面前展示被"提炼"的文化元素,而这些元素却远离他们的生活。他们的展演更多的是将陈列在博物馆或文本中的文化事象通过具体活动展示出来。在展演的过程中,策划者与表演者都在追寻吸引观众或者社会关注的文化要素,这与民俗事象本身的发展有着一定的距离。但这些文化要素成为"2017年'敛巧饭'民俗文化风情节"活动之文化建构中的重要因素或者文化构件。这恐怕是"'敛巧饭'民俗文化风情节"最应警惕以及改进之处。如何能进一步让祭祀仪式与村民勾连在一起,主祭人的祭祀词到底是选取文雅的古文体还是继续沿用本地几十年的口语化的念词,需要政府以及相关主办方、承办方进一步思考。主祭人是敛巧饭习俗的传承人,陪祭人则也应该由本村村民担任,祭祀神雀仪式不是追求人员、外形的整齐化,而应重视文化传承主体本身。

综上所述,在敛巧饭习俗保护传承过程中,出现了以下问题:

1.传统时间观转换为规范统一的"日程表"。这既改变了民俗的时间存在,同时也对民俗内涵起到了规约、统一的作用,使得敛巧饭

---

① [英]贝拉·迪克斯:《被展示的文化:当代"可参观性"的生产》,冯悦译,北京:北京大学出版社,2011年,第12页。

习俗中的"共同吃""邻里共贺"有了现实意义。在访谈中，我们得知怀柔琉璃庙一带过去都有敛巧饭的习俗，他们没觉得这一风俗独特，一般都是正月十六在村里的公共区域支起大锅，后来有些富裕的人家单独举行。但无论何种形式，其在村落的公共性意义极为显著。但随着时间、地点的规范、统一，对于村落而言的"公共性"渐趋消解。

2. 食材获取方式按照现代公共卫生安全标准，改变了"敛"的意义。这尽管是当下很多非物质文化遗产项目的共性问题，但也显示出"民俗"往往被置于"文明"的对立面。

3. 民俗活动的参与方式发生变化。文化承载者以劳务付出以及领取劳务费的方式加入，并且他们被区隔为不同组别，这本身就是对文化承载者的改变，同时也消解了"我们的节日"之意义。

4. 敛巧饭习俗的核心——"扬饭喂雀"的仪式神圣性被消解，而转换成了"舞台展演"。这一转换容易突破节日阈限以及文化遗产的消费边界。

5. 非物质文化遗产项目选定某一文化区中的某一村落，这一村落就成为这一文化的标志。这种活动方式的优势就是政府参与，有大量的投入，在政府与民众的共同推动中，其发展具有一定的持续性。但这也使得原本的文化事象受到外界的影响较多，在吸纳外来文化元素的同时，本身的仪式核心可能会发生改变。而对处于非物质文化遗产保护边缘的文化区，其发展的自在性与外来参与度则较低。

6. 仪式传承人的推选。在敛巧饭习俗兴起传说中，特意提到了"德高望重"的长辈，但是2008年确定的传承人由村支书担任。这也是当下传承人的共有问题，很多传承人并不掌握技能，对于传承人的确定考量需要制定更具体的细则。

五、敛巧饭习俗保护的对策建议

（一）张扬具有性别意识的"乞巧"

在村委会、镇政府的组织与规划下，敛巧饭习俗活动由村落习俗逐渐转换为社会公共空间的新型民俗节庆活动。这一活动在现代视域与社会秩序的规范下，在传统节俗的基础上具有了新的内涵，如现代性、娱乐性，但是从中我们也看到传统节俗的某些文化因素被抛弃。除了其核心要素仪式展演渐趋陌生化外，民俗节庆的文化内涵也开始单一化，成为元宵节北京民俗文化的主要活动之一。它虽然有地域性特色，但已将"鸟信仰""乞巧"等文化意蕴抛弃，主要存续了现代社会主题"感恩"。具有女性性别意识的"乞巧"并没有予以张扬，而这原本是可以充分利用的新型民俗节庆的生长点。

（二）增加民俗节庆的丰富内涵，改变其功能单一化、平面化的现状

敛巧饭民俗节庆的功能逐渐单一化、平面化，在文化宣传与仪式展演中只是彰显其文化旅游的意义，而其调节村落人际关系的功能却逐渐减弱。过去敛巧饭习俗中，村民在一起吃"所敛取的食材"做成的大锅饭，一年中人际关系的不快与摩擦在这一活动中就烟消云散，村落凝聚力也得到加强。但是现在作为村落文化传承主体的村民成为"'敛巧饭'民俗文化风情节"活动的工作人员，这一功能完全消失。在活动现场，两家游客因为小孩都想玩西门检票口的五谷祈福缸里的杂粮发生争执，当地民众只是无奈地摇头，劝说：大家都是出门旅游，为了讨欢心，没必要为此弄得不开心。此外，再无其他言语。用他们的话说，游客都是买票进来的，他们是顾客，来消费的都是上帝。可见，在"'敛巧饭'民俗文化风情节"中，其协调人际关系的功能已被摒弃。

如何让其在新型民俗节庆活动中进一步发扬,需要主办者综合各方因素做进一步思考。其中,可考虑在敛巧饭的展演及展板宣传中突出敛巧饭习俗调节人际关系的文化功能。这也正是当下和谐社会可资借鉴的重要资源。

(三)促进敛巧饭习俗的多样性社会参与

怀柔区政府重视本区的自然生态资源,而对民俗资源较为淡漠。敛巧饭习俗作为怀柔区唯一一项国家级非物质文化遗产项目,并未发挥其应有作用。敛巧饭习俗活动在正月十五举行,是元宵节的重要活动。而在元宵节期间,怀柔琉璃庙一带气候寒冷,再加上当地餐饮、住宿等配套设施并不完善,活动期间的社会参与度不高。当地政府应扩大敛巧饭习俗活动的文化影响,同时将其作为日常的商业品牌,如情景剧、餐饮等,使得怀柔的民众以及外来者都能有更多体验的机会。当然,在此活动中也要谨防文化"脱阈"现象。

第六章
密云九曲黄河阵灯俗保护现状与对策[①]

东田各庄村是密云水库边一个依山傍水的村庄,从地貌上看属丘陵地带,全村500多户,大部分姓刘。就是这个隐藏在山水间的刘姓村庄里,却流传着鲜为人知的6个多世纪前的山西古老移民带来的风俗"九曲黄河阵灯俗"。2019年2月19日,我们前往东田各庄村考察九曲黄河阵灯俗项目现状,对现任负责人刘春祥及部分参与花会的老人进行了访谈。在此之前,我们曾专门拜访了研究密云九曲黄河阵灯俗的专家孙仲魁,就密云九曲黄河阵灯俗的发展现状与传承情况进行了深入交流,为此次调研打下了基础。

本章将从研究综述以及九曲黄河阵灯俗的历史社会背景、保护的现状与问题、保护的对策建议四个方面进行分析。

一、前期研究成果综述

首先,九曲黄河灯属灯会的一种,多数在元宵节举办,因此也属于节日仪式的一种类型。其次,九曲黄河灯多分布在黄河流域,已有不少学者从文化地理学或历史民俗地理的角度对其加以研究。最后,我们将对九曲黄河灯这一民俗现象的历史演变及与文化内涵相关的研

[①] 本报告在撰写过程中参考了孙仲魁编著的《元宵节·九曲黄河阵灯俗》(北京美术摄影出版社,2016年),特此致谢。

究进行回顾。

（一）节日仪式研究

涂元济指出，民间文化属于下层大众文化，"下层文化的创造者和传播者，大都是直接从事生产活动的劳动者，他们所创造的文化与社会现实生活紧密贴合，又保留着许多原始文化的成分，所以，下层文化对世界有着自己特殊的感受、独特的看法"。他认为民间文化或下层文化具有"怪诞性"（人、鬼、神三界打通，观念共享）、游戏性（对神祇、宗教的嘲谑戏弄）、诙谐性（娱乐功能）。节日与仪式正是下层文化的具体体现。[①]正如赵世瑜在《狂欢与日常——明清以来的庙会与民间社会》一书中所指出的，庙会这种节日仪式就具有狂欢性的特征，"文明社会庙会活动中的群体狂欢，乃是原始宗教中狂欢精神的某种程度的延续"。庙会狂欢的原始性既表现为对神灵感恩戴德的敬畏、傩祭驱鬼逐邪，还表现在民间戏剧等娱乐形式的普遍存在。而且，在后来的发展过程中，歌舞逐渐从娱神向娱人转变。以庙会为代表的民间狂欢精神在传统社会起着社会调节器的作用，是社会控制中的安全阀，也强化了社区民众的认同，增强了社会凝聚力。[②]

美国加州大学姜士彬（David G. Johnson）在其《景观与祭祀：华北乡村生活的仪式基础》一书中，更明确地以村落和仪式作为观察地方社会的切入点。他认为，选择仪式作为主要研究对象是因为中国文化是一种表演文化，仪式是最高形式的表演。每一个有意义的生活事

[①] 涂元济：《民间节日民间仪式世界感受的特点》，《民间文学论坛》1994年第3期。

[②] 赵世瑜：《狂欢与日常——明清以来的庙会与民间社会》，北京：生活·读书·新知三联书店，2002年，第116—139页。

件,包括社会的、政治的或者宗教的,都是植根于仪式,而且通过仪式来表达。如果要理解普通大众对家庭、族群、国家或神灵信仰的看法和体验,就必须研究仪式,因为他们的想法和情感是外化为仪式的。对于广大民众所生活的乡村来说,仪式更是具有普遍象征的意义,是普通大众价值和信仰最集中的表达。"乡村的祭祀仪式是乡村生活各方面的集合点。"他将乡村仪式分为两类:节令性的和宗教性的。而节令性的仪式属于民间风俗,代代沿袭,具有自发性,不需要专人来指导,常常与驱傩除疫有关。元宵节是最重要的节日,具有周期性的文化调节功能,也具有宗教功能。①

王建民则指出,类似灯会这样的节日仪式,往往与艺术结合,如舞蹈、音乐、武术、戏曲等。这种民间仪式之所以重要,除了因为它具有狂欢性与调节性外,还在于它体现了一种秩序安排。灯会与舞蹈表演不仅呈现出文化等级性,而且这种舞蹈表演也体现出一种文化秩序,天地神灵、人与鬼,在活动中都有恰当的归属。九曲黄河灯根杆的捆扎,也讲究乾坤阴阳,与村落位置有关。如灯如何转、最后回到哪里、路线等都是事先安排好的。因此,一种社会秩序和文化秩序的轨迹也就显现出来了。②

因此,深入研究九曲黄河灯的表演仪式及其背后的文化内涵,对于我们了解村落社会文化、村落社会秩序与文化秩序有很大帮助,也是了解村民宗教信仰与社会生活的最佳切入口之一。

(二)社会与文化地理研究

张伟然提出,可以将"文化水平"与"文化面貌"作为中国历史

---

① Johnson, David G. Spectacle and Sacrifice: The Ritual Foundation of Village Life in North China, Harvard University Press, 2009.
② 王建民:《舞蹈在节日中的社会文化表达》,《节日研究》2015年第2期。

文化地理研究的核心问题。前者可以设定指标，体现量化分析，如文化人物、文化成果、文化设施等，后者则主要讨论区域差异，诸如方言、宗教、风俗之类。①毛曦则指出，历史文化地理学是研究人类历史时期文化的空间组合，即一门研究不同历史阶段各种文化现象的地域系统及其形成和发展规律的科学。它着重探讨历史时期地理环境与人类文化的相互作用，尤其是地理环境对文化发展的影响作用，旨在阐明当代文化现象的地理特征及其历史成因。历史文化景观、风俗、方言与民间仪式等都是历史文化地理研究的重要内容。②

依据上述理论，暨南大学苗峰以九曲黄河灯为案例，从历史地理学尤其是历史文化地理学的角度探讨了黄河流域元宵灯俗现象。他首先对历史民俗地理的概念进行了辨析，指出其适用性与不足之处。其着重想解决的问题是：华北地区元宵灯俗的区域差异及其原因；区域民俗是如何受到地理环境的影响以及社会群体的选择与认同；历史风俗和社会文化地理学的研究如何结合。他还结合大量地方志资料，分析了九曲黄河灯的地域分布（见图34），其中以山

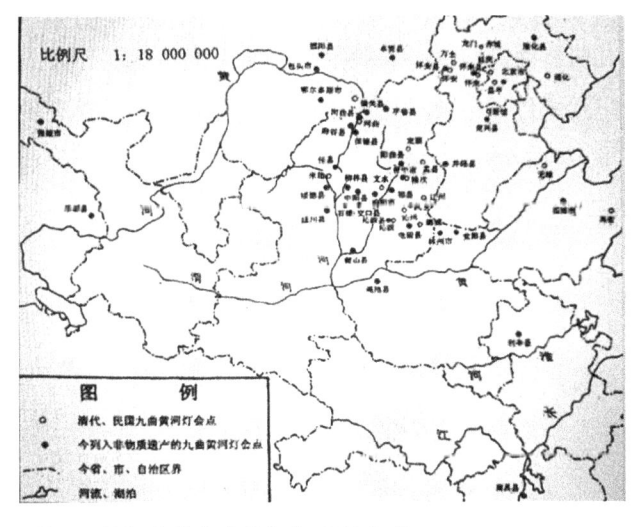

图 34　黄河流域九曲黄河灯习俗分布

---

① 张伟然：《中国历史文化地理学研究的核心问题》，《江汉论坛》2005年第1期。
② 毛曦：《历史文化地理学的理论与方法》，《陕西师范大学学报》（哲学社会科学版）2002年第3期。

西最为集中,河北、北京、山东则有零星分布。

随后,他分析了九曲黄河灯的历史流变及其分布与传播的原因。他指出九曲黄河灯的分布原因,首先是自然地理的因素。因为"转九曲"的最佳场地便是在山沟里的平坦处或有山阻隔的平原处,黄土高原地区千沟万壑的自然地理环境给这种古老的习俗准备了天然的优越条件,而灯会民俗则适应了这种地理环境。其次,九曲黄河灯的分布还受到社会历史环境的影响。灯会分布集中于陕北、山西、河北北部及北京地区一线,这与明代的"九边"重镇分布基本重合。因此,九曲黄河灯阵的产生明显受到明代军事边防战略的影响。宣大地区(今河北宣化到山西大同)是明代中期防御蒙古的主要地段,是蒙古威胁明代都城北京的主要方向,是明蒙军事对抗的前线。特别是正统年间河套失守后,明朝的防御任务更加艰巨,它的地位更加突出。因此,九曲黄河灯在这种历史社会背景下诞生也就不足为奇了。而这种灯会习俗的传播主要是由于移民。明初,山西是著名的移民输出地,在移民史研究领域有过很多讨论。密云东田各庄的九曲黄河阵灯俗也与山西移民有关。[①]苗峰的研究提示我们,九曲黄河灯可能与明代军事防卫的任务有关,即卫所军户制度下的产物。大量的军户屯驻北边,他们的娱乐活动很自然地表现出地域差异化特点。北京的延庆、怀柔等地也有这一习俗,但并不普遍,这正好印证了卫所军户屯驻的"插花地"特色,值得进一步深入研究分析。

(三)九曲黄河灯的相关研究

九曲黄河灯是元宵节节庆的表现形式之一。论述元宵节起源的研

---

① 苗峰:《明清黄河流域元宵灯俗的历史地理学考察——以九曲黄河灯会为中心》,暨南大学硕士学位论文,2010年。

究较多，比较常见的说法有西汉祀太一说、东汉燃灯表佛说、魏晋道教祀三元说以及西域佛教社会说。[①]元宵节日习俗大约起源于汉魏时期，最迟在隋唐时期已经基本成形。九曲黄河灯属于元宵灯俗的一种，是指以元宵节（上元节）期间民众游玩或游转九曲黄河灯阵为主要活动形式的一种节日民俗灯会。九曲黄河灯，在各地又有"黄河九曲灯""九曲黄河灯会""九曲黄河灯阵""转灯游会"以及"转九曲""串黄河""摆黄河"等不同称谓，有的地方则称为"打人口会"。现今九曲黄河灯会的分布范围遍及我国北方诸多地区，黄河流域的灯会分布最为广泛，包括河北、山西、北京、天津、山东、内蒙古等省市区。除此之外，该灯会在我国西北、东北、华中等地区一些地方也有零星分布，如青海省乐都的九曲黄河灯俗已经成为国家级非物质文化遗产项目。

关于九曲黄河灯的具体实证研究，既有研究成果并不多。一般只对某地九曲灯会做简单的内容描述与考察，[②]研究成果集中于民俗学与民间舞蹈领域。在民俗学领域，王杰文所著《仪式、歌舞与文化展演——陕北·晋西的"伞头秧歌"研究》一书，从民俗学的角度考察了九曲秧歌的仪式过程，并通过大量的田野调查，积累了丰富的关于九曲秧歌的民俗资料。他认为，"转九曲"已经与"伞头秧歌"结合

[①] 向柏松：《元宵灯节的起源及其文化内涵新论》，《中南民族学院学报》2000年第2期；李传军：《论元宵观灯起源于西域佛教社会》，《西域研究》2007年第4期。

[②] 例如：康君、李俊香《浅谈九曲黄河灯的地域性发展》，《内蒙古艺术》2001年第1期；曹宏信《陕北转九曲》，《风景名胜》2007年第2期；赵志娟：《非物质文化遗产——九曲黄河灯》，《北京档案》2011年第9期。最新研究参见李玲珑《张灯与演戏的合璧——论青海乐都元宵节灯会民俗活动的文化内涵》，《青海师范大学学报》2019年第1期。

在一起，成为伞头秧歌仪式过程中最为重要的一环，但并不认为"转九曲"的性质属于秧歌或者民间舞蹈。①在民间舞蹈领域，罗雄岩先生所著《中国民间舞蹈文化教程》一书对九曲黄河灯有专门的研究。他认为，灯阵的形成年代大约在明代中期，九曲黄河灯属于灯阵的一种。另外，他提到了道教对灯阵的影响和灯阵中的古代文化遗产。②从民间舞蹈研究的视角出发，民间舞蹈研究者多把九曲黄河灯归类于民间灯舞和灯阵的范畴，着重研究其动态形象与表演规律等。如罗雄岩先生提出"中国民间舞蹈的文化类型"的说法，他认为，依据地域生态划分法，九曲黄河灯应当属于"以北方旱作文化为代表，黄河流域文化中心农耕文化为集中体现的秧歌舞蹈文化区"③。这种观察角度也给我们很多启发。

近年来，已有学者以社会学和人类学的方法研究九曲黄河灯，通过田野考察与口述访谈等了解九曲黄河灯的仪式文化，如鄂崇荣、隋艺对青海乐都七里店九曲黄河灯的文化人类学研究。乐都七里店的灯会每三年举办两次，俗称"三年两头"，点灯会期三天，从农历正月十四开始到正月十六结束。当地插灯杆按照姓氏来分配，当时有所谓的"八大户"，改革开放后才逐渐由其他村户共同举办。他们认为九曲黄河灯会深受道教（与明代的三官庙及三官信仰直接相关）、生育信仰和移民文化的影响，此后民间信仰的逐渐衰退和宗族观念的逐步淡化，导致其走向衰落。④中央美术学院贾莉莎则以内蒙古包头市固

---

① 王杰文：《仪式、歌舞与文化展演——陕北·晋西的"伞头秧歌"研究》，北京：中国传媒大学出版社，2006年，第1页。
② 罗雄岩：《中国舞蹈文化教程》，上海：上海音乐出版社，2005年，第51页。
③ 罗雄岩：《论中国民间舞蹈的文化类型》，《北京舞蹈学院学报》2003年第4期。
④ 鄂崇荣、隋艺：《移民视野下的河湟灯会仪式与文化内涵——乐都七里店九曲黄河灯的文化人类学田野调查》，《青海社会科学》2003年第4期。

阳县车铺渠村的二月二"九曲黄河灯会"为个案，研究其表演仪式过程。她关注的核心问题是村落、仪式与人三者之间的关系。其论文先讨论九曲黄河灯的仪式，重点分析灯会与地方社会秩序的对应关系，此后则讨论仪式象征物的深层文化内涵以及"仪式复兴"的动因和变化，并借鉴文化人类学的符号象征与文化自觉理论，尝试探讨九曲黄河灯的历史文化内涵与形成机制问题。①

综上所述，九曲黄河灯的研究主要体现在民俗学、民间舞蹈、历史地理与文化地理学、人类学等领域，多数侧重地域性个案研究。然而，如果从制度史、移民史、军事史的角度进行深入研究，我们可以看到更多面向。

二、九曲黄河阵灯俗的历史与社会背景

（一）村落历史与环境

密云自古以来战略位置优越，属兵家必争之地。西周与春秋时期为燕国的领地，战国时期一度为东胡进占。燕昭王二十九年（公元前283年），燕国大将秦开击退东胡，收复密云地区，并于此地设郡，郡址在今密云统军庄村南的南城子，因其位于渔水（今白河）之阳，故被称为渔阳。

密云也是北京至东北与内蒙古的重要门户，有"京师锁钥"之称。自县城十里铺乡统军庄入境，经县城，由古北口出关，至东北、内蒙古的道路，是一条古老而重要的交通大道。自北齐开始修筑的长城，到明代更是达到了新的高峰。由于密云位于北京的北部边防，明代开

---

① 贾莉莎：《"转九曲"仪式研究——以内蒙古包头市固阳县车铺渠村二月二"九曲黄河灯游会"为个案》，中央美术学院硕士学位论文，2016年。

始,大量的卫所军户驻扎于此,形成了丰富多元的移民文化特色。

东田各庄隶属密云太师屯镇,据《密云县地名志》记载,该村明代已成村。据村中老人讲,因田姓村民首先在该地定居,后发展成村,故名。我们访问几位村中老人,多称祖上是明初自山西移民而来。结合相关历史背景分析,该村应当也与明代卫所驻军有一定关系。

东田各庄位于密云太师屯镇中部。据2010年的统计,该村有农户612户,人口1478人,均为汉族。东田各庄地处清水河南岸丘陵区,聚落海拔156—168米,村落呈东西向,长方形。

村落经济以农业为主,产小麦、玉米、谷子等作物,产苹果、梨等果品。

(二)灯阵与花会的历史和传说

北京的九曲黄河灯起始时间早,分布较广,后来的变化也很大。灯会的名称含义很深,"黄河"二字后续"九曲",不仅囊括了黄河灯阵整体布局的特征,而且生动形象地描绘了黄河源远流长、曲折回荡的壮美和浩大气势,表达了北方各族人民对养育他们的黄河的崇敬之情。

明代以前,北京关于九曲黄河灯的文献记载很少。明代《帝京景物略》中提到:"十一日至十六日,乡村人缚秫作棚,周悬杂灯,地广二亩、门迳曲黠,藏三四里,入者误不得迳,即久迷不出,曰:九曲黄河灯也。"[①]可见在明代时北京周边农村即以灯彩为乐,这是九曲黄河灯第一次明确出现在北京的历史文献中。

到清代,相关记载更多。查慎行的《人海记》有"西苑烟火"条,称:"西苑张灯,自正月十四夜起,至十六夜止。癸未上元前二日,

---

① 〔明〕刘侗:《帝京景物略》,上海:上海古籍出版社,2001年,第196页。

有旨：查昇、查慎行、汪灏，自明日为始，连夕俱至西厂看放烟火。至十四夜酉刻，内侍一人导余三人，自小南门入，沿河北行里许，经勤政楼下，穿纲城，西渡板桥，宽数百亩，壤平如削。当楼之正面，设灯棚一架，高起六丈余。稍南为不夜城，中列黄河九曲灯，缚秋秸作坊巷胡同，径往回复，往往入而易迷。灯之数不知其几，每一灯旁植一旗，五采间错。日初落，数千百灯一时先燃。"[①]这是对清代西苑九曲黄河灯活动的直接记载，场面壮观。潘荣陛的《帝京岁时纪胜》则称："十四至十六日，朝服三天，庆贺上元佳节。是以冠盖蹁跹，绣衣络绎。而城市张灯，自十三日至十六日四永夕，金吾不禁。悬灯胜处，则正阳门之东月城下，打磨厂、西河沿、廊房巷、大栅栏为最。至百戏之雅驯者，莫如南十番。其余装演大头和尚，扮稻秧歌，九曲黄花灯，打十不闲，盘杠子，跑竹马，击太平神鼓……又不可胜计也。"[②]

清代，九曲黄河灯俗在北京的郊区如延庆、昌平、怀柔等地都有分布。如乾隆《延庆县志》称："上元节张灯三夜，或作黄河九曲灯，共灯三百六十盏，或作混元一气灯，共灯五百盏。又有灯山，以席为高楼，约三四丈，中以木作架，按小灯数千盏，排列神佛等像。"康熙《昌平州志》的记载则更为翔实："元宵，其郊堧村落率编竹为河流九曲之形，谓之黄河九曲灯，老稚嬉游其间，必随湾旋转，否则迷不得出。"可见，当时北京郊区的村落中，九曲黄河灯的元宵习俗较为普遍且十分活跃。

密云九曲黄河阵灯俗的兴起与移民有关。明代"九边"重镇兴起，蓟镇所辖的密云正是军事驻防的重点区域，大量卫所军户移民至此。

[①] 〔清〕查慎行：《人海记》，北京：北京古籍出版社，1989年，第122页。
[②] 〔清〕潘荣陛、〔清〕富察敦崇：《帝京岁时纪胜·燕京岁时记》，北京：北京古籍出版社，1981年，第10页。

《密云县志》称：明洪武四年（1371年）和洪武五年（1372年），密云移来山西移民35个屯。这些移民将古老的黄河阵灯会也一起带来。

关于九曲黄河阵灯俗的来历，在密云当地有几个传说。一说是为姜子牙所传，有平安灯、发财灯、送子灯、前程灯、求婚灯、长寿灯、步步高升灯等十八灯，为民间祈福求财、驱邪祛病的游乐灯阵。据密云东田各庄村刘梦昆先生讲，《封神演义》中，赵公明被姜子牙用钉头七箭书射死，申公豹挑唆赵公明的妹妹云霄、碧霄、琼霄为其兄报仇。三姐妹各带法宝下山，摆下九曲黄河阵，用混元金斗困住十二大仙。阐教教主（元始天尊）与老子协助周武王作战，合力破开九曲黄河阵，收服了云霄、碧霄、琼霄。商纣王凶狠无道，姜子牙受西伯侯文王邀请领兵伐纣，把纣王打得节节败退。后人为感念赵公明及其"三霄"妹妹，特地把九曲黄河阵演变成游艺活动，供人们观赏。

另一说认为与花会"霸王鞭"的传说有关，起源于楚汉之争中韩信为打败项羽大军而摆下的十面埋伏阵。更常见的则是附会于三国时期诸葛孔明与司马懿斗法时摆下的九宫八卦阵。此阵按九宫八卦方位相应而设，变化多端，数万军士按照乾、坤、巽、兑、艮、震、离、坎站位，结合天干地支时辰，不断变化。后来，这一阵法慢慢流传到民间，逐渐变成了元宵节花会习俗中的一种。东田各庄王月华老人则说，密云的九曲黄河阵是穆桂英挂帅时流传下来的，更多的老人认为这一阵法与戚继光驻守密云长城有关。通过梳理相关史实文献，我们认为，这一习俗的流传与明代卫所军户移民的关系可能更为密切。

三、非物质文化遗产视域下的九曲黄河阵灯俗：现状与问题

九曲黄河阵灯俗作为密云的一种民俗形式，在当地非常受人喜爱，是当地人民精神信仰的重要组成部分。灯俗本身和其外延的灯

俗内容，都包含着丰富的文化内涵。

（一）九曲黄河阵灯俗现状

2019年2月19日上午，我们驱车赶到了东田各庄村。据当年的负责人、九曲黄河阵灯俗现任传承人刘春祥介绍：灯会从1月29日就开始布置，于2月19日（正月十五）正式举办，占地面积4670平方米，使用秫秸2000多斤，做成扎秆367根，蜡烛200余根，照明灯10余盏，全体花会演员阵容120人，共有8档会，其中包括中幡、舞狮、亚鼓、高跷、十不闲、地秧歌、吵子、霸王鞭。

随着花会组织者一声洪亮的"散灯"，等候在九曲黄河灯阵外的8档花会刹那间活跃起来，舞狮、霸王鞭、地秧歌等依次转入灯阵，四里八村赶来看热闹的乡亲也跟着喧闹起来。而最受关注的是，这一年的高跷演员是村里选拔出来的10多名小学生。他们个个仿佛身怀绝技的高手，稳稳地踩着鼓点进入灯阵，还时不时地加上点表演动作，引来周围村民的阵阵喝彩。

据刘春祥介绍，九曲黄河阵是古老阵法与民间花会的结合，在村中口口相传，流传至今。为了让九曲黄河阵继续流传下去，这几年他都在教村里的孩子们学习灯阵传统，就像自己幼年时候村里老人教他一样。让孩子们放弃课后娱乐时间来学习踩高跷，也费了一番功夫："谁不愿意放学以后舒舒服服地看着电视，玩着游戏啊？但是大人们会耐心告诉他们，这是咱村的传统，还是国家级非物质文化遗产，是非常宝贵的东西。孩子们渐渐也就明白了，在学的过程中逐渐感兴趣了，虽然动作对他们挺难的，唱词他们也听不太懂，但孩子们已经非常努力了。"一档档花会进入灯阵，足足表演了一个多小时才从出口转出来。随后，村民可以自己去灯阵里走一走，转一转。九曲阵内，游人穿行于灯影之中；九曲阵外，人声鼎沸。村中老人说，绕完这九曲黄河阵，相当于经历过磨难、坎坷，顺利走出以后，就代表来年将会畅通无阻，吉祥如意。

（二）灯阵的传承与发展情况

九曲黄河阵灯俗在密云东田各庄村世代流传，至少从明代以来就有相关的记载与传说。其中，村中不少家族有收藏黄河灯阵图。灯会在该村一直延续到新中国成立初期，1958年停办。据村中老人王月华介绍，"文化大革命"期间，村中保存的灯阵图被作为"破四旧"的对象烧毁。随着村中会摆阵的老人逐渐去世，九曲黄河阵灯会在密云逐渐消失了。改革开放之后，人们开始怀念当年的灯阵与节日氛围，于是想恢复这一传统的节日习俗。据研究九曲黄河阵灯俗的学者孙仲魁先生介绍，1995年村子里的成员开始筹划恢复花会和戏剧。为什么这时候大家想要恢复呢？原来这一年发生了一个标志性事件，那就是村里的刘纪华老人拿出他保存了半个多世纪的九曲黄河灯阵图。在他四五岁时，有一次到奶奶家，看到奶奶的板柜没上锁，便搬个凳子，跪在上面，打开板柜，拉开抽屉，发现了一个纸包。他小心打开纸包，发现里面是一张用毛笔画着拐弯抹角线条的毛头图纸，他觉得好玩，于是趁奶奶不注意偷了出来。他把这张图当成宝贝，不敢让人知道，没人的时候自己拿出来玩。"文化大革命"时，他将图纸偷偷藏起来，一直保存完好。在1995年前，村里谁也不知道他手里藏着这么一张图。直到他拿出图来，村里的几个老人才有了恢复九曲黄河灯阵的念头。

但因为老年人逐渐老去并相继去世，而年轻人又多在城里工作或打工，从事民间花会的人少之又少，刚积蓄的一点热情又被现实浇灭了。但功夫不负有心人，经过几年的物质准备与人力投入，到2002年，村里一些热心于花会的村民自发扎制了灯场，办起了花会。花会办起来的第二年，也就是2003年，刚好全国性的非物质文化遗产普查、收集与保护工作兴起。于是，密云区文化委员会在2006年6月成立非物质文化遗产工作办公室，开始了对九曲黄河阵灯俗的挖掘整理工作。从2006年6月到2007年1月，密云文化馆工作人员先后走访了传说参与过九曲黄河阵灯俗活动的几十个村镇、100多人次，拜访了有关学者，查阅了大量资料，基本摸清了九曲黄河阵灯俗的产生、发展情况，即传承脉络。2006年，太师屯镇和东田各庄村投入资金10万元，建成了村级文化广场，为开展灯俗活动创造了基本的物质条件。2007年1月，密云区文化委员会、区文化馆确定太师屯镇东田各庄村为传承基地，帮助该村购买灯光、音响设备和演出服等，与该村共同组织了2007年正月十五元宵节九曲黄河阵灯俗活动，进一步完善了该项目的文字和影像资料。这些投入和资料的收集工作为九曲黄河灯申遗成功奠定了基础。

2006年12月，密云区提出"九曲黄河阵灯会"项目并向北京市申报非物质文化遗产。2007年6月，北京市政府和北京市文化局批准其为北京市市级非物质文化遗产项目并授牌。2008年6月，由中华人民共和国国务院公布和中华人民共和国文化部颁发，"元宵节·九曲黄河阵灯俗"被批准为国家级非物质文化遗产项目（见图35）。两年后的2010年，收藏有灯阵图，被誉为九曲黄河灯"活字典"的刘纪华老人被北京市文化局批准为九曲黄河阵灯俗项目的代表性传承人（见

图35 九曲黄河阵灯俗国家级非遗授牌

图36 北京市非遗传承人刘纪华的证书

图36)。自此,密云九曲黄河阵灯俗项目获得了官方认可,举办活动也逐渐步入正轨。

据现任非物质文化遗产传承人刘春祥介绍,东田各庄村九曲黄河阵灯俗的传承采取以村落为基地,"以原生态传承的方式进行"。2002年只是扎制了灯场,2003年恢复了5档花会,即霸王鞭、秧歌、跑驴、小车会和十不闲。至2014年已经恢复了10档花会,即高跷会、小车会、十不闲、开路、中幡、霸王鞭、太平鼓(轧鼓)、秧歌、吵子和狮子。2019年我们调查的时候,除吵子缺席之外,其余9档花会均参加了表演。尤其可喜的是,随着村里一批中小学生的加入,大家恢复花会的信心也逐渐增强。刘春祥提出准备恢复13档花会,同时也想筹备河北梆子剧团的演出。现在,村里已经建起了一座专门的戏台。

(三)九曲黄河阵灯场的扎制

九曲黄河灯阵规模较大,对场地有一定要求,因此灯场的选址非常重要。据2019年灯会负责人刘春祥的说法,表演场地最起码要5亩地以上,以前在灯场的南侧或北侧还要求有搭戏台的地方。如今不再有戏台,但也要留出专门的场地让花会表演。我们在2019年2月19日上午抵达现场,看到灯场规模确实颇为可观。

图37 九曲黄河灯阵现场(2019年)

负责中幡的会首刘维才说,灯场选址忌选生硬的水泥地面和沙地,前者容易打滑,像耍幡、走高跷很容易发生危险,其他花会发生危险的概率也高。如果是水泥地面,灯场也不易扎制,立柱没法在土里固定。而如果是太过松软的沙地,灯场的立柱栏杆同样不好固定,走会的高跷会陷入沙子里,也影响表演者的安全。还有,灯场选址最好也不要选择黄土地,因为冬天容易有积雪,而元宵节左右气温开始回升,积雪融化也会出现泥泞打滑的现象。

除场地之外,灯场所用的器具也很重要。东田各庄的灯会中一般会用到秫秸、绑绳、线绳、盒尺、可乐瓶、蜡烛、木棍、白石灰、电线、木杆、照明灯、音响设备等。用量最大的就是秫秸,即高粱秆。秋天高粱收获后,将比较直且长的秸秆保存下来,短粗的做立柱,细长的做横杆。

当材料准备齐全、场址选好之后,就要开始扎灯场了。据刘春祥介绍,扎制灯场的时间一般是在正月初一以后,或初八九。扎制较为复杂,如果要求美观一些的话,有时候在旧历年前的腊月二十八九就开始了。2019年的灯场从1月25日(农历腊月二十四)就开始布置,全村很多村民参与其中。扎灯场一般分为以下内容:

(1)确定出入口位置。入口的东面要留出足够的位置让花会表演,以便不走灯阵的观众能够观看花会表演。刘春祥给我们出示了一张灯阵出入口的图示说明(见图38)。

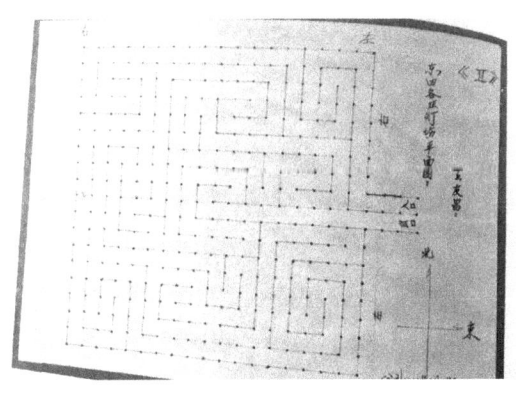

图38 灯阵入口示意图(2019年)

（2）清理灯场内外的各种杂物、障碍物，如果有积雪，则要把场地内外的积雪都清除干净。

（3）放线。设置好进出口位置，以进出口为基点开始向四周放线，以进场口和出场口的分水岭为中心线，向左、右各量出19.8米距离，立好标杆，以此为基准各垂直向前量出39.6米的位置，立好标杆，这时灯场的四边就已确定。然后根据阵图所示，确定各拐角处立标杆的位置，保证行进过程的畅通，并有2.3米左右宽度的走廊。各角的基点确定以后，按照两两基点，用白石灰撒出轮廓线。

（4）扎立柱。把秸秆截成1.8米长，四根或五根捆绑在一起，做灯场栏杆的立柱和灯柱。要扎380束左右（留有余量）。如果用木材，则选用同样长度的粗木杆，单根即可。

（5）栽立柱（灯柱）。以开始放线的石灰线为准，每隔2米左右挖一个20厘米深的土坑，按照露出地面1.6米的标准，埋栽立柱（灯柱）。如果用木材，则土坑深度要适当深一些（见图39）。

图39 栽立柱

(6)扎栏杆。在栽好的立柱间用单根或双根秸秆捆扎横竖栏杆,要按阵图顺序,注意不要绑错位置。每两个灯柱间的横杆绑好后,还要用两根秸秆交叉连接起来(见图40)。

图40 灯会负责人刘春祥在扎栏杆

(7)扎灯托。把截了一半的可乐瓶子和30厘米长的木棍连接在一起,把木棍插入可乐瓶口,做成向上开口的筒状,然后逐一用事先预备好的布条绑缚在灯柱上。可乐瓶口要与立柱上端齐平,不能绑歪斜。因为现在的灯阵已经没有过去祭神的功用,所以每隔一个立柱扎一个灯托(可乐瓶),这样可以省去一半的蜡烛和灯托等材料,也省去一些人工,实际效果也很好(见图41)。没有灯托的立柱上则插上

图41 灯场布置效果图

各种小旗子，与晚上的灯火辉映，相得益彰。

把这些工作做好，然后在灯托上装上蜡烛，再收拾好现场，灯场的准备工作就基本就绪了。

（四）花会的传承发展情况

九曲黄河灯阵属民间花会的一种，有老人认为灯阵与花会是形式与内容的关系，即灯阵是形式，而民间花会是充实灯阵的重要内容。总之，民间花会与灯阵是相辅相成的关系。

九曲黄河灯阵是众多花会的聚演形式，它是一个用木棍或秫秸绑扎的场子。花会是灯阵的实际内容，花会在灯场里"走会"可显示出灯会的热闹气氛，为灯阵锦上添花；没有花会的加入，灯阵只是一个空场子，似乎没有多大意义。当今的九曲黄河阵灯俗活动中，灯阵与花会互为表里。起始，灯阵是作为各村花会竞赛用的，后来随着社会的变化，各村的花会逐渐减少，灯阵的竞技功能逐渐退化，直至完全成了一个村子花会的聚演形式。后来，灯阵的阵型也发生变化，由八方入口、隐有生死门的阵法变成了一个入口和一个出口的形式，在密云地区只有东田各庄村保留了下来。灯阵与该村花会及村里的河北梆子剧团三位一体，总称"元宵节·九曲黄河阵灯俗"。

据我们对村里老艺人王月华的访谈，该村的花会要比九曲黄河灯阵更早，那时称为德缘善会。有了九曲黄河灯阵后，它就与灯会结合在一起了。德缘善会与相伴而生的九曲黄河灯阵远近闻名，会档众多，装具精美，规程沿革，技艺高超。两面大型门幡为首，其后是献技的中幡。五面中幡，花色、字体各异，表演托塔、卧鱼、背花、面花、牙架儿、断梁、串肩等技巧。此外还有狮子档、大鼓档、高跷档等，表演仪式众多。花会与灯阵结合才能显出九曲黄河灯的妙处。白昼走阵，犹如千军奔突，鼓乐齐鸣、旌旗招展，仿佛古代战场跃然眼前，气势恢宏。入夜，阵上彩灯齐放，火红一片。一声号炮或铳响，然后鞭炮齐鸣，鞭炮声过后，十几档花会鱼贯而入。表演主要由五面中幡承担。走在最前面的是中幡中的头幡，因其高大且所串之风铃响动，所以非常醒目悦耳，故有幡是"会之眼"之说。头幡在走进第一个小方阵时第二幡入阵，头幡再进入下一个小方阵时，二、三、四、末幡依次进入，当头幡走至中央阵时，其他四幡正好是西北、东北、东南、西南四个阵脚，恰如四方拱卫。五面中幡各就其位后，彩龙、狮子、轧鼓、高跷、十不闲、吵子、音乐等各档花会方可进入。入阵后，中幡耸立，彩龙做金龙盘玉柱，狮子做"节节高"，其余各档边走边舞，边吹边打，各尽其技，十分壮观。阵内旗幡招展，鼓乐喧天，阵外人流如织，欢声一片。大约两个小时以后，花会走出 1500 米的灯阵。概括来说，整个九曲黄河阵灯俗活动中，灯场是皮囊，花会是充实灯阵的精美内容，其中的演员化装和表演是美丽的表象，各队演员演唱的民间小调则是灯俗活动的灵魂。

据密云太师屯镇刘梦昆先生的说法，以前东田各庄村的花会有自己一套完整的规程，包括以下内容：

（1）请年茶。花会由本村有名望、熟悉花会掌故的人士担任会首。每年腊月初八，总会首把各档的会头请到家里，招待一番。随后，各档会头也把本档会员宴请一次，即为请年茶。自此，各会档便开始定自己的场所，演练起来。现在由于很多花会成员都在北京城里工作，所以年前排练往往凑不齐，需要在春节期间集中排练。

（2）起会。以前东田各庄村每逢正月十四至十六办三天灯会，还要唱戏。现在一般只在正月十五当晚办灯会。早 8 点和晚 6 点左右，各个会档便齐聚在会档负责人或会首家的庭院内外，一阵鞭炮声过后，会首把会旗一挥，各会档便依次而出，此即起会。其顺序是门幡、中幡、万名伞、大筛、狮子、轧鼓、高跷、十不闲、吵子、音乐。起会后白天串街、拜庙，晚上串灯场。

（3）接档。接档亦称请档。会首乃花会的总指挥，决定行止。做法是手执会旗，带领四个叫"香尺子"的四面小旗，同各档的手旗弯腰对接，之后会档方得前进。会首和香尺子走香，往来如梭。撂档之后再要前行，便再接请。

（4）撂档。会档进行到预定场合便停下来，逐档表演献艺。如本村的大户人家、机关单位、庙门前、灯场外、白龙潭、大佛殿等都是撂档之处。

（5）打场。由于走会时沿街小巷都挤满了人，并随着会档流动，所以行进不畅。这时高跷档就由头陀、跳逗的和武扇三人"别篱笆"，走急行步，十不闲也开始幌起架子，既为开路又能表演花活，活跃现场气氛。在撂档的地方打场就是所谓的"打圆场"。

（6）接鼎。走会时，一些富户或商户及好客之家，往往在自家门前摆上供桌，点上香烛，放上香烟、瓜子、花生、糖果、点心之类的食物，迎接花会的到来。此举一则图个吉利，二则表示对花会的敬重和慰劳之意。一般有供桌的地方，花会都会停下来表演一番，然后让专人收集供品，待灯会结束后分给高跷、十不闲、香尺子会档的人。

（7）串灯场。串灯场是东田各庄村花会每晚必走的整个活动的最后一道程序，也是最精彩的一道程序。会档按照顺序进入，边走边打边舞，约一个半小时后走毕，全天的灯会结束。

2019年2月19日，我们在东田各庄村实地考察灯会与花会流程，这时已经没有了此前众多的流程，花会成员多数从下午开始化装，准备服装，然后四五点钟集中到灯场附近的空地上简单排练。7点半预热，8点钟左右灯会正式开始。2019年灯会负责人刘春祥称：最多的时候，全村有 20 多档花会表演，不管是走阵还是走街串巷，都非常热闹，但随着灯俗的传承和演变，至 2019 年，共有 8 档保存完整的花会表演，主要包括高跷、舞狮、太平鼓、十母贤、秧歌等。表演者们利用农闲时间，聚在一起排练。"今年练习高跷的表演者都是十几岁的小孩子，他们喜欢挑战新鲜的娱乐活动，虽然传统唱词对于他们来说有点难，但孩子们非常努力。"（见图 42）

图 42 2019 年密云九曲黄河阵灯会上表演高跷会的小朋友

刘春祥也负责教孩子踩高跷，将古老的传统唱词和曲调一并传承下去，就像老人们教他那样。他说，花会表演里的很多唱词都是传统曲调，有的甚至不能迎合现在老百姓的审美需求，听起来不那么好听，"但如果不传下去，以后想听就再也听不到了"。带着传承的责任，刘春祥也倍感压力。但当地并非只有简单的传承，东田各庄村的花会也在不断创新，满足老百姓的娱乐需求。"就拿十母贤会说，表演中先生的唱词都是即兴的，根据现场的环境和现代社会的形势，现场创作唱词。"刘春祥说。2019 年的表演中，就增加了很多展现新农村变化和百姓生活的唱段。东田各庄村的九曲黄河阵灯会和花会表演，不仅吸引了周边村落的村民前来观看，每年都有很多北京城区的游客前来参观。刘春祥说："我希望，把这份祈求幸福安康的祝愿，随着我们的表演，传递给更多的人；也希望，更多的人在看了我们的表演后，可以了解和认识我们这份浓浓的乡情与年味儿。"

（五）九曲黄河灯阵与花会传承面临的问题

在调查与访谈的过程中，我们还是能明显感受到灯阵习俗传承仍面临着诸多问题。

1. 村落生活的凋敝

村落的空心化是当前中国乡村的普遍困境。类似东田各庄村这样的京郊村落，比中西部地区的村落状况要好些。但这些年，随着村中的青年人外出读书、工作，村落的公共生活明显是缺乏的。九曲黄河阵灯会仪式的不断简化就是一个明显的例证。传统的人情网络与熟人社会也掺杂了很多商业化的元素，大家已经不再对灯会有以前的神圣感、仪式感与热情。这种现状对灯会的保护与传承显然是不利的。

2. 灯会的组织问题

目前，刘春祥作为灯会负责人，算是灯会活动的骨干。他家在村里经营着小卖部，他还兼任村委会主任。但即便如此，灯会的物质成本与人力投入，仍然让他感到棘手。虽然密云区政府和文化馆这几年都有支持，且灯会因主要材料都是秸秆、蜡烛、旗子等，成本并不算高，但人力的投入是个问题。很多年轻人不愿投入前期的准备中，而中老年人的积极性也不是很高，有些需要动员。刘春祥称自己也有些力不从心。如果要让灯会正常运转，需要探索一种长效的机制。

3. 传承人出现较大缺口

通过访谈得知，目前很多花会表演项目后继乏人。东田各庄村的花会在极盛时期有20多档，后来恢复灯会之后，花会也逐渐复活，

2014年一度达到10档。但后来又有几档花会相继解体，找不到合适的表演者或有表演者退出，所以2019年只有8档花会参加演出。而且，除了高跷会有一批中小学生参与之外，其他花会基本以中老年人为主。随着年龄的增长，他们中的很多人将退出表演的舞台。后面谁来接棒？这是花会和灯会必须面对的问题。

四、九曲黄河阵灯俗保护的对策建议

九曲黄河阵灯俗作为东田各庄村的特色民俗项目，已经入选了国家级非物质文化遗产名录，也确定了传承人，但其后续发展仍然面临很多不确定性和问题。针对调研访谈和与相关研究者的交流，我们提出以下建议：

（一）重建村落公共生活

九曲黄河阵灯俗非遗项目是以村落为基地进行的，所以村落生活是该项目能够发展传承下去的基础。在当前城市化与市场化的冲击之下，村落原有的基层组织与社会生态已经发生了极大的变化，之前的会首、乡绅阶层出现了断层，因此维系村落的文化认同殊为不易。此外，正如研究东田各庄九曲黄河阵灯俗的专家孙仲魁先生所说，此前的灯会和花会有着宗教背景与神圣感，敬神与祭祀的意味很浓，而如今随着村落文化的衰落，灯会不再有宗教祭祀功能，演变为纯粹的娱乐项目，这种状态下的传承已经有所变异。当然，这也是由时代特点决定的。结合九曲黄河灯的发展现状，我们认为，依托乡村能人或"乡贤"，健全村落组织，恢复村落原有的传统文化与公共生活，让村民们增强村落的文化认同感，了解村落的历史文化内涵，认识这种文化传承的价值与意义，可能是解决这一问题的根本所在。

（二）培养、扶持年轻人加入传承队伍

传承者后继乏人，这是北京市非物质文化遗产项目遇到的普遍问题。2012—2013年北京联合大学应用文理学院历史文博系师生曾对北京城六区的非物质文化遗产项目做过全面调查，结论也是不容乐观，接近三分之一的项目面临濒危与传承人后继乏人的窘境。比较典型的濒危项目状况有以下几种：

一是学习周期长，见效慢，效益差的项目。典型的如北京海淀区冠琴绣鞋坊王冠琴老人的手工制鞋和绣鞋项目。手工制鞋和绣鞋是一项比较繁难的民间手工艺，需要较长时间的练习。王冠琴老人已经70多岁了，视力已经严重下降，家中又没有子女能够传承她的绣鞋技艺。老人曾用各种方法带过二十几名徒弟，但由于资金、场地、生活等问题，没有一个能够留下来继承这门绝技。这使老人十分伤心。

二是一脉单传的以家族为传承主体，而家族中后继乏人的项目。比如冠琴绣鞋、小灯张、面人郎等，传承人家中都无子女继承长辈的艺术。

三是传承人出现年龄和技术断层的项目。比如荣宝斋的木版水印，传承人有些青黄不接。木版水印手工技艺的技术成熟需要近10年的时间，很多年轻人因为周期太长而改行。当时几位50多岁的传承人正处于艺术创作的高峰期，应该集中精力创作精品，一幅传世精品要近10年的创作期，而他们却被琐事缠身。[①]

密云九曲黄河阵灯会面临着同样的问题。这些年，随着村里老人的逐渐去世，很多熟悉灯会内容的表演者逐渐凋零。我们了解到，市级非物质文化遗产传承人刘纪华于2012年去世，现任传承人刘春祥

---

① 顾军、李扬：《北京市城六区非物质文化遗产调查报告》，2012年12月。

也快50岁了，可是再要找到合适的会首或传承人已经有些困难。这几年，刘春祥也在寻找合适的接班人，但现在还没找到。令人欣慰的是，在村中老人及刘春祥等人的带动和支持鼓励下，一批中小学生加入了高跷花会队伍，让我们看到了传承的希望。这些本土子弟，有些在密云城区或北京城区上学，但过年过节一般都会回到村里，参与一些集体活动。在2019年的灯会活动中，这批踩着高跷的娃娃们成为村民和大量游客追捧的对象，大家纷纷拍照，为他们的表演喝彩。这也是今后可以努力的方向。尽量在灯会和花会活动中取得家长与当地学校的支持，政府和县文化馆可以考虑对参与花会的中小学生予以适当补贴，甚至可以考虑将花会内容纳入中小学的校本课程，这样传承才有希望。

（三）发展旅游等第三产业，形成长效机制

东田各庄村仍然是以传统农业为主要的经济支撑，因此大量年轻的村民到北京城区或密云城区工作或打工。2019年2月19日中午，会首刘春祥给几个年轻的花会成员打电话，让他们在下午务必赶回来，其中一人称要加班回不来。要想改变这种局面，很重要的一点是发展旅游等第三产业，让村民在本村就能有一定的经济收入，不用外出打工，这样村落对年轻人才有吸引力。可以借助九曲黄河阵灯俗及其他民俗项目，开展村落旅游，当然不是纯粹的旅游开发。要让这些年轻人通过传统村落民俗文化和非物质文化遗产项目得到一些实实在在的好处，看到传统文化的意义和希望，形成良性循环和长效机制，这样类似九曲黄河阵灯俗这样的非物质文化遗产项目才有希望。

第七章
千军台庄户幡会保护现状与对策

京西门头沟千军台、庄户二村，位于门头沟中部山区。在1949年以前，两村经济以煤矿开采为主，农业种植面积有限，产量也不高。但京西古道从两村中穿过，沿古道催生出不少店铺，现其遗迹仍存，村民也有一部分收入来自商道经济。但总的来说，煤窑业是清代以后千军台、庄户二村的支柱性产业。由于煤窑业的特殊性质，两村很早就以集体经济为主，这对千军台庄户幡会的长盛不衰有重要影响。千军台庄户幡会指的是北京西郊门头沟区内千军台与庄户两个村庄在每年正月十五到正月十六，抬着幡旗互相来往并沿路表演的民俗活动。据说这一古幡会起源于元代，清代时曾得到御赐皇封，但对此目前尚无确切证据。20世纪30年代，日本入侵北京，千军台与庄户两个村庄多次被焚烧，十几年间村民大多躲入山间避难，幡会曾长时间中断。1962年，幡会活动曾短暂恢复过，后因"四清"运动，幡会再次停止。直到1981年，在门头沟区文化工作办公室的支持下，幡会才正式重新恢复。2007年，幡会列入北京市非物质文化遗产代表性项目名录；2014年，又列入了国家级非物质文化遗产代表性项目名录。但与此同时，两个村落从20世纪90年代起就出现了空心化的现象。2000年，京西煤矿开始逐步停产，两村村民失去了生活来源，基本搬迁出村子。2012年和2013年分别公布的两批传统村落名录中，北京地区共有13个古村落入选，千军台村名列其中，这为村落复兴和幡会延续提供了新的契机。

本章分文献综述和千军台庄户幡会的历史与社会背景、现状、保护中存在的问题以及保护的对策建议五个部分进行阐述。

图 43 幡会走会途中（鞠熙摄于 2017 年）

一、文献综述

本章集中探讨千军台庄户幡会的现状、保护与传承，已有研究在以下两个方面对本章写作有启发作用：一是关于千军台庄户幡会的传承、现状与文化含义方面的研究；二是由于千军台庄户幡会所在地千军台村已被列为国家级传统村落，因此，古村落保护方面的研究也为本章所关注。

（一）千军台庄户幡会文化研究

韩同春《京西村落里的花会——庄户、千军台古幡会》考察了庄户与千军台两个村落的幡会。[①]文章详尽地介绍了村落历史沿革、幡会的历史状况、幡会的组成部分（幡、音乐班、秧歌舞队等）、走会

---

① 韩同春：《京西村落里的花会——庄户、千军台古幡会》，《民俗研究》2005 年第 3 期，第 175—194 页。

展演过程等,为我们认识当地民间花会的活动状况提供了许多生动、丰富的地方性知识。宋浩池、张明《从民间组织的生存困境透视社会转型时期农村社会整合的危机——以北京市门头沟区大台镇千军台村花会组织为例》一文探讨了花会作为民间组织对村落社区的整合作用。① 文章还考察了花会的各种生存困境,如基层管理者的文化保护意识不足、花会的传承遇到断层等。张士闪《京西幡会:一个追求"天人吉祥"的联村仪式》一文分别从信仰仪式、艺术表演、村际礼仪表达等方面考察庄户、千军台两村联合举办的京西幡会,认为它是两个村落"以信仰为依托,以艺术表演为手段,以'天人吉祥圣会'为号召,旨在通过定期的礼仪互换达至文化认同,实现社区和谐的一种联村仪式"②。薛林平、吕灏冉、李加丽《北京门头沟区千军台传统村落研究》一文从京西千军台的历史沿革、村落格局、建筑材料形制等角度考察了该村落的建筑特色,并着重分析了具有典型意义的四种传统民居建筑。③

韩同春撰写的三篇文章从不同角度对千军台和庄户两村古幡会的结构、仪式和深层信仰进行论述。其中,《民间信仰与村落生活——以庄户 - 千军台幡会为例》一文主要从幡旗中神灵的神格神职、信仰区域与时代流变等角度考察民间信仰与当地民众的经济、精神等社会

---

① 宋浩池、张明:《从民间组织的生存困境透视社会转型时期农村社会整合的危机——以北京市门头沟区大台镇千军台村花会组织为例》,《泰安教育学院学报岱宗学刊》2010 年第 3 期,第 59—60 页。
② 张士闪:《京西幡会:一个追求"天人吉祥"的联村仪式》,《民族艺术》2007 年第 3 期,第 43 页。
③ 薛林平、吕灏冉、李加丽:《北京门头沟区千军台传统村落研究》,《华中建筑》2015 年第 6 期,第 181—186 页。

生活之间的内在关联。① 《庄户 - 千军台幡会走会序列及其象征意义》考察当地幡会走会序列与民众生活方式、思想观念之间的关系，从而探讨幡会展演的象征意义。② 韩同春认为，幡旗在构成和走会序列上互相补充、照应，象征并强化着两村和谐共处的关系；幡会走会序列中的差异则体现了主客之间的礼让意识和礼让行为，也体现了当地注重等级秩序的乡土观念。《洁净的追求：点灯花仪式的民俗文化意义》考察了北京门头沟区庄户村的点灯花仪式。③ 点灯花仪式在当地被用在春节祭祖、幡会请神、妇女生产满月、妇女特别时期（经期、哺乳、服丧等时期）进羊圈等时刻。韩同春认为，点灯花仪式的民俗文化意义在于其"除凶解净，祓除不祥"，用象征符号来划分两界。

韩同春《京西古幡乐的演奏人员、方式及乐器曲目构成》从乐班人员组成、乐器组合、曲目和演奏方式等几个方面进行了挖掘。④ 包世轩《京西古幡会鼓吹乐、吵子乐、中军大曲音乐的历史价值》从音乐学的角度，对古幡乐的结构、历史价值和传承的研究甚为详细。⑤ 侯秀丽《千军台庄户幡会传承的现状、危机与建议》总结了千军台庄户幡会的传承危机：一是参演人员严重不足，传承观念需要更新，表演技艺有待提高；二是展演场地与活动基地建设跟不上；三是真正用

---

① 韩同春：《民间信仰与村落生活——以庄户 - 千军台幡会为例》，《人文天下》2015年第23期，第13—19页。
② 韩同春：《庄户 - 千军台幡会走会序列及其象征意义》，《民族艺术》2011年第1期，第54—58页。
③ 韩同春：《洁净的追求：点灯花仪式的民俗文化意义》，《重庆文理学院学报》（社会科学版）2009年第2期，第18—21页。
④ 韩同春：《京西古幡乐的演奏人员、方式及乐器曲目构成》，《民族艺术研究》2011年第5期，第31—36页。
⑤ 包世轩：《京西古幡会鼓吹乐、吵子乐、中军大曲音乐的历史价值》，《北京学研究2012：北京文化与北京学研究》，北京：同心出版社，2012年。

于幡会本身特别是传承群体的经费不足;四是幡会会档展演宣传与展示机会不多;五是幡会传承的文化空间中多种关系杂处,存在巨大的管理体制难题,甚至搬迁危机。她还总结了幡会所积累的保护经验,提出了自己的文化保护建议。[1]

侯秀丽《幡鼓齐动享太平——关于节庆与老北京民间花会保护传承的思考》考察了北京花会传承保护中存在的问题,如数量不少但精品会档不多、传承群体与会首呈现出断代与人荒的问题、普遍缺乏演出经费与场所、花会的非物质文化遗产保护实践中的"重申报、轻保护"等。[2]她还提出了几条关于花会保护的建议:一是成立"老北京民间花会联合会",具体负责民间花会的组织和协调;二是把花会传承纳入社区管理,积极解决人、财、物和场所等问题;三是举办民间花会大赛,提供更多展演机会;四是抓紧整理花会档案,建立非遗数据库。

(二)北京地区古村落保护研究

北京门头沟区古村落是最具中国乡村文化特质的古村落群之一。在2012年和2013年分别公布的两批传统村落名录中,北京地区共有13个古村落入选,门头沟区大台街道千军台村名列其中。在门头沟现有村落中,见于清代及以前古籍和碑刻记载的古村落有112个,其中53个村被认定是现存的古村落。这些古村落基本保留着古代格局,保留着一批完好的古民居、较多的物质和非物质文化遗产。根据北京市

---

[1] 侯秀丽:《千军台庄户幡会传承的现状、危机与建议》,《北京学研究2012:北京文化与北京学研究》,北京:同心出版社,2012年。

[2] 侯秀丽:《幡鼓齐动享太平——关于节庆与老北京民间花会保护传承的思考》,《北京文化论坛文集》编委会编:《节日与市民生活——2013北京文化论坛文集》,北京:首都师范大学出版社,2013年。

政府政策研究室等有关部门 2006 年的调查，全市 54 个古村落，门头沟有 33 个，占全市古村落保有量的 60%。

目前，北京门头沟区古村落遗产资源的保护和开发应定位于以保护、传承、发展古村落文化为主线，遵循立足保护、科学规划、合理开发和永续利用的原则，使古村落资源"保护与开发"协同发展，建立具有历史性、文化性和科学性的乡土文化旅游区，树立京西乡土文化旅游形象，促进北京及其周边地区文化、经济和旅游业的可持续发展。

徐翔《"北京模式"的路径审思：北京乡村旅游中的"文化转向"及其脉络、启示》详细回顾了北京地区乡村旅游的发展路径。在他看来，北京地区乡村旅游经历了四个阶段：其一，自 20 世纪 80 年代以来，农家乐和观光农业园的兴起，属于"前文化转向"。其二，从 2002 年起，兴起"民俗村"的旅游规划，代替了乡村旅游、农村旅游、生态旅游等提法。其三，从 2003 年起，出现文化转向。政策驱动力包括北京市的历史文化保护区从城区往京郊和乡村的不断扩展、非物质文化遗产的系统保护和开发、全国历史文化名镇名村的评选。其四，2007 年以来文化转向全面拉开，出现了特色化、品牌化的经营模式，如"一村一品""一沟带一品"等对乡村文化特色资源高度重视和有效策划、开发，对文化旅游新业态不断探索、推广和规范管理，对乡村文化景观更科学、更全面地保护和可持续利用的新做法和新理念。[①]吴文涛《北京山区各区县历史文化资源系列调研报告之五　门头沟》[②]和张守玉、刘德泉《门头沟古村落生态文化资源

[①] 徐翔：《"北京模式"的路径审思：北京乡村旅游中的"文化转向"及其脉络、启示》，《中国文化产业评论》2010 年第 2 期，第 203—214 页。

[②] 吴文涛：《北京山区各区县历史文化资源系列调研报告之五　门头沟》，《北京历史文化研究》2007 年第 4 期，第 221—246 页。

及其开发前景的研究》①从宏观角度对门头沟地区的历史文化资源和开发利用进行了介绍。

总的来说，北京古村落保护存在的问题主要有：一是经济投入不足。各种配套服务如交通、住宿、餐饮、购物等的优化组合结构不够完善，限制了乡村旅游的发展。二是历史风貌遭到破坏。京西古村落中许多古民居和古建筑由于年久失修，危在旦夕，有的村落在修缮古建筑时未坚持"修旧如旧"原则，破坏了古村落的历史风貌和建筑格局。三是商业旅游的开发性破坏。一些古村落开发商为搞旅游开发，以盈利为目的，缺乏合理规划，拆除了许多古民居，破坏了古村落的历史风貌。在旅游业的发展上，地区遗产保护与旅游开发存在尖锐的矛盾，许多遗产地由于过多地追求经济利益，而忽略了遗产保护的真实性和完整性。游客、摄制组活动的进入，会对古民居造成不同程度的破坏。四是管理和保护意识不足。由于认识和管理不到位，一批民居的古风古貌正在慢慢消失。一些主管部门决策失误、村民保护意识淡薄、缺乏有效管理、保护资金不到位等对古村落的保护都构成了一定的威胁。

为此，研究者目前提出的发展和保护对策包括：一是争取政策和财政支持。争取各有关部门的支持，特别是北京市财政的支持，加快门头沟山区小康社会的建设步伐。加强古村落遗产管理，建立遗产保护档案，开展古村落数字化建设，建立古村落保护专项基金。二是坚持整体性保护和综合性发展原则。保护村落中的历史风貌、建筑遗址和周边的自然景观。应当保持古村落自然生态环境与其周围山脉、植被、水系融为一体，考虑将周边各古村落纳入旅游规划的整体序列，

---

① 张守玉、刘德泉：《门头沟古村落生态文化资源及其开发前景的研究》，《北京学研究文集2008》（下），北京：同心出版社，2009年，第26页。

逐渐形成门头沟区古村落群整体旅游氛围。古村落旅游应由观光旅游向融生态、民俗、休闲、度假等为一体的综合性旅游发展。三是实行优势互补，联合开发。门头沟不少地区具备村落联合开发的优势，目前基本处在村落自主开发阶段。要形成以古村落为基础的村落旅游产业，进行整体规划，实行村际联合，村落单独开发与集团式开发相结合，优势互补，面向更加广阔的大市场。四是挖掘文化内涵，开展文化创意产业。突出地域文化特色，挖掘相应的民俗文化内容，满足游客多层面的文化需要。应该进行全面规划，将之作为文化创意产业和新农村建设的重点问题加以研究，制定出全面的保护开发规划与实施步骤。出台古村落开发的指导意见，加强管理，进行宏观控制，具体指导，防止无序开发。

二、千军台庄户幡会的历史与社会背景

（一）村落历史

千军台村与庄户村位于门头沟中部山区，燕山山脉的深处。汉代时曾是中原民族与匈奴的分界线，直到明代也还是对抗蒙古的边塞驻军之地。一般认为，两村因古时驻军而起，拥有近千年建村史，今属门头沟区大台街道。千军台庄户幡会的兴起，与当地的采煤业有密切联系。这里天气寒冷，可供农业耕作的土地很少，但有大量煤矿资源，数百年来大量村民以采煤为生。在抗战时期，两村所在地都是前线战场，尤其是千军台村，曾被日军焚烧数次。直到今天，村里还残存有当年被焚毁的门楼、院墙。20世纪50年代社会主义改造完成以后，大台地区成立了大台矿人民公社。村里原有的私人煤窑被整合为村集体煤矿，所有村民都成为煤矿工人及其家属。1973年，由于采煤造成地面塌陷，两村集体全部重组，成为"大台煤矿农工总场"的一部分，

所有村民全部转为居民户口。当时两村常住人口都在1000人左右。20世纪八九十年代，村集体自有产权的煤窑非常兴旺。在全国性工业大发展的背景下，煤炭价格一再攀高，千军台村与庄户村的集体小煤窑年利润也在百万元以上，这是两村幡会兴旺发达的重要背景。但2001年，随着我国对煤矿产业的管理整顿，两村集体煤矿关停。2006年，庄户村由于地面塌陷而整体搬迁。原来各有村委会的千军台村、庄户村与北台村，合并为一个千军台社区，由社区居委会统一管理。到2017年我们调查时，两村的空心化现象已经比较严重。村中常住人口数十人，且绝大部分是老人。

从景观上看，千军台村与庄户村位于京西古道的主中线。虽然古道被湮没，但沿着古道曾有不少店铺，现仍残留遗迹，如位于大寒岭古道上的关城，连同附近的毗卢寺、文昌阁、水槽等。两村之间原有东胜桥，现在通称老桥，是当地"十里八桥"景观中最西头的一座桥，原来被泥沙淤埋，如今才重新整修不久。由门头沟区和大台街道办事处统一规划、实施，古桥、古道正在重新修缮，以期保护古道景观，发展沿线旅游。

（二）幡会历史

据说京西古幡会起源于元代，清代时曾得到御赐皇封，但对此目前尚无确切证据。村民们普遍相信，传统幡会由千军台、庄户、板桥三村共同举办，千军台称龙头，庄户称龙身，板桥称龙尾。后因村落纠纷，板桥村退出。据说，千军台村、庄户村朝顶进香的古幡盛会始于明朝，兴于清朝。两村的古幡会原名"天人吉祥圣会"，又称"天仙会"，乃为御赐皇封，据说幡会所用的御赐银锤、铁铜就可证实其作为"皇会"的身份。幡会又名"朝顶进香会"，乃因过去每年农历四月初在板桥娘娘庙朝顶进香，但近年来因为参演人数太多和费用不足等问题，幡会不再上妙峰山进香。

20世纪三四十年代，日军入侵华北，门头沟地区的崇山峻岭成为抗日的主战场，两村村民大多上山逃难，两村原有建筑大多被烧毁，千军台村幡旗于此时被毁，庄户村幡旗幸免于难。二三十年时间，这一地区的幡会走会活动中断了。20世纪50年代以后，大台矿人民公社成立，两村村民大多重操旧业成为矿工。1962年，随着村落经济的复苏、社会主义经济条件下集体意识的高涨，千军台村根据老人留下的记忆，也比照庄户村幡旗的形制，重新复原了幡旗。村民自愿捐钱、捐布票，才把大幡再修起来。只是限于当时的政治气氛，村里的领导都不敢露面。走会活动曾一度恢复，但很快因为"四清"运动，幡会再次停止。1973年村集体改为大台煤矿农工总场之后，村落用地也成为厂矿用地，绝大部分劳动力转为煤矿工人，进入大台煤矿或木城涧煤矿工作，只保留了几十人负责耕种村集体土地，并维持村集体煤窑。从20世纪50年代一直到90年代，两村集体煤窑一直产量稳定，除向大台煤矿上交一部分煤炭外，还能有相当的盈余用于出售，集体经济收入相当不错，这为幡会的复兴打下了基础。1981年，在门头沟区文化工作办公室的支持下，当年元宵节千军台、庄户二村恢复了传统的走会互访活动。1981年春节前夕，刘贵明（有时也写作"刘桂明"）、刘炳孝、韩云鹏等几位老人到区文化工作办公室，要求恢复"古幡会"走会互访活动，得到了办公室的同意和支持。经区政府领导同意，在当年元宵节，千军台村、庄户村恢复了传统的两村走会互访活动。后来，在政府和学者的重视与推动下，京西古幡会声名远播。当时，正月十四，两个村子各在自己村里演节日。十五晚上，到千军台村走会的庄户村村民，先把自己的节目演给千军台村看；十六晚上，千军台村到庄户村走会，把本村节目也表演一遍。庄户村的压轴节目是大鼓会表演，千军台村的是狮子会表演。

20世纪90年代后，一方面有村集体煤窑的经济支持，另一方面村委组织在当时有很强的基层动员能力与控制力，加上村民有强烈的群体意识，中华传统民族文化也正开始复苏，幡会活动因此达到了最高潮。但自从2004年北京密云发生灯会踩踏事件后，文艺演出逐渐停止。即便如此，每年正月十五和正月十六，千军台和庄户两村"联村走会"的"古幡会"，依然是村民们最重视的活动，同时也是北京民俗旅游节庆活动之一，吸引了众多的文化学者、媒体人以及摄影爱好者等人士参与。在外从政经商的各色人士，无论路途多遥远，都会赶回家参加幡会，其中很多村民就是参演人员。"初一可以不回家，但是正月十五的幡会一定要回。"以京西"古幡会"为主题的民俗旅游为门头沟区政府申请到了多项扶持政策。当地政府依托民俗旅游带动经济发展，村民得到实惠，极大地调动了他们传承和发展传统民俗文化的积极性。从2011年开始，原来已经退出此项活动的板桥村又开始回归了；花会的会档也有所增加，较之20世纪末，幡会队伍的规模事实上更宏大了。

图44 请神时古幡乐队在三官庙内演奏（鞠熙摄于2017年）

三、幡会的现状

每年元宵节举办的幡会活动蔚为壮观,主要有旗幡、音乐班、吵子会、花钹大鼓会、狮子会、秧歌会、小车会等民俗表演,由会首们集体安排组织。整个幡会活动包括正月十四晚上的请神,正月十五、十六两天的走会和正月十六晚上的送神。由于每年正月十五、十六两天的走会是在两村之间进行,走会时以幡为主,故称为"联村古幡会"。幡会共有大幡18面,计有庄户村的地名幡、窑神幡、马王幡、三圣幡、眼光幡、子孙幡、东岳幡、观音幡、真武幡和千军台村的地名幡、三官幡、天仙幡、地藏幡、老君幡、玉皇幡、龙王幡、太阳幡、送生幡。此外还有3面大旗,即千军台的真武旗、老爷旗和庄户村的灵官旗。

(一)幡会的仪式流程

目前,幡会的仪式流程仍然完整地保持传统状态,改变不大。总的来说,由四个阶段组成。

1. 请神

正月十四晚9点,在会长带领下,村中的古幡乐队和其他村民到村庙内请神。千军台村到三官庙内,庄户村到龙泉庵(古名,今亦称三教宝殿)内,焚香膜拜。在那有一张会长提前写好的黄纸,上面写着各路神仙的名字,此表叫"大表",由会长亲手点烧,并演唱古幡乐词。这个仪式叫"请神",也叫"请大表"。

2. 挂幡

千军台村与庄户村互为主村。正月十五以千军台村为主村,庄户村幡会来访;正月十六以庄户村为主村,千军台村幡会来访。早晨8点半开始挂幡,挂幡的道具有竹竿、幡旗。选胳臂粗的竹竿8米长,幡旗长6米、宽1米,由丝绸锦缎制成。幡旗上面绣上各路神仙图案、各路神仙名字，以及祈福风调雨顺、家庭和睦与保佑福禄寿康的文字，做好后挂在竹竿的顶端。

3. 走幡

活动一般在下午4点开始。参与活动的男女老少要化装，由壮年男子举幡，幡杆在举幡人的手上、下巴、肩、额头和头顶挪移，他们可以凭体力和技艺闪转腾挪，大显身手。女人们组成秧歌队扭着秧歌，乐队吹打着各种乐器，演奏的都是祖传的古幡乐曲。正月十五早上，浩浩荡荡的幡会队伍从庄户村出发，锣鼓喧天、鞭炮齐鸣、人声鼎沸，铜锣开道后灵官旗排在众幡的最前面，其他幡依次排后，举幡者一路表演着走到千军台村头。千军台村头有早已等候着的幡队来迎接远来的幡队，两村会长互致问候，这是"接会"。两支幡会融到一起后便开始"拔会"。"拔会"以锣声为标志，两位会长同时发出命令："响锣！"霎时间，两面直径约1米的大铜锣被敲响，旗幡突然全部擎起，鼓乐齐奏，主客队旗幡正面相对，开始按规定的顺序编排队列。队列中，有色彩缤纷的旗幡，穿插着各种各样的花会：音乐班、吉祥班、狮子会、大鼓会、秧歌会等。

4. 送神

两村幡会表演结束后，由两村会长带领幡手到庵内再焚香叩拜，拜别神仙后古幡会结束。

从2017年的走会活动情况来看，目前千军台、庄户两村的幡会活动基本保持了20世纪80年代恢复以后的基本流程与格局。两村共有18面幡旗和3面大旗，除此之外，音乐班、吵子会、花钹大鼓会、狮子会、秧歌会、小车会等尚属完整，但人员情况参差不齐。自2011年以后重新加入的板桥村日益深度参与，除娘娘驾参与走会，并架设于千军台原礼堂外，板桥村的音乐会及其他表演团体也参与了走会、谢神等活动。仪式流程也保存得比较完整，正月十四晚9点，村民们由德高望重的会长带领和古幡乐队一起到三官庙和龙泉庵焚香膜拜，请大表。正月十五以千军台村为主村，正月十六以庄户村为主村，两村幡会互访。只是这一年考虑到治安问题，接会仪式中的"号佛"环节被取消。

图45 两村幡旗（鞠熙摄于2017年）

（二）古幡乐及乐班构成

由于音乐班的曲目演奏需要一些必需的乐器，因此音乐班演奏人员一般至少要由8个人组成。演奏人数也可以灵活变动，最多曾达到过24人的规模。现在因为做矿工或在外打工的人居多，而且学的人和原本会演奏的人也越来越少了，平时演奏很难凑齐人数。

古幡乐乐器有吹器和打器：吹器有笙箫、唢呐，打器有大鼓、铙、钹、镲、锣等。最大的锣直径达1米。乐器所吹打的曲谱是古老的工尺谱乐谱，吹奏的曲牌有《走穴》《四上牌》《风火赞》《出对子》《柳公宴》等，还有打击乐曲《四个条子》，包括《燕滚南楼》《五气朝元》《秦王挂玉带》《白玉莲》《粉蝶》《大煞尾》等 20 多首"二套曲"。它们多为歌颂神仙功德、祈福保佑的内容。

有学者认为活动期间演奏的音乐起源于道教。包世轩认为，幡会上演奏的音乐在形态和内涵上隶属于白云观道教音乐。这三种音乐班分别是：由笙、管、笛、云锣等吹奏乐组成的吹奏乐班；由铙拔、铛子等击奏乐组成的吵子班；由铙拔、鼓、镲、唢呐吹打乐组成的吉祥班。其中，吉祥班的中军大曲音乐很可能是宋、金宫廷皇家钧容直军乐。

（三）村民参与情况

本地村民对幡会仍有较高的参与度。其直接动力来自家庭血缘关系。幡旗与大旗的走会团体，主要是基于血缘所形成的社会组织。据调查了解，至少在近 20 年，这些幡旗团体是相当稳定的，也就是说，某一家人负责打某一面旗或者幡，家长负责召集擎幡人，并组织分工和训练，如果本家青壮年劳动力实在不足，他们也会想尽办法从更广阔的亲戚范围中找到足够的劳动力。可以说，这面旗已经成为这一家庭的标志，而凡是参加过幡会的人，自然而然地也对这一家庭产生了更亲近的认同感。元宵节因而是真正意义上的家庭盛会，这是幡会活动凝聚力、号召力与向心力极强的内在原因，稳定传承的基础正在于此。只要血缘家族的纽带还在，只要千军台、庄户两个村落不遭遇重大变化，或者重大人为事故，这些组织应该还能继续稳定地传承下去。

地缘、血缘关系是组成幡会活动的内在纽带，幡会因此不仅是一次村落集体活动，同时也是家族性的节日。从 2017 年的调查情况来看，本村村民基本上都会回来参加活动，幡会仍然热闹非凡。但是在这一集体性参与中，各人情况不同。

> 正月十五回来的人特别多，因为这里的习俗春节可以不回来，正月十五、十六这两天等于是和乡亲的交流，有些出去多少年了没有见过，有的是出嫁又回来了。因为有古幡会，所以惦记着会回来参加这个活动。我会扭秧歌，我会敲鼓，回来积极参与。但是(平时)都是自己的地方上班、居住，遇见这个时候请假都会回来。①

中老年人对幡会的热情最高，他们是幡会的主要传承人和参与者，对幡会的历史、现状和未来的关注也比较多。对于他们来说，幡会还是构成精神信仰和文化乡愁的重要所在。

年轻人对本土文化的热情仍在，但有所降低。一方面，年青一代村民仍将千军台庄户幡会视为自己身份认同的来源。出生于20世纪80年代以后的年青一代，既没有强烈的集体生活的记忆，也还没有承担起维持家庭荣耀的责任。他们大多生活在城市中，是几千万北京市民中极为普通的成员。但恰恰也正是这一代，从出生开始就每年一次从城市返回乡村参加幡会，这已经成为他们生活的一部分。而在与其他城市市民的比较中，幡会也让他们感觉自己与众不同，一种集体化的活动恰恰符合了现代市民个性化的需要。这也使得年青一代有动力继续投入。但是，年轻人实际参与幡会活动的程度并不高，这有两方面的原因：一是迫于生计没有足够的精力参与幡会活动；二是对幡会传承前景的担忧。特别是由于千军台村的中小学校被全部撤销，青少年已经丧失了整体性感受和传承本土文化的文化环境，现在仍抱有较

---

① 被访谈人：韩某，居委会工作人员。访谈时间：2017年4月。访谈地点：千军台社区内。

高传承热情的青少年不是很多。

围绕幡会活动，我们也看到村民之间有比较严重的分化，这在千军台村与庄户村都有出现。以千军台村为例，大概有保守和改革两大派。改革派相信，必须对幡会的组织体系进行大刀阔斧的革新。保守派采取的措施偏向稳妥，从组织人员到幡会的举办，均以力图恢复之前旧貌为目标，试图再现幡会昨日的辉煌。加之目前幡会面临着人员缺失的大问题，他们秉持着先恢复再维持的心理，并且认为幡会是祖宗传下来的财富，从形式到内涵均不能施以任何的变动。改革派则不然，他们认为幡会传承的关键在于识时务求发展，尤其是成为国家级非物质文化遗产代表性项目以后，更应该是政府管理，当地人牵头，将其发展壮大，只要内涵不变，在形式上可以变动。有些人甚至揣测，不敢革新，是否因为组织者不敢担责任呢？

目前很难说这种争论是否会对幡会传承带来什么影响，是通过争论选择了更好的发展道路，还是由于争论分化了村民群体，造成了文化分裂？我们暂时还不清楚事情的走向，但相信，政府的引导、学者的态度，将在这重要的时刻产生决定性的影响。

（四）游客情况

2017年的元宵节幡会活动，由于恰逢周六、周日，参观人数创下历史新高。据不完全统计，参与人数达到8000—10000人，外来车辆达到2000—3000辆。河道里、路边、桥上，甚至山坡上都密密麻麻站满了游客，这当然也给安全工作带来了很大的挑战。如何协调非物质文化遗产的社区传承与旅游之间的矛盾，已经成为摆在千军台庄户幡会面前的大问题。

从目前的访谈情况来看，游客当中也分出几个层次：一是对民俗文化、非物质文化遗产等保持较高热情的部分游客，比如民俗文化爱好者和研究者、民俗摄影爱好者等，他们中有的人来这里多达十几次，与当地村民建立了一定的互动关系。有的也在为村落文化的宣传做贡献，但是还很少直接参与到村落文化和幡会传承保护中。二是与当地有一定关联的人，比如当地人的亲戚、朋友等会主动关注村落的发展，但还不敢说他们是否对当地幡会的发展有所影响。三是一般的游客，有的慕名而来，有的纯粹是为了度假，他们对幡会的了解并不多，也没有表现出想进一步了解幡会的热情，仍然是从旅游者的视角出发，认为有的吃有的玩哪里都是一样的。

图 46 游客及其车辆挤满了古道（鞠熙摄于 2017 年）

四、幡会保护中存在的问题

2007 年，千军台村和庄户村的"京西古幡会"列入北京市非物质文化遗产代表性项目名录，2014 年又列入国家级非物质文化遗产代表性项目名录。2012 年，千军台村进入中国传统村落名录，2016 年成为首批国家级规划示范村落。千军台庄户幡会迎来了它最好的发展时期。但与此同时，调查发现，虽然国家政策与社会舆论为幡会的发展打开了广阔空间，但由于集体经济崩溃、村落空心化等，千军台庄户幡会在繁华之下也隐藏着危机。

（一）村落空心化与基层权威涣散

从调查情况来看，千军台庄户幡会面临的最大问题，是村落本身的衰败。1973年千军台、庄户两村人口曾都达到1000余人，而现在村里常住人口只有几十人。2006年，由于煤炭采空塌陷，庄户村实施统一搬迁，重建新村。2010年以后，千军台、庄户再次搬迁，今天，两个村子空心化现象严重。当然，村落空心化是我们在中国很多地方看到的共同情况，但千军台与庄户两村的情况在于，这里不仅没人，而且基层组织已经完全涣散，事实上两村处于三不管的情况。村民缺乏有效的自组织机制，依赖基层组织与动员的幡会自然面临巨大困难。

事实上，千军台村与庄户村的幡会活动，是集体经济的产物。正如前面所说，在20世纪30—70年代的将近50年间，除了1962年的短暂复兴以及之后直至1968年的零星举办，幡会活动基本上是停止的，1981年村集体煤窑可以自留，千军台村和庄户村开始进入它们最美好的黄金发展时期，这才有了幡会的复兴与发展。老人们回忆，幡会的复兴不是偶然的，在村集体经济时代，每年正月十五都有戏，在村里的大戏台连演三天，都是请外面的大戏班子主演，村里自己搭着演小戏。1979年村里还组织了剧团，队里出钱购买服装道具。元宵节的时候发动老百姓做灯笼，还有评比和奖励。正是在这种繁荣、兴盛的背景下，幡会的回归才成为可能。而这一切的背后，是一个强大的集体所有制经济支柱，以及以村委为代表的集体组织形式。当集体消失，村落自然空心化，幡会又将何去何从呢？

正是由于村落共同体的消失、村落权威的弥散，原有运行良好的会首组织目前也存在问题。

在大台文保协会成立以前，千军台庄户幡会的核心领导层主要是两村会首组织。据统计，两村会首分别在六人左右，内部有分工与等级关系。按会首的话说，叫"老、中、青"三层结构。"老"会长发挥象征性作用，他们虽然年纪大，不实际参与组织工作，但经验丰富，德高望重，如果需要举办幡会或者协调冲突、缓解矛盾，往往需要"老"会长出面。中间层也是中坚层，是两村会首组织中的实际负责人。目前，这批会首基本是从20世纪80年代初就开始组织幡会活动，是两村幡会的总指挥。"青年"一代的年纪也在60岁以上，是近年来走会积极、热心集体事务的村民。在2017年的幡会活动中，他们也各自分管一部分工作。大台文保协会成立以后，成为非物质文化遗产的传承人，也是名义上的负责人，但实际的幡会组织还是由老一辈的会首们一手操持。会首们都是退休人员，没有任何补贴，没有报酬，都是凭着热情和爱好在传承祖宗传下来的东西。但随着他们年龄的增大，越来越多的人不再有能力参与到幡会当中来。正如有的会首所说："班子老化，大部分70岁上下，都需要考虑接班人。""目前来讲就是人员问题，传承接替。现在关键是你传给谁？现在人员够用，但是传承给谁？我都67岁了，腿脚不行，不能到处跑，必定要找个接班的。可是没有。"

为什么没有接班人？因为目前四五十岁这一批中坚力量，很难参与会首组织。这有两方面的原因。其一，四五十岁正处于事业顶峰，这一代人普遍工作很忙，很难抽出时间来操办幡会的诸多事宜。其二，也是更重要的，是青壮一代与上一代之间似乎存在无法弥合的代沟。30年来，会首们已经形成了极为稳固的领导团体，年青一代插不上嘴，说不上话，也很难进入领导核心。于是，老会首们会觉得自己找不到继承人。不过值得欣慰的是，目前二三十岁这一批年轻人开始成长起来。这些村里的年轻人，有的真心热爱本土文化，也受过良好的教育，从幼年就一直参与幡会活动，是真正"打着幡长大的一群人"，很多老会首不约而同地把希望寄托在了孙子这一辈身上。

（二）作为非物质文化遗产工作执行组织的大台文保协会面临的困境

千军台庄户幡会作为集体性民俗类非物质文化遗产项目，在传承人判定方面存在难以认定、难以负责等问题。但大台文保协会的存在，部分地解决了这个问题，它成为非物质文化遗产传承工作的执行者与传承人。这在一定程度上避免了外界力量对民间活动的粗暴干预，但与此同时也不可避免地带来了一些问题。

大台文保协会成立于20世纪90年代，本来是致力于大台地区文物调查与保护的组织。但由于非物质文化遗产政策的需要，再加上它具有跨越两村之上，又与政府部门有着良好关系的优势，这一非政府组织成为千军台庄户幡会非物质文化遗产保护与传承的执行性组织。目前，大台文保协会共有常务理事32人，主要人物是会长、秘书长、监事长，除了会长之外，其余人物基本由两村会首出任。千军台村幡会负责人负责千军台幡会的组织、管理，并需要与庄户村、板桥村的幡会负责人联络，共同商议联村幡会诸事宜，庄户村、板桥村亦同。

在执行国家非物质文化遗产政策、传承非物质文化遗产文化方面，大台文保协会不可不谓认真负责。每年专项下拨的非物质文化遗产专项资金，由大台文保协会统一制定预算，以报销的方式统一使用，经两村会首共同商议，内部账目明确清楚。我们没有听说资金账目不清或贪污舞弊的情况。较之其他一些地方出现的因资金分配不公而产生内部矛盾的情况，大台文保协会以集体组织的方式统一使用资金，这种做法是有突出优势的。除了资金使用之外，在音乐人才培育、会首组织传承方面，大台文保协会也做了大量工作。尤其值得指出的是，因为大台文保协会跨越两村之上，是两个村之间的第三方力量，所以反而可以做到公平、公正、公开，在很大程度上避免了两个村落在申报非物质文化遗产项目时的互相争夺。在多地共同申报传承的非物质文化遗产项目管理上，大台文保协会的做法为我们提供了宝贵经验。

但是，也正因为大台文保协会超然于两个村落之上，不是幡会的实际组织者与传承人，所以也出现了一些问题。突出表现在难以协调两村的不同需求，就是俗话所说的手心手背都是肉，但是一碗水很难端平。东村想要酱油，西村想要醋，两村如何能步调一致地统一行动？这是大台文保协会面临的大问题。

更为严峻的是，对非物质文化遗产相关部门而言，千军台庄户幡会的"保护者"和"传承人"似乎就是大台文保协会，但就这一协会本身而言，这一身份实在太沉重了。

从行政管理体制上说，千军台村与庄户村均属京煤集团与千军台社区共同管辖。京煤集团是国有企业，负责千军台、庄户两村的医疗、保险、养老等事宜；但两村又都属于千军台社区，社区的职权范围包括计划生育、社区治安，以及少部分医疗与社会救济等。但是，一方面是京煤集团搬迁，留下千军台与庄户无人过问；另一方面是社区没有实权，也管不了村集体组织应该管的事情。因此，幡会不属于上述任何一种行政管理，尤其是2007年密云踩踏事件后，政府明确提出"三不"——不参与、不支持、不反对。这更使得幡会缺少来自政府，尤其是安全保卫部门的直接肯定与支持。

目前，大台文保协会的工作仍然依靠志愿者的义务劳动。然而正如前文所说，幡会的复兴实际上建立在村集体经济与集体所有制的基础上，村落基层党组织与村委会长期以来就是幡会的实际负责人与执行人，这是幡会存续 30 余年的组织基础。这种组织动员能力是非政府、非营利、纯民间爱好者性质的大台文保协会不可能匹敌的。因此，文保协会目前面临的诸多困境——没有办公经费、没有号召力、没有决策力，从根本上说就是这种权力转型过程中所带来的矛盾。

目前，大台文保协会的负责人压力巨大。一方面，会首们对幡会有深厚感情，非常希望传承幡会、振兴村落；另一方面，种种现实困难与流言蜚语也让领导者们在某些问题上感到沮丧。社区、区委文化部门无法提供实质性帮助，村委会已不复存在，国家又要求必须传承，企业进不来，经济上不去，村落空心化，层层现实矛盾摆在他们面前，组织机制不畅成为目前摆在幡会面前的重要问题。

图 47　千军台村的会首们（鞠熙摄于 2017 年）

（三）幡会音乐传承与"非遗进校园"的困境

千军台庄户幡会最早受到学者的关注，并被列为北京市非物质文化遗产代表性项目，首先是由于它独特而丰富的幡会音乐。从调查的情况来看，目前幡会音乐的类型多样、表演丰富，表演群体人数尚可，短期内传承尚无问题，但长期传承的问题仍然存在。

以音乐会为例。音乐会的传承面临困难，主要有两个原因：一是幡会用乐极为特殊，颇有汉唐遗风，并且全是工尺谱。以鼓谱为例，幡会的大鼓会所使用的鼓谱原有72套，但目前可见到的只有28套，并且只有一两个村里的老人会。现在会点乐器基础的音乐班、吉祥班的成员，都是五六十岁的人。另外，音乐方面的人员培养比较困难，需要传承人下很大功夫去学，这无疑极大地提高了传承难度。"尤其是管子，七个眼，高音低音，都靠前面的引信，全靠技巧、凭感觉，那不是一下能学会的。"一位音乐艺人的话非常有代表性。

比如说音乐班现在由我一个人跟着，练习过程中就学会了。因为过去没有谱（现代乐谱），叫工尺谱。工尺谱就是靠传承。有的喜欢也聪明，吹时就听出来了，自然而然的。历史上20世纪60年代有一批正经学，发了谱子正经学的。为什么有些东西失传了？后来70年代我接触这个的时候，就是大大咧咧吹一个，你跟着吹着点，然后就跟着学了。通过耳音吹的这个，领不了弦。正规的老人传下来一句一句教的时候记得比较牢。就是一代一代传着走。所以就是回去个人练，把管子上的几个孔找好，回去自己练。至于说什么水平，大家合起来能吹到一块就这个水平。去年夏天，文保协会组织了一次培训，参加的最小的也将近60岁了。[①]

培养新的艺人，现学现培训并不是一件容易的事。而老艺人们有的因年纪太大不再参与幡会，有的则因在外地工作不能参与进来，加之能力不达标者、对曲子不熟悉等若干情况，使得幡乐的传承面临困难。

二是原有民间音乐的传承机制有赖于红白喜事、佛道法事。音乐会的乐手们之所以能有大量时间与内在动力提高自己的技艺，是

---

① 被访谈人：孙某，庄户村会首之一。访谈时间：2017年正月。访谈地点：庄户村礼堂院内。

因为他们需要参加各类宗教性、仪礼性的仪式，这也是很多研究者将这类音乐与白云观道教法事音乐或智化寺京音乐联系起来的原因。而在大力推行婚丧制度改革的今天，这类音乐班子的生存空间已经被严重挤压，人们不需要这类音乐，平时也听不到这类音乐，自然不再热爱这类音乐。2017年的幡会上，唢呐乐手只剩下一个，还是学了没多久临时上场的新手。据说，唢呐乐手现在实在找不到人了，唯一的这位唢呐手希望发动大学的力量，在全北京市范围内帮他们找会吹唢呐的人。

其他需要专业技能的艺术表演形式也存在类似问题。以舞狮为例，它需要长期训练与相当的技巧，以往千军台村的舞狮队是由木城涧煤矿的工人组织的。在20世纪80年代末到21世纪初的这段时间，京西煤矿处在它的鼎盛期，煤矿效益很好，工人业余文化活动丰富。舞狮队也在煤矿支持下得到了长足发展，多次参加北京市举行的民族运动会比赛，还参加过亚运会开幕式表演。但随着煤矿的破产，舞狮队随之失去了支持，最后只剩下极少数人在苦苦支撑。就连唯一的一套狮子服，还是二十几年前参加比赛赢回来的奖品。过去千军台村有小学时，小学生中有舞狮课程与相关培训。但随着小学被撤销，现在很难再找到合适的舞狮人了。

为此，包括门头沟政府、大台文保协会等在内的各种组织都制定出台了针对音乐会的传承保护措施。在北京门头沟区文化委员、永定河文化研究会等组织下，《京西幡会》《古都大台》等书以文字形式整理、记录了幡会的相关资料。从2011年前后开始，在千军台小学里，二至六年级的孩子们已经开始学习古幡乐。但是2014年，千军台小学停办，学生全部转入其他学校继续学习，古幡乐的传承再次面临问题。从2015年开始，音乐班会首以"非遗进校园"的名义，去门头沟的初中学校培训，但是据说现在学生不积极。

会首们说，智化寺搞的古乐，现在是国家级非物质文化遗产项目，但一个乐队也就八九个人。幡会古乐一动就要20多人，单吹管子一项五六个人，吹不容易，吹齐更不容易。这意味着，千军台庄户幡会音乐的演奏难度更大，传承更困难，然而得到的支持却更少。

为了保护与传承千军台庄户幡会的艺术核心——幡会音乐，大台文保协会也想了很多办法。例如每年暑假在村里办培训班，老师免费教，还给学生发补贴。但即使这样，学生也很少，能坚持下来的更少。目前长期坚持的年轻人只有两三个，今后的传承还面临很大问题。

（四）非遗概念形成有效的社会动员，但也造成了新的社区压力

千军台村与庄户村的村民基本搬出村落，他们之间的社会联系日益松弛，幡会原有的神圣意味也随着煤窑的关闭和村落共同体的消失而淡化。对于非物质文化遗产传承来说，这本是非常危险的境况。但万幸的是，正是在村落空心化现象出现的时候，非物质文化遗产概念进入村落。又由于联合国教科文组织及《保护非物质文化遗产公约》的护航、中央政府和地方政府的加持，这一概念迅速深入人心，并形成了一场真正意义上的"非遗运动"。"国家级非物质文化遗产"的称号在今天已经成为新的意义支点。它在为幡会活动提供合法性的同时也被赋予了神圣感。我们发现，千军台和庄户两村的所有村民都对传统幡会有强烈的文化自豪感与主动传承的意识。这不是来自原有的宗教信仰，而是来自非物质文化遗产概念所带来的价值感与情怀。"文化遗产"开始取代"宗教信仰"，实现了社会新的象征性系统的"神圣感转移"。香会、庙会等活动被赋予了除"信仰""兴趣"

与"社交"以外新的意义——文化传承与民族复兴,这成为村落中新的价值认同。因此,幡会的吸引力非但没有减弱,反而在非物质文化遗产工作的框架中获得了新的生命力。这是非物质文化遗产工作从根本上推动和保护了幡会文化的重要标志。

随着千军台庄户幡会成为国家级非物质文化遗产代表性项目,它亦日益成为京西门头沟旅游的一张"金名片"。这对于增强村民文化自信、促进村落复兴固然是好事,但也为幡会生存带来另一层面的压力和问题。

村民与外来游客之间的矛盾,似乎随着幡会名气越来越大,也越来越明显。在请神会上,无论是千军台还是庄户,都发生了因为拍照者站在香炉与神像之间而被呵斥的事件。走会过程中更是如此,拍照、摄像的人钻来钻去,严重影响了活动本身的节奏。会首说得好,幡会与妙峰山庙会不一样,后者有收入,而幡会全是村民自己的义务劳动,这些外来人员事实上对幡会传承并没有帮助。他们也许扩大了幡会的影响力,然而对村民来说这其实并不重要,因为村民始终认为元宵幡会就是他们自己的节日,不需要得到外人的承认。然而,这些"不请自来"的游客却无时无刻不在影响着别人。

的确,游客太多而管理缺乏,已经给幡会传承带来了清晰可见的影响。比如2017年元宵的幡会走会活动,就是因为游客太多,考虑到安全问题,临时取消了接会仪式中的号佛环节。社区负责人说:"人特别多。这个地方毕竟是个村子,狭窄,人流量太大了,我们都害怕出现问题。现在办什么活动都是以安全为主。政府在人力、投资方面都是很配合,有的保安都是政府调来的,光靠办事处那点人不够,又没有什么经验,没有保安、公安的经验。还牵扯到防火,森林公安都要找。还有交通、维护秩序。"①出于对安全问题的考虑，2017年两村幡会在交接时没有任何仪式，就直接开始下一环节，这在村里也引起了新的争端和矛盾。

图48 义务织补、爱护幡旗的村民（鞠熙摄于2017年）

五、幡会保护的对策建议

基于上述非物质文化遗产保护的现状与问题，我们提出以下三方面的保护措施。

（一）幡会保护的根本出路在于村落重建

村落无生命力，则幡会无生命力。目前村落空心化严重，要重建村落，必须考虑以下四方面问题：

1. 理顺管理机制，解放村落束缚

切实理顺京煤集团、千军台社区与大台文保协会之间的关系，不能幻想大台文保协会凭一己之力就能负责与传承如此规模庞大的集体盛会，这是不现实的，也是不符合千军台庄户幡会历史特点的。京煤

---

① 被访谈人：韩某。访谈时间：2017年4月。访谈地点：千军台社区内。

集团正处于下马状态，但财产、土地与地方政府的关系需理顺，政府协调起来手续繁多，且无法接触现金，很多经费上的困难解决不了。所以很多遗留问题，包括用水、用电、修房、修路、居民社保等，全都难以解决。在没有理顺管理机制之前，不仅村落规划发展难以落地，千军台庄户幡会的传承发展也只是空话。

2. 重建村落基层组织，以党建引领发展

千军台与庄户的集体经济解体后，基层组织事实上已经不复存在，这是村落内部目前矛盾重重、意见不统一，且幡会传承遇到困难的重要原因。从现实情况上看，无论是外来的京煤集团，还是政府委派的社区居民委员会，都不能承担基层村落组织的重任，而必须重新组织起类似于原村两委一类的架构，尤其是加强基层党组织的领导核心作用，发挥我党密切联系群众、团结群众的优良作风，重新将已经空心化的村落再凝聚起来。

3. 积极配合，严密监督，保证新规划按原计划落地

千军台村目前已经成为中国首批村落规划示范村，这无疑是巨大的发展契机。但由于前面所说的问题，目前这一规划难以落地，没有人具体负责实施，也没有人敢在土地产权问题上拍板。当然，规划也有一些问题，例如对历史建筑尊重不够等。但总的来说，规划的总体思路和方向是好的，完全可以成为两村重新焕发生机的铺路石。如何推进规划落地，将是近期摆在两村面前的重要问题。

4. 发展休闲旅游和第三产业，重新找回村落内在生机

传统集体经济形式难以为继，村落内在生机如何延续？可以参考南方村落的做法，投资休闲旅游业等第三产业，发展文创产业，让京西古商道重新焕发生机。

(二)巩固并延续村落内在认同

1. 找到有效手段,巩固村落认同,这是幡会赖以维持的生命线

千军台村与庄户村目前已成为事实上的空心村,这一现实在短期内无法改变。在这一前提下,村民之间几乎没有任何社会联系。他们四散在北京城各处,既没有共同居住,也几乎没有任何社会分工与合作。千军台庄户幡会之所以还能维持,几乎完全依靠情感因素。它包括四个方面:首先是对过去集体时代的怀念与"乡愁"。其次是以家庭为基本单元的组织方式所构建的家庭荣耀感。再次,对于伴随着幡会长大的年青一代来说,幡会已经是他们个性的一部分,是他们确认自我身份的重要方式。最后,也是最重要的,原有宗教敬畏感与新加入的非物质文化遗产权威共同构建的神圣感,为村民们提供了价值感来源。在此基础上,要巩固这种对村落的情感认同,应该尊重老年、中年、青年这三个不同群体对幡会的不同感情,保留村落原有的集体化符号与印迹,也尊重年青一代对幡会的意见与建议。最重要的是,充分尊重村民集体性的宗教情感,允许村民选择并保留他们的神灵祭祀场所、空间、法物、仪式、艺术等,绝不能以"封建迷信"为由肆意损害。在此前提下,发挥"国家级非遗"的强大号召力,增大宣传力度,进一步提高非物质文化遗产在村民心目中的感召力。

2. 进一步将村落与幡会价值化,利用多种手段,进一步增强文化自觉、增进文化自信

正如前面所说,"国家级非遗"所带来的价值感已经成为幡会发展中很重要的情感支撑,必须充分巩固和强化这种优势,让"非遗保护"成为人心所向、凝聚力所系。为此,应该积极鼓励千军台等村落与高校、科研院所等文化单位形成有效合作,充分发掘村落与幡会的文化资源与文化底蕴,坚决避免盲目开发、盲目商业化。为此,可以通过举办学术交流、合作研讨、旅游论坛、村落振兴论坛等多种形式，在充分发扬民间文化价值的基础上，形成正向社会舆论氛围，创造文化品牌，还要用好文化品牌。

3. 多种手段传承民间音乐

原有民间音乐的传承机制有赖于红白喜事、佛道法事，在婚丧制度改革的今天，这些音乐班子的生存空间已被严重挤压，这是造成民间音乐传承困难的根本原因。在国家进一步推进婚丧制度改革的今天，如何为这些民间音乐找到新的传承方式与内在动力，是摆在我们面前的大问题。在这方面，千军台与庄户两村已经做了很多有益的尝试，如开办学习班等。但从目前情况来看，仅仅靠"自愿"与"兴趣"，不能形成有效的动员机制，前景仍然堪忧。

为此，民间音乐传承应是目前千军台庄户幡会非物质文化遗产保护项目中的重点与难点，必须充分动员各种力量，有效利用各种手段，形成合力。可以考虑采取的方法包括：在大台中心小学、门头沟区其他学校继续开展非物质文化遗产进校园活动，培养学生兴趣；利用北京乃至京津冀地区其他音乐表演团体的资源，吸引更多民间音乐表演人才参加；继续开展幡会音乐传习班项目，利用亲缘关系、友缘关系等，吸引更多当地年轻人参与学习，爱上民间音乐。最后，也是最重要的，要破除"治丧＝迷信"的想法，允许民众选择自己传统的丧仪方式，为最后的音乐会社保留生存空间。

（三）转变思路，将非物质文化遗产的社区传承同时视为公共事件

如前所述，目前幡会的外来游客已经逾万，元宵走会已经绝不只是两个小山村的村民自娱自乐的"联村"走会，这是一次真正意义上的"庙会"。2017 年，门头沟地区光出动警力就有上百人，公安、武警、消防全部出动，这是真正的公共事件，必须用公共管理的思维去应对，而不是把幡会活动仅仅视为"文化传承"或"表演"。

为此，必须从整体上重新思考千军台庄户幡会对于村落生态、旅游市场、北京地方文化的意义，要以非物质文化遗产传承为契机，重建传统村落形态，打造京西文化旅游生态。更重要的是，要将幡会视为北京重要的节日旅游活动，但这一旅游活动的生命力与吸引力恰恰来自其自身的乡土性、泥土味与自发性。因此，一方面，要加大政府部门服务力度，尽力为幡会提供安全合理的硬件设施与安全保障；另一方面，必须严格避免政府强行介入、生硬命令和胡乱指挥，要尽可能在最大限度上保留幡会的原生性与自发性，方能形成良性互动的公共环境与节日事件。

附录
北京非物质文化遗产研究综述

近年来,学术界在北京非物质文化遗产保护传承研究方面取得了诸多重要成果。认真回顾和总结这些研究成果,有利于我们全面把握这一领域的研究动态,以便为今后的研究提供参考和借鉴。

非物质文化遗产保护工作是促进文化大发展、大繁荣的基础工程。北京市文联、北京民协自2012年底开始组织编纂《非物质文化遗产丛书》,截至2019年,已先后出版了四批。第一批共有10本,涉及民俗学、民间传统手工技艺、民间文学等方面的10个北京市级非物质文化遗产项目,包括《花儿金》、《妙峰山庙会》(上、下)、《京西幡乐》、《永定河传说》、《哈氏风筝》、《聚元号弓箭》、《双氏兔儿爷》、《秉心圣会》、《葡萄常》。第二批共有10本,涉及民间文学、民间手工艺、民间传统舞蹈、曲艺等方面的10个北京市级非物质文化遗产项目,包括《北京琴书》《单弦牌子曲》《中和韶乐》《五音大鼓》《千军台庄户幡会》《曹雪芹传说》《杨家将穆桂英传说》《延庆旱船》《石景山太平鼓》《花丝镶嵌》。第三批共有6本,涉及民间工艺美术、民间表演、曲艺、魔术等方面的6个北京市级非物质文化遗产项目,包括《北京刻瓷》《北京琉璃烧制》《北京杠箱》《幡鼓齐动十三档》《北京评书》《傅氏幻术》。第四批共有7种,涉及民俗、民间文学、传统技艺、传统舞蹈、曲艺等方面的7个北京市级非物质文化遗产项目，包括《厂甸庙会》《元宵节·九曲黄河阵灯俗》《圆明园传说》《京西民谣》《小靳花范葫芦》《京西太平鼓》《太平歌词》。北京非物质文化遗产保护中心组织编写了《北京非物质文化遗产传承人口述史》丛书共5册，包括《北京皮影戏·路宝刚》《琉璃烧制技艺·蒋建国》《金漆镶嵌髹饰技艺·柏德元》《古字画装裱修复技艺·王辛敬 李淑珍》《"泥人张"彩塑·张锠》。苑利和顾军主编《北京非物质文化遗产传承人口述史》丛书共10本，包括《京作硬木家具制作技艺·杜新士》《"面人汤"面塑·汤夙国》《北京灯彩·李邦华》《王氏装裱技艺·王旭》《曹氏风筝工艺·孔令民》《雕漆技艺·文乾刚》《景泰蓝制作技艺·米振雄》《京派内画鼻烟壶·刘守本》《"葡萄常"料器·常弘》《肆雅堂古籍修复技艺·汪学军》。北京市文化局和北京市社会科学界联合会编写了《2009北京非物质文化遗产研究报告》一书。赖阳和韩凝春等力求以翔实的一手调研资料为依据，以生态场和传承链理论为指导，深入挖掘北京商业非物质文化遗产资源，探索商业非物质文化遗产的传承机制和人才培养模式，在非物质文化遗产的传承研究中具有较高的学术创新价值。[①]《非物质文化遗产旅游发展战略研究：以北京为例》涉及非物质文化遗产的文献综述、非物质文化遗产旅游的利益相关者分析、非物质文化遗产旅游利益诉求研究、非物质文化遗产旅游实证研究、非物质文化遗产旅游发展利益协调机制等。[②]

下面以国务院公布的国家级非物质文化遗产的十大类别，即民间文学，传统音乐，传统舞蹈，传统戏剧，曲艺，传统体育、游艺与杂技，

[①] 赖阳、韩凝春等：《生态场 传承链：北京商业非物质文化遗产传承研究》，北京：中国经济出版社，2012年。

[②] 石美玉等：《非物质文化遗产旅游发展战略研究：以北京为例》，北京：中国旅游出版社，2015年。

传统美术，传统技艺，传统医药，民俗为依据，分类对北京非物质文化遗产研究进行综述。目前，北京市非物质文化遗产入选国家级非物质文化遗产项目名录的共有126项（含属地项目），涉及十大类别，其中传统技艺类占比最多，研究成果也相对丰富。鉴于北京民俗类非遗的研究状况在前面均有综述，这里只对其他九类研究成果进行梳理。

一、北京市民间文学类非物质文化遗产研究

截至2019年，北京市民间文学类非物质文化遗产项目入选国家级民间文学类非物质文化遗产项目名录的共有7项。当前学者们的研究主要集中在北京童谣、杨家将传说、天坛传说上，对其他民间文学类非物质文化遗产项目研究较少。

表1 北京市民间文学类国家级非物质文化遗产项目名录

序号	编号	类别【数量】	项目名称
1	Ⅰ-78	民间文学【7项】	童谣（北京童谣）
2	Ⅰ-32		八达岭长城传说
3	Ⅰ-33		永定河传说
4	Ⅰ-34		杨家将传说（穆桂英传说）
5	Ⅰ-85		天坛传说
6	Ⅰ-86		曹雪芹传说
7	Ⅰ-126		卢沟桥传说

岳永逸认为北京有着丰富的民间文学资源，但随着社会的转型和人们观念的转变，这些体现昔日北京文化个性的口头传统正在快速地

消逝。针对当下北京民间文学传承中存在的传承人老龄化、传承内容精英化、讲述场景缩小化、聆听者外来化等倾向，政府与社会各界应该采取多种措施来推动传承与发展。①

刘锡诚在其文章中写道：北京市从 2005 年到 2007 年启动了北京文化史上第一次非物质文化遗产普查。调查认为全市拥有的活态民间文学项目 8853 个。几年来有 17 个项目列入市级非物质文化遗产名录，"北京童谣""八达岭长城传说""永定河传说""杨家将传说"四项列入国家级非物质文化遗产名录，受到了政府保护。北京民间文学保护的特点是：在采录文本的质量和科学性上有显著提升，保护的导向更明确了；普查成果显示了分布的不平衡性——市井社会与乡民社会的不平衡，民间文学类与其他非遗类别的不平衡。这种不平衡与民间文学在老百姓生活中的实际生存状况和社会作用并不相称。在北京这样一个国际化大都市，以口头传承为生存特点的民间文学，面临着的生存困局，比其他类别（戏曲等表演艺术、民间美术、手工技艺等）尤甚。建议加强转变理念和保护力度，培养专业人才，开展深度的学术研究，特别是吸引和鼓励北京学者关注北京民间文学的搜集、保护和研究。②

毕海和陈晖认为童谣蕴含了民族文化的精髓。近年来，随着"唱响北京新童谣"等活动的开展，北京传统童谣日益受到文化研究者和教育工作者的重视。北京童谣记录着北京的历史变迁，承载着深厚的民俗文化内涵，具有突出的文学审美价值，是极为重要的文化教育资

---

① 岳永逸：《裂变中的口头传统——北京民间文学的传承现状研究》，《民族艺术》2010 年第 1 期，第 6—12 页。
② 刘锡诚：《北京民间文学保护若干问题的探讨——北京"民间文学"研究报告》，《民间文化论坛》2011 年第 2 期，第 5—10 页。

源。通过对传统童谣的选择与品鉴，将北京童谣更多纳入教学资源系统，推进儿童传唱童谣的活动，有助于探讨中华本土文化及地方特色文化对儿童进行精神教化的功能与价值、途径与成效。[1]牛艺璇和王继红通过对美国传教士何德兰所收录并翻译的中国童谣集《孺子歌图》的研究，对他者视角下的中华文化研究，予当今的中华文化海外传播以启示。[2]

当前，北京市开展西山永定河文化带建设。李自典等通过对永定河传说的挖掘，传承发扬其中的文化艺术价值，对"永定河畔的镇河牛"和"关老爷挥刀拦洪水"两个传说故事做了详细的描述。[3]

蔡宛平和郁志群在其文章中写道：海淀区位于北京市西部，历史上杨家将未曾到过此地，但今天却遗留有若干以杨家将故事命名的村落。这些地名历来多被认为是清初当地人民为反抗满洲贵族压迫而故意附会杨家将故事所改。从海淀区现有附会杨家将故事的地名分布特点来分析，相关地名分布主要集中在若干区域，而各区域形成杨家将地名的方式有所区别。大工村、韩家川、东西北旺一带与这一地区横向集中流行传播杨家将故事有关，说明这一带存在横向的民间文化交流路线。六郎庄一带则主要与清廷修皇家园林压榨百姓有关，其与南部的亮甲店相合，也证明该地与北部的西北旺等地存在着纵向的民间文化交流路线。[4]

---

[1] 毕海、陈晖：《北京童谣的文化教育意义》，《北京社会科学》2015年第6期，第24—30页。

[2] 牛艺璇、王继红：《何德兰〈孺子歌图〉与晚清北京童谣海外译介》，《中国文化研究》2020年第2期，第140—155页。

[3] 李自典、吴慧佩：《永定河治水的传说》，《北京观察》2019年第5期，第76—77页。

[4] 蔡宛平、郁志群：《海淀区地名与杨家将故事关系探究》，《山西档案》2017年第5期，第171—173页。

王晓帆探讨了昊天塔和杨家将传说之间的关系。北京市房山区良乡镇的多宝佛塔，是第七批全国重点文物保护单位，俗称"昊天塔"。这一俗名的产生，与杨家将骨殖传说有关。史籍中记载的昊天塔在今北京市石景山区昊天寺旧址，与杨家并无渊源。民间将昊天塔想象成忠烈杨家骨殖安放之所，多因元杂剧及《杨家府演义》等文学创作的影响，而后又将"昊天塔"这一称谓附会给良乡多宝佛塔。在历史流传中，传说与史实的错位不断被强化，并在不断的历史书写中，成为民间认同的文化信仰，而真实的历史却渐行渐远。①

　　梁家胜以"脉"与"场"两个核心概念作为切入点和基本阐释框架，运用宗教民俗学和社会心理学的相关理论对杨家将传说中所呈现出来的家族与宗族及其文化观念进行全新的审视和解读。通过论析，他指出，"脉"与"场"是"杨家将"这一特定英雄群像得以生发和承继的两个关键性因素，从而为我们理解在广大民众的生活和观念中根深蒂固的家族与宗族传统拓展了阐释的平台和空间。②

　　同时，梁家胜在另外一篇文章中写道：地方风物传说具有人文历史和民俗文化的内涵，是处于某一地方"小传统"的当地人对家乡故土风物的一种"群体记忆"和"文化阐释"。通过与地方风物的结合，民间传说成为负载人们情感取向和心理指归的会说话的"文本"，并建构出属于乡土社区和乡民自己的自然空间与文化场域的阐释体系。杨家将传说与地方风物的结合恰恰体现了民间叙事的演述情境与传说故事的背景场域这二者的交融与同一。民间叙事与地方风物的结合，

---

① 王晓帆：《史实、演义与传说——以杨家将故事与昊天塔为例》，《文化学刊》2019年第7期，第73—77页。
② 梁家胜：《脉与场：家族与宗族及其文化观念——以杨家将传说为例》，《青海社会科学》2010年第6期，第135—139页。

一般是经由模糊的、泛化的、抽象的情境空间设置演变转化为明确的、特定的、实在的现实生活空间来完成的。①

刘锡诚认为，天坛传说在北京地区已经传承了几百年，这些传说的传承，靠的不是书面记载，而是口头相传：社会的传承、邻里间的传承、家庭的传承、公园职工的传承等。它之所以能在北京这样的大都市中流传，仰赖于融合了"天人合一"宇宙观的天坛建筑群和历代帝王的祭天活动。②

毛巧晖通过梳理曹雪芹传说搜集整理的历史，呈现了民间传说在不同社会历史情境中的知识生产脉络及地方感的多维建构。20 世纪初期，随着现代启蒙运动及对人之个性的重视，以曹雪芹及《红楼梦》内容为基础的文艺创作与传播，为曹雪芹传说的产生和发展创造了条件。1949 年以后，民间叙事与时代"共名"，搜集整理者借用民间文艺的叙事模式，将阶级观念、革命叙事与民间信仰和传统伦理道德嫁接，潜移默化地影响民众的集体无意识；这些经过整理的文本又反向流入民间，民众将其与本地文化交融，在涵化与合成中形成了地方性叙事。21 世纪，在遗产化语境中，曹雪芹传说的在地化生产为地方感的形成提供了生命经验与情感纽带。③

二、传统音乐类非物质文化遗产研究

目前，北京市传统音乐类非物质文化遗产项目入选国家级非物质文化遗产项目名录的共有 4 项。当前，学者们的研究主要集中在智化寺京音乐和古琴艺术上，关于白庙村音乐会的研究成果较少。

---

① 梁家胜：《民间叙事与地方风物的结合：以杨家将传说为例》，《贵州民族大学学报》（哲学社会科学版）2016 年第 5 期，第 84—92 页。
② 刘锡诚：《天坛传说：圣与俗的统一》，《中国文化报》2011 年 5 月 5 日第 8 版。
③ 毛巧晖：《民间文学的搜集整理与知识生产：以曹雪芹传说为中心的讨论》，《红楼梦学刊》2020 年第 6 期，第 60—79 页。

表2 北京市传统音乐类国家级非物质文化遗产项目名录

序号	编号	类别【数量】	项目名称
1	Ⅱ-65	传统音乐【4项】	智化寺京音乐
2	Ⅱ-59		冀中笙管乐（白庙村音乐会）
3	Ⅱ-34		古琴艺术（申报单位为"中国艺术研究院"）
4	Ⅱ-34		古琴艺术（申报单位为"北京钧天坊古琴文化艺术传播有限公司"）

智化寺京音乐来源于明代宫廷礼仪音乐，至今已经传承500多年，与西安城隍庙鼓乐、河南开封大相国寺音乐、五台山青黄寺音乐及福建南音，同属我国现存最古老的音乐，享有"音乐活化石"之美誉。音乐生命力的延伸依附于人，古音乐的传承更无法脱离人。智化寺京音乐是我国现有古乐中唯一按代传袭的乐种，历经27代，仍保持着原始的风貌。这一古乐的历史发展及传承状况给今人带来众多启示与思考。①

刘婷婷认为，智化寺京音乐来源于古代宫廷礼仪音乐，被认为是中国古代音乐的"活化石"，2005年成为国家级非物质文化遗产。在现代社会语境下，京音乐和其他传统音乐形式一样，遭遇了传承和发展的困境。其文章通过文献整理与实地调查的方法，对智化寺京音乐的现状进行研究，审视智化寺京音乐在社会变迁下的存在状态，从而进一步思考传统音乐的保护与传承问题。②

孙鑫认为，智化寺京音乐应是智化寺建立之初就已经存在的，很

---

① 李然：《妙乐声声道沧桑——听北京智化寺京音乐》，《艺术研究》2008年第2期，第56—57页。
② 刘婷婷：《从智化寺京音乐的变迁思考中国传统音乐的传承》，《长治学院学报》2016年第33卷第4期，第66—69页。

可能是王振通过某种手段将部分宫廷音乐逾制带入寺中。但它的产生时间远早于明代，其乐器形制与曲谱曲牌甚至带有唐宋时期的遗风。清末民国时期，智化寺寺运萧条，艺僧们不得不靠传授音乐技艺为生，因而使京音乐对京津冀地区的寺庙甚至民间音乐产生了十分巨大而深远的影响。直至现在，京音乐与一些冀中笙管乐还有着惊人相似的部分，它还在思想上影响着周边的民间音乐会，体现了这种佛教音乐在中国传统音乐文化传播过程中的重要地位。①

杨静则简要叙述，智化寺京音乐的历史由来、记谱法及曲式结构，并以京音乐中乐队编制划分为依据，采取图文并茂方式，系统讲述了智化寺京音乐中所用乐器的演奏方法与形制特点。②

孙茂利认为，冀中笙管乐与西安鼓乐都是以笙管为主导的乐器组合类型。这种乐器组合类型属于鼓吹乐的一种，在历史上与国家制度有密切的联系。鼓吹乐由于制度规定性在音乐本体（律调谱器曲）诸层面具有一致性。在"鼓吹乐系"俗化过程中，由于"乐"之性能加强，出现了区域间丰富的差异。冀中笙管乐、西安鼓乐所承载的乐器组合、乐器形制与宫调系统具有一致性、相通性的内涵，具体体现在融十七苗笙、九孔管与七调为一体，彰显中国音乐文化大传统在当下的积淀。二者在音乐本体上又存在差异性，这是传统在接衍与承载过程中，在相对稳定的前提下产生了一定程度的变异所致。③

历史悠久的古琴艺术，以其丰富的精神内涵和人文品质，对传统

---

① 孙鑫：《浅谈智化寺京音乐》，《首都博物馆论丛》，北京：北京燕山出版社，2011年，第156—163页。
② 杨静：《智化寺京音乐及其所用乐器述略》，《演艺科技》2013年第S2期，第63—67、78页。
③ 孙茂利：《冀中笙管乐与西安鼓乐比较研究》，《艺术探索》2017年第31卷第4期，第103—109页。

文化的形成、发展具有深刻影响。彭岩认为，近年来由于受到传统精神失落、传统琴人消亡和现代文化的冲击，古琴传统生存状态受到威胁，现状不容乐观。他对古琴艺术的现状、发展趋势及影响传承的因素等进行分析，并对古琴艺术的保护与传承提出意见。[①]

古琴凝聚了中华传统文化思想的精髓，作为儒道佛思想文化的载体，古琴成为高雅乐器、文人乐器的标识。正因如此，古琴所处的地位越高，这件乐器最终成为博物馆式藏品陈列的可能性就越大。如何在当今文化环境中给古琴艺术的保护与传承发展寻找到一条适应性的道路，就成为音乐家、琴家所关心的重要命题。要做好这项工作，需要注意三方面的问题：一是重视古琴文化传统的原生性保存；二是学习和引进其他国家保护本国传统文化的优秀做法，寻求和建立有效的保护措施；三是为古琴的传承发展开辟适应性的道路。[②]

张艳认为，自2003年古琴"申遗"成功以来，古琴艺术在公众的视野中逐渐活跃起来。十多年来，古琴的传承与传播已经取得了比较丰硕的成果，并且具备了一定的规模。诸多古琴传播机构在城市"开花"，一批古琴传承人获得关注，各式与古琴相关的文化活动如火如荼地举行。在传播手段日益丰富、受众面愈加广泛的情况下，更需要对当代古琴艺术的传播进行总结和反思。从文化产业发展、传承人效应和现场演出的创新三个当下比较突出的传播现象入手，可以对古琴传播现状做些有益的探讨。[③]

[①] 彭岩：《对古琴文化保护与传承的思考》，《中国音乐学》2009年第2期，第89—92页。

[②] 于珊珊：《对古琴艺术传统的认识与发展思考》，《交响（西安音乐学院学报）》2013年第32卷第3期，第54—58页。

[③] 张艳：《关于当代古琴艺术传播的思考》，《音乐传播》2014年第4期，第59—62页。

阮海云认为，古琴是中国最古老的弹拨乐器之一，有着三千多年的悠久历史。古琴音乐风格独特，意蕴深厚，曲目数量众多，琴学理论丰富，琴家杰出，流派纷呈，在历史、文化、艺术、社会等方面具有独特的价值，是中国传统音乐中的瑰宝。在当前大力提倡非物质文化遗产保护的环境下，亟须全面而客观地认识和评价古琴音乐，既将古琴音乐原汁原味地保护和传承下来，又立足时代要求，对其进行创新发展与合理利用，从而使古琴音乐焕发出新的生命力。[1]

刘诗杨运用文化遗产学、文化产业融合相关理论，利用案例分析法、实地调研法，从古琴艺术传承发展至今的有关案例中总结与归纳出融合创新的两大实践形式：古琴艺术内部融合与外部融合。其中内部融合体现在文化、教育领域的融合，外部融合体现在技术、市场领域的融合，探讨不同实践形式的现状与趋势，以促进作为非物质文化遗产的古琴艺术实现活态传承。[2]

三、传统舞蹈类非物质文化遗产研究

目前，北京市传统舞蹈类非物质文化遗产项目入选国家级非物质文化遗产项目名录的共有8项。当前，学者们从不同角度对传统舞蹈类非物质文化遗产项目进行了较多的研究。

---

[1] 阮海云：《非遗语境下古琴音乐的价值意义和发展保护》，《北京联合大学学报》2021年第35卷第1期，第70—74页。
[2] 刘诗杨：《活态传承："非遗"语境下古琴艺术融合创新的实践形式》，《北京文化创意》2020年第5期，第56—64页。

表3 北京市传统舞蹈类国家级非物质文化遗产项目名录

序号	编号	类别【数量】	项目名称
1	Ⅲ-1	传统舞蹈【8项】	京西太平鼓
2	Ⅲ-42		鼓舞（花钹大鼓）
3	Ⅲ-5		狮舞（白纸坊太狮）
4	Ⅲ-1		京西太平鼓（石景山太平鼓）
5	Ⅲ-1		京西太平鼓（怪村太平鼓）
6	Ⅲ-2		秧歌（小红门地秧歌）
7	Ⅲ-112		太子务武吵子
8	Ⅲ-2		秧歌（延庆旱船）

列入国家级非物质文化遗产名录的"京西太平鼓"，是我国北方太平鼓的一个地域性分支。孙冬虎认为，唐代以前的几种舞蹈与它具有渊源关系，直接的源头则是宋代定名的"太平鼓"。明清大量诗文记录了北京太平鼓的兴盛，证明这种民间艺术已经从农村走进城市。受清朝道光年间危害城市治安事件的牵连，太平鼓表演逐渐从北京城区退回郊区农村。今人主张的清末才由北京城区传入京西之说，则与史实大相径庭。隐含在古籍中的许多重要史料，尚须进一步发掘和研究。①

太平鼓舞是中国传统的民间舞蹈艺术。马秦尧和张竹岩重点厘清京津冀三地太平鼓的历史渊源，并对三地太平鼓舞的动作风格、形态特点进行比较研究，探究三地太平鼓舞的异同，目的在于促进京津冀地区文化的协同发展。②

---

① 孙冬虎：《"京西太平鼓"史迹考索》，《北京社会科学》2013年第1期，第109—113页。
② 马秦尧、张竹岩：《京津冀三地太平鼓舞特色比较研究》，《艺术评鉴》2017年第17卷，第70—71页。

杨秀明从性别角度入手，认为京西太平鼓的鼓、舞和歌，承载着传统京西妇女的独特文化记忆。这一记忆对女性在非遗传承与保护中的文化认同和性别认同具有突出意义。对京西太平鼓的关注与阐释，不应局限于单纯追求固化和保留，而应反思当下话语中的京西太平鼓，从中辨认亲历其中的我们如何影响京西太平鼓，以及京西太平鼓是如何影响我们自身的。从性别记忆视角对非物质文化遗产实践的中国道路、中国经验进行创新性阐释，有助于构建更为真实、丰满的非物质文化遗产中国学术话语。①

小红门地秧歌至今已有270多年的历史，依靠居住在现红寺村的满族正黄旗"芦"姓家族与村际关系辈辈传承，经历四次重整，至今仍活跃在北京的花会界。张占敏认为小红门地秧歌从表演特征上看，它是老北京花会中唯一一档以"地秧歌"形式存在的民间艺术。根据对地秧歌会员的访谈与跟踪式、体验式参与观察，她概述了其基本情况与传承发展现状，并详细描述了小红门地秧歌的表演形态，希望能够引起更多人对它的关注与重视。②

杜洋在实地田野调查的基础上，探讨了小红门地秧歌这一"村落文化"成为国家级非物质文化遗产前后的传承实践，并提出传承实践中存在的问题以及自己所做的思考。③

白纸坊太狮系北京市国家级非物质文化遗产的代表性项目，具有鲜明的地方特色和文化内涵。晋小洁等人通过专家访谈法、文献资料

---

① 杨秀明：《性别视域下的京西太平鼓"记忆之场"研究》，《贵州大学学报》（艺术版）2021年第35卷第2期，第84—88页。
② 张占敏：《北京市朝阳区小红门地秧歌调查报告》，《北京舞蹈学院学报》2012年第3期，第76—80页。
③ 杜洋：《非遗前后小红门地秧歌的传承实践》，《遗产与保护研究》2017年第2卷第7期，第125—126页。

法、逻辑分析法、实地观察法,对白纸坊太狮的历史源流、发展、基本内容及价值进行论述,分析它的保护和传承现状,找出其保护和传承中的经验与不足,并提出新的发展路径。①

非物质文化遗产保护是激发人类创造力的重要因素,对于维护文化多样性和构建和谐社会具有重要意义。在保护和发展非物质文化遗产的进程中,民间体育文化的发展已经唤醒了人们对其的热爱和追寻。"白纸坊太狮"是北京地区著名的民间花会之一,但是随着经济的迅速发展,这一古老的民间体育受到了前所未有的冲击。为了拯救"白纸坊太狮"这一优秀文化遗产,2008年,国家将其列入第一批国家级非物质文化遗产扩展项目名录。段全伟等人运用文献资料法、田野考察法等研究方法,从人类学和民族学的角度,对其文化特色、发展渊源、保护现状和存在问题进行认真的归纳和分析。研究发现,"白纸坊太狮"在目前的发展中存在着人才断层危机以及培养、管理、资金等方面的问题,从而提出加强对传承人的扶持、管理以及与学校建立研究机构等保护对策,旨在唤起全民族的文化自觉,对我国民族民间体育的发展起到一定的参考作用。②

"白纸坊太狮"是北京市申报的国家级非物质文化遗产项目,具有鲜明的文化内涵和地方特色。陈兰和杨冬运用文献资料法、田野考察法、访谈法以及逻辑分析法等研究方法,对"白纸坊太狮"的历史源流、发展及保护传承的现状、本身的价值进行分析,找出其传承保护的经验与不足。他们针对白纸坊太狮面临的人才断层、传承人素质

---

① 晋小洁、张长念、王璐璐:《北京市国家级非物质文化遗产的保护与传承——以白纸坊太狮为例》,《中华武术(研究)》2015年第4卷第12期,第84—88页。
② 段全伟、吕韶钧、雷军蓉、王建文、刘伟:《非物质文化遗产"白纸坊太狮"传承与保护》,《北京体育大学学报》2011年第34卷第9期,第38—40、47页。

不高、动作难度大众化不足以及宣传力度欠缺等问题，从国家与政府、白纸坊地区和白纸坊太狮自身因素三个方面出发，提出与此相关的发展途径，为更好地弘扬和继承以白纸坊太狮为代表的我国民族传统体育文化提供参考。[①]

西铁营花钹大鼓是北京地区具有代表性的汉族民间舞蹈，它是清代民众以进香修善为宗旨而自发组织的民间武会十三档之一。曲超和岳迪认为，从西铁营花钹大鼓的生存背景来看，明清时期统治阶级推行"儒、释、道"三教并用的政策，使得它的宗教文化内容深受传统文化的影响而具有多重含义，他们还从原始信仰、道教、儒学三个角度来阐析西铁营花钹大鼓的宗教文化蕴含。[②]

延庆旱船是延庆地区传统的民间艺术，有着悠久的历史，蕴含当地人民传统文化的内涵和价值。向科霖对延庆旱船的舞蹈艺术特征进行了阐述，同时对延庆旱船的传承价值、传承现状进行了描述和分析，并对延庆旱船的传承提出建议，希望能为延庆旱船的发展略尽绵薄之力。[③]

四、传统戏曲类非物质文化遗产研究

目前，北京市传统戏曲类非物质文化遗产项目入选国家级非物质文化遗产项目名录的共有5项。当前，学者们对传统戏曲类非物质文化遗产项目进行了较多的研究，成果颇丰，但针对北京市传统戏曲类

[①] 陈兰、杨冬：《国家级非物质文化遗产"白纸坊太狮"保护与传承研究》，《武术研究》2017年第2卷第3期，第101—103、115页。

[②] 曲超、岳迪：《西铁营花钹大鼓的宗教文化透析》，《山东农业大学学报》（社会科学版）2011年第13卷第2期，第107—110页。

[③] 向科霖：《延庆旱船的舞蹈艺术特征及传承现状》，《黄河之声》2020年第20期，第172—173页。

非物质文化遗产项目的研究较少，缺少地方性特色。例如，对北京评剧和北京皮影戏的研究就较少。

表4 北京市传统戏曲类国家级非物质文化遗产项目名录

序号	编号	类别【数量】	项目名称
1	Ⅳ-1	传统戏剧【5项】	昆曲
2	Ⅳ-28		京剧
3	Ⅳ-22		河北梆子
4	Ⅳ-51		评剧
5	Ⅳ-91		皮影戏（北京皮影戏）

近年来，非物质文化遗产戏曲的保护与传承已成为国家文化战略的重要议题。周凯等认为，为适应当代社会的文娱价值观，非物质文化遗产戏曲只有在保持自身艺术精髓的同时，走文化产业化的道路，从戏曲革新时代化、观众培养常规化和社会引导多元化等角度对艺术本身和传播方式进行积极革新与探索，才有可能实现非物质文化遗产戏曲在当代的光大传承。①

昆曲不仅是中国传统戏曲的集大成者，而且也汇集了中国古代文学、音乐、歌舞以及其他表演艺术的精华，这是其在新时期能实现现代性发展的基础。俞为民认为，昆曲的现代性发展，必须遵循昆曲的艺术规律，保持其本质特征。昆曲内容上的创新，主要指应创作出具有时代气息、为今天的观众所喜闻乐见的昆曲剧本；表现形式上的创新，主要指应在不失昆曲艺术特征的前提下，进一步丰富昆曲的表演手段，以适应当代观众的欣赏需求。②

---

① 周凯、田瑞敏：《从"昆曲传承计划"看"非遗"戏曲的保护与传承》，《福建论坛》（人文社会科学版）2012年第8期，第24—28页。
② 俞为民：《昆曲的现代性发展之可能性研究》，《文化艺术研究》2011年第4卷第1期，第133—155页。

张祖群从非物质文化遗产申报中的文化自觉论、教育传承论、法律制度论等观点入手,以京剧为案例分析其流传的时间、空间交互作用和表现形式,剖析了京剧"三元合一"的特征、四大流派以及相应代表人物。研究认为,需要辩证看待京剧申报人类口头及非物质文化遗产一事,京剧作为一个文化标签,只有把古老和现代结合起来并适当改革,才能真正得到传承。自上而下和自下而上申报非物质文化遗产是两种完全不同的路径,在起点、过程和终极目标、价值关怀等方面完全不同,应该善于运用法律和吉尔兹"地方性"表述知识,辨析和传承真实有意义的文化遗产,切勿跟风赶潮地将"申遗"变成一个闹剧,那样将是文化遗产运动的悲哀。①

京剧非物质文化遗产项目保护单位是京剧档案工作最直接的相关主体之一。王巧玲等人以非物质文化遗产项目保护单位为考察视角,从收集、整理、保存以及开发利用四个方面详细分析了京剧档案工作的现状,讨论了其存在的问题,并以开放合作的思路提供了具体的建议。②

孙淑萍等人从非物质文化遗产传承性入手,以京剧脸谱为研究对象,阐述脸谱以夸张的造型、鲜艳的色彩、装饰性图案作为京剧脸谱艺术的视觉符号,折射出了中国传统文化中深厚的民族精神和时代特征。其文章从符号学角度研究京剧脸谱,通过"形""色""饰"来传"意",挖掘了京剧脸谱符号形式与设计作品内容之间的深层联系,希望能不断丰富京剧脸谱的艺术表现形式和非语言符号,使非遗文化

---

① 张祖群:《从京剧申报"非遗"角度解析其文化传承》,《武汉科技大学学报》(社会科学版)2013年第15卷第2期,第217—221页。
② 王巧玲、游洪波、李希:《非遗项目保护单位视角下京剧档案工作现状及对策研究》,《北京档案》2016年第11期,第22—24页。

具有时代特性,符合时代审美,从而实现中国传统文化与艺术设计的跨界融合。①

徐艳红等对河北梆子进行了溯源,认为河北梆子是中国北方梆子声腔系统的重要支脉,是河北、天津、北京乃至我国北方地区的主要剧种之一。山陕梆子传入燕赵大地之后,融合当地民俗民风、欣赏情趣、语言声韵,历经百余年的嬗变,于19世纪前叶生成为一个新的剧种,延至1951年,始定名为河北梆子。

五、曲艺类非物质文化遗产研究

目前,北京市曲艺类非物质文化遗产项目入选国家级非物质文化遗产项目名录的共有6项。学者们的研究方向主要集中在相声、岔曲等项目,对北京评书和数来宝等项目研究较少。

表5 北京市曲艺类国家级非物质文化遗产项目名录

序号	编号	类别【数量】	项目名称
1	V-47	曲艺【6项】	相声
2	V-49		单弦牌子曲
3	V-49		岔曲
4	V-48		京韵大鼓
5	V-57		北京评书
6	V-115		数来宝

岔曲作为满族特有的曲种和独有的曲调,一直为京城百姓所喜闻乐见,其中的抒情短章更是汲取了我国古典诗歌的营养。姚颖以写景类抒情岔曲和咏物类抒情岔曲为例,从形式和内容两个方面分

---

① 孙淑萍、郭筱钰:《基于非遗文化传承下的京剧脸谱视觉符号设计应用研究》,《艺术科技》2017年第30卷第4期,第279页。

析岔曲与古典诗歌的渊源关系，发现了抒情岔曲既典丽又创新的艺术特点。①

岔曲形成于清代中期，是具有满族文化艺术特色的俗曲之一。章学楷主要对岔曲的形成、命名、兴起和发展、格律及演唱形式进行了研究和探讨，对岔曲曲词进行了分类和剖析。他还对"八角鼓"这一概念及八角鼓票房的建立、过排、走局等活动做了较详细的论述。其文章概括了岔曲的兴衰，以及受岔曲影响而发展成的北京八角鼓艺术的发展历程。②

伊增埙认为，乾隆中叶北京的八旗子弟汲取汉族弋腔曲调，首创歌功颂圣的岔曲。帝王的提倡和文人的介入，提高了它的社会地位和艺术品位。它在宫廷府第传唱，盛极一时。道光时期，岔曲从票房走向社会，从自娱转为卖艺。杂曲俚语的滋养与古典诗文的影响交汇，使之形成雅俗共赏的风格。光绪初年，岔曲与牌子曲进一步结合，衍生出长于叙事的单弦牌子曲。岔曲的创造、发展，是满汉民族融合的历史文化见证。③

郭铁娜认为，岔曲是满族特有的曲艺形式，是清朝流行时间最长的俗曲，也是八旗子弟学习汉文化的产物。岔曲从形成之日起，在学习汉文化的同时，又带有鲜明的满族文化特色，这种文化特色在岔曲的语言中保留得最为明显。她通过对岔曲文本的分析，总结了岔曲语言的民族特色并揭示了其形成原因。④

---

① 姚颖：《岔曲及其与古典诗歌的关系》，《民族文学研究》2008年第4期，第61—64页。
② 章学楷：《岔曲研究》，《满族研究》2006年第3期，第68—83页。
③ 伊增埙：《满族与岔曲》，《满族研究》2004年第1期，第55—64页。
④ 郭铁娜：《浅谈岔曲语言的民族特色》，《满族研究》2012年第3期，第92—96页。

单弦牌子曲作为北京传统的曲艺音乐形式，自产生以来便以其独特的艺术魅力广泛传唱于京津地区，显示出鲜明的地方特点。王宇琪结合统计学的方法，通过对单弦牌子曲大量曲目唱腔与唱词结合关系的分析，探讨这一曲种在腔词关系中所体现出的地方性。[1]

中国传统相声发展已过百年，当下京、津相声现场演出的场所主要是茶馆与小剧场。耿波等对京、津具有代表性的相声场所，其中包括北京的天桥乐茶园剧场、湖广会馆、东城区周末相声俱乐部、广茗阁（鼓楼）笑剧场，天津的天华景戏院、新名流茶馆、大金台茶馆进行了现场描述。通过问卷调查，对京津地区观众听相声的目的、方式、场所选择等进行考察，并指出了京、津两地相声观众的差异。在相声演出生态方面，依据田野调查与问卷调查，重点分析了京、津相声演出的文本创新性、演出氛围、表演空间以及相声文化建设与产业发展等问题，并就营造良好相声演出生态提出了一系列建议。[2]

刘雯和刘娟通过呈现京韵大鼓乐人的个性伴奏观、乐器作用观、伴奏观、协和观、流派观等演唱演奏观念来解释京韵大鼓的"胡咬弦、琵琶塞缝"多声部音乐形态特征，说明不同套路、伴奏手法、流派风格是如何影响着多声部音乐形态的变化。[3]

六、传统体育、游艺与杂技类非物质文化遗产研究

目前，北京市传统体育游艺与杂技类非物质文化遗产项目入选国

---

[1] 王宇琪：《单弦牌子曲腔词结合关系探微》，《内蒙古大学艺术学院学报》2010年第7卷第1期，第105—109页。

[2] 耿波、史圣洁：《口碑、牌子与品牌：北京非物质文化遗产品牌化问题》，《浙江师范大学学报》（社会科学版）2016年第41卷第2期，第19—26页。

[3] 刘雯、刘娟：《京韵大鼓多声部音乐形态与乐人的音乐观》，《中国音乐》2020年第5期，第37—47页。

家级非物质文化遗产项目名录的共有10项。学者们从不同学科视角对北京市传统体育、游艺与杂技类非物质文化遗产进行了细致的研究,成果颇多。

表6 北京市传统体育、游艺与杂技类国家级非物质文化遗产项目名录

序号	编号	类别【数量】	项目名称
1	Ⅵ-3	传统体育、游艺与杂技【10项】	天桥中幡
2	Ⅵ-4		抖空竹
3	Ⅵ-18		围棋
4	Ⅵ-19		象棋
5	Ⅵ-70		口技
6	Ⅵ-25		八卦掌
7	Ⅵ-21		天桥摔跤
8	Ⅵ-73		通背拳
9	Ⅵ-82		幻术(傅氏幻术)
10	Ⅵ-11		太极拳(吴氏太极拳)

天桥中幡,是老北京民间杂耍的一个标志性项目,直到今天仍然留在很多老北京人的记忆中。中幡耍的是力量和技巧,展现的是阳刚和气势。清代专门记叙北京及河北地区百戏表演情况的专集《百戏竹枝词》里这样描述:"铃铎声中金鼓撞,佛场弟子健能扛。彩帆正面凌风稳,一朵云飞如意幢。"天桥中幡在威武雄劲之外,又加入了诙谐幽默,透着老北京皇城根下特有的平民味道。[①]朱艳楠和郑丽通过调查分析,发现目前北京的天桥中幡在保护及发展传承等方面还存在一些问题。他们在文章中通过对这些问题的研究,讨论保护发展北京非物质文化遗产的重要性,有助于提出相应的保护措施和建议。[②]

---

① 《老北京的杂耍——天桥中幡》,《前线》2015年第7期,第129页。
② 朱艳楠、郑丽:《北京非物质文化遗产的保护与发展研究——以天桥中幡为例》,《传承》2014年第8期,第141—143页。

学者们对抖空竹的研究主要集中在学校体育课程中，通过对抖空竹的研究，增加体育课程的多样性和趣味性。抖空竹是我国独有的一项民族传统健身项目，在我国有着悠久的历史和深厚的文化底蕴。抖空竹集健身、娱乐、表演于一身，四季寒暑都可练，男女老少皆适宜，深受广大群众欢迎。杨金刚等人采用文献资料法、访问法、实地考察法了解抖空竹的起源，分析了抖空竹的价值及国内发展现状，发现了抖空竹在传承发展中遇到的问题，并结合实际情况找出相应对策，旨在丰富人们大众的社会文化生活和弘扬少数民族传统体育发展。[1]

白杰和谭扬芳认为，北京抖空竹作为非物质文化遗产，反映了北京市民集体生活、长期得以流传的人类文化活动及其成果，因而具有不容忽视的历史文化价值。他们从传承历史、传播科学和传达审美三个方面分析了其承载的历史文化价值，从社会和谐价值和经济开发价值两个角度剖析了其承载的社会经济价值。[2]

华峰认为，在学校开展抖空竹教学活动，既是对我国优秀民族体育的传承与发展，又是弘扬体育文化的一种教育实践，不但受学生们喜爱，更有利于增强学生体质，对学生预防肩周炎有很好的效果。抖空竹还能保护学生视力，预防近视，促进学生大脑发育，提高大脑技能，在消除学生的学习压力方面也起到显著的效果。其文章为推广学校教育中的抖空竹体育项目提供了可供参考的思路。[3]

蒋晓明认为抖空竹作为一项体育项目，不但具有悠久的历史，而

---

[1] 杨金刚、王一文、王馨平：《浅析抖空竹的价值与传承发展》，《体育科技文献通报》2013年第21卷第6期，第108—110页。
[2] 白杰、谭扬芳：《北京抖空竹的历史文化价值和社会经济价值探析》，《北京电子科技学院学报》2008年第1期，第73—76、96页。
[3] 华峰：《民族体育抖空竹进入学校的可行性研究》，《当代体育科技》2017年第7卷第35期，第191、193页。

且活力十足。抖空竹不仅要求胳膊不停运动，最重要的是身体各个部分要能够完美地协调起来，是一项锻炼全身的体育项目。而学生正处于身体发育的黄金时期，因此要保障他们的身体健康、协调性以及灵活性等同步发展。[1]

秦海生运用文献资料法对抖空竹运动的起源及发展进行探讨，认为抖空竹运动历史悠久，是一项集娱乐、健身、竞技、观赏于一身的传统体育项目，具有独特的文化内涵和传承意义。[2]

武术是中华民族的瑰宝，是我国优秀传统文化的重要组成部分。《周易》、八卦是我国优秀的传统文化，更是我们的特色文化。汪琴根据八卦理论，阐释八卦掌与太极八卦图、八卦数的内在联系，并结合八卦理论说明八卦掌所具有的养生功效。[3]

时传霞和尹洪兰通过文献资料法、历史钩沉法对八卦掌的源流进行探讨，其结果证明：阴阳八盘掌本来就是八卦掌；八卦掌来自八卦教；八卦教内部流传的八卦拳就是八卦掌；八卦教是八卦掌形成的重要社会条件，梅花拳与八卦掌具有渊源关系。[4]

尹岳楠运用口述史方法对民间八卦掌拳师进行研究，并结合文献资料论证，从中探究其新的发展模式，为其他传统文化的发展提出可行性建议。[5]

---

[1] 蒋晓明：《民族传统体育空竹的现代传承与发展》，《西昌学院学报》（自然科学版）2013年第27卷第3期，第116—118、122页。

[2] 秦海生：《抖空竹运动发展研究》，《体育文化导刊》2010年第12期，第100—104、108页。

[3] 汪琴：《浅谈八卦掌与八卦的关系》，《武术研究》2016年第1卷第7期，第51—53页。

[4] 时传霞、尹洪兰：《八卦掌源流的探讨》，《山东体育学院学报》2013年第29卷第1期，第56—59页。

[5] 尹岳楠：《不同视角下八卦掌之发展探究》，《搏击（武术科学）》2013年第10卷第9期，第30—32页。

刘勇针对当前武术界"掌""拳"不分，或不能明确区分"八卦掌"与"八卦拳"的现象，对八卦掌与八卦拳的拳术源流进行考证；对其基本理论、风格特点、套路内容等进行分析与比较，认为八卦掌与八卦拳是两种完全独立的拳术体系。①

明桂林等通过对近30年来110余篇有关八卦掌学术论文的研读及总结，并借助史式八卦掌第四代传人狄建强师父的口述，得出结论：八卦掌源起于董海川，然而董海川之前的一段历史亟待研究；八卦掌功法鲜明，内涵丰富；八卦掌健身效果明显，但缺乏科学论证；八卦掌学术研究论文总量少、范围窄、交叉学科研究滞后、研究基金项目少；八卦掌发展潜力巨大，当借鉴少林、太极打造八卦掌文化产业园。②

口技是利用口、齿、唇、舌、喉、鼻腔、小舌等发声器官来模仿大自然的各种声音的一种表演形式。宋代作为一种艺术形式登上舞台，明清时期达到鼎盛。在我国，口技有着悠久的历史，2011年被文化部列入第三批国家级非物质文化遗产名录。方浩然通过对口技仿声素材和声音艺术化处理的探究，来把握模仿素材的基本特点，可以合理地将声音素材进行艺术化处理，以便更好地继承发展口技艺术。③

以陈、杨、武、吴、孙等为代表的各式太极拳已经广泛传习于五湖四海，造福了世界各地的无数民众。北京奥运会开幕式上的太极

---

① 刘勇：《对八卦拳与八卦掌内容的考证与分析》，《上海体育学院学报》2002年第1期，第71—73页。
② 明桂林、狄建强、夏承海：《八卦掌研究之历史渊源、项目特点及推广研究》，《武术研究》2020年第5卷12期，第47—50页。
③ 方浩然：《口技仿声素材艺术化处理的探究》，《杂技与魔术》2017年第5期，第49—50页。

华章更是吸引了各国人民。从杨露禅北京授拳前中国武术的"乡间把式房"生存状态到现在以太极拳风行世界为标志的中国武术文化，生动地体现了中国武术宏观发展在不同历史阶段所表现出的不同时代特点。申国卿回首太极拳发展历程，认为其中应当有一些不同寻常的规律和原因，这些因素决定了太极拳发展的成功之路，同时，对于中国武术的科学发展也能够起到相应的启发作用。①

宋广生等运用文献资料法、问卷调查法、实地考察法、个人访谈法、数理统计法等研究方法，对北京市吴式太极拳传承与发展现状进行研究，并针对其存在的问题提出建议，以期更好地促进吴式太极拳的发展。②

周伟和王海滨采用文献资料、专家访谈和综合分析等研究方法，在探讨太极拳的文化品牌培育概念、意义和太极拳传播的文化品牌命名的基础上，从产品、竞争、受众、战略四个方面分析了太极拳传播的文化品牌定位问题，同时提出了大力发展太极拳文化产业、走全民健身发展之路和构建多元化支持太极拳文化品牌培育与发展的保障体系，为研究太极拳传播的文化品牌培育与发展策略提供参考。③

关振军深入研究了吴氏太极拳的历史及当前现状。吴式太极拳由杨式太极拳演变而来，创始人为满族人全佑（1834—1902年），经其弟子王茂斋、吴鉴泉、郭松亭修润，到民国初年定型，传播至今。民国期间，王茂斋、吴鉴泉广收门徒，吴式太极拳功及推手有了较大的

---

① 申国卿：《太极拳勃兴折射的武术生存状态变迁》，《体育科学》2009年第29卷第9期，第92—96页。
② 宋广生、罗民掀、孟凡莉、王悦：《吴式太极拳在北京地区的传承与发展研究》，《运动》2018年第20期，第149—151页。
③ 周伟、王海滨：《太极拳传播的文化品牌培育与发展策略研究》，《山东体育科技》2014年第36卷第6期，第24—28页。

发展,"南吴北王"影响全国。20世纪40年代至60年代初达到鼎盛,第三代王子英、杨禹廷、修丕勋、王厉生,第四代王培生、李经梧、刘晚苍成为中国武林太极推手的顶尖人物。"文化大革命"时期,吴式太极推手陷入低谷。自改革开放以来,太极拳训练中重视套路练习而轻视推手训练。现在,北京吴式太极拳研究会举办太极推手大会,使之发扬光大。①

通背拳是京、津、冀、辽等地区广为流传的拳术之一。在200多年的发展过程中,该拳从无到有,从小到大,在全国范围内迅速传播开来,并在拳理拳法、功理功法、内容等方面形成了独立的体系。通背拳是中华民族古老的拳种之一,2014年被评为国家级非物质文化遗产保护项目。赵秋菊等人对通背拳的源流进行追溯,对其技术的演变特征进行了分析,对技术体系和理论体系进行了归纳总结,旨在为通背拳的研究提供较系统的理论依据与参考资料,使人们正确认识通背拳的历史和发展过程,对通背拳的传承、保护和弘扬有一定的现实意义。②宋振华和李占华根据多年的练习和教学经验,针对初学者经常问到的一些代表性问题,查阅了大量的文献资料和拳谱,进行了系统的考察和解析,并简要总结概括。③张长念等主要运用文献资料法、访谈法以及实地考察法等研究方法,对"白猿通背拳"的历史流源及发展、技法技理、拳法价值、文化空间、本身的价值进行分析。④以

---

① 关振军:《吴式太极拳推手的历史及现状》,《中华武术(研究)》2014年第3卷第10期,第78—83页。
② 赵秋菊、邓玲玲、凌静园:《通背拳的传承脉络与技术演变特征研究》,《沈阳体育学院学报》2017年第36卷第4期,第128—132页。
③ 宋振华、李占华:《通背拳若干问题考析》,《中华武术(研究)》2017年第6卷第8期,第58—62页。
④ 张长念、刘金鹏:《非物质文化遗产"白猿通背拳"的挖掘整理研究》,《中华武术(研究)》2018年第7卷第9期,第20—26页。

上研究对于传统武术的传承发展将具有较为普遍的参鉴意义。

摔跤是一项古老的竞技项目，两人徒手相搏按一定规则以各种技术、技巧和方法摔倒对手。被称为"京跤"的天桥摔跤在传统摔跤技艺的基础上发展成了颇有"武相声"式的表演跤，既有真功夫，又有诙谐幽默的语言解说。天桥摔跤于2008年列入第二批国家级非物质文化遗产名录。陈洁通过文献资料法、访谈法、田野调查法和逻辑分析法对天桥摔跤的现状展开研究，得出以下结论：通过吸收相声表演的艺术形式，天桥摔跤成为国家级非物质文化遗产以来，在传承、保护、创新与发展方面取得了很大的进步，充分展现了其独特的健身价值、艺术观赏价值、技艺价值和社会价值。但现阶段天桥摔跤的保护与发展依然面临着比较严峻的问题：天桥摔跤的生存现状不容乐观；天桥摔跤在保护和发展过程中存在参与人员老龄化，新生力量不足，人力、经费投入不够，活动本身难度大，社会影响力不高等问题；目前天桥摔跤的保护工作主要依靠政府力量、传承团体及传承人以及社会群体人员，保护措施多种多样，保护工作取得了一定成效；政府对天桥摔跤的保护有一定的扶持，但还远远不够。天桥摔跤的传承保护与发展还需要政府的重视、社会力量的支持以及政府的政策鼓励与资金支持。①

围棋集智力、趣味、竞技于一身，下棋过程中需要投入大量的脑力。棋手通过对棋局的分析、判断、计算、成功选点，直至获得胜利。博弈之间，棋手的意志品质、抗挫能力、竞争意识、心态调节等素质得到极大的锻炼。素质教育是以提高受教育者各方面素质

---

① 陈洁：《天桥摔跤的现状研究——基于国家级非物质文化遗产保护的视角》，首都体育学院硕士学位论文，2016年。

为目标的一种教育模式，它重视人在思想道德、身心健康、能力培养以及个性发展等方面的教育。李俊彩根据多年的教学经验，采用举例子的方式说明下围棋对棋手的意志品质、抗挫能力、竞争意识、心态调节等素质教育的影响，进而得出下围棋是素质教育的有力手段的结论。①

围棋从春秋战国时期开始流行，具有激发人们谋略、计算等益智的功能。同时，时代背景对其影响甚大，在两汉三国时期，偏重于兵法运用、谋略的运筹。两晋南北朝时期，则多成为展现名士矫情镇物的工具。梅铮铮认为，围棋作为体育项目之一活跃至今，与自身蕴含的文化内涵密不可分。虽然中国古代没有西方近代体育这个观念，但它的娱乐、休闲、锻炼人的意志、公平竞争的特性，是与体育功能相通的。②

戴晓杭介绍了围棋的基本概念，着重介绍了蕴含于围棋之中的战略内涵，通过历史和政治军事中的例子形象地阐述了围棋思想中博弈的实质。③

中国象棋起源于春秋战国时期，是历经了上千年时间沉淀的一种棋类智力游戏。马麟以中国象棋为研究对象，简要阐述了中国象棋的基本概念，详细分析了中国象棋的发展史，分别探讨了中国象棋的起源和历史、现状和发展前景，以期为中国象棋研究者、从业者与爱好者提供参考和帮助。④

---

① 李俊彩：《简析围棋与素质教育》，《运动》2017年第24期，第83—84页。
② 梅铮铮：《两汉三国两晋南北朝时期围棋文化论》，《中华文化论坛》2017年第9期，第23—30、191页。
③ 戴晓杭：《围棋与博弈的实质分析》，《现代盐化工》2016年第43卷第3期，第85—86页。
④ 马麟：《关于中国象棋的发展论述》，《求知导刊》2016年第2期，第31页。

幻术属于传统技艺表演，民间又叫"戏法"，大约产生于夏朝，盛于西汉，汉唐时称"幻术"，宋代称"藏挟技"，近代称"魔术"。傅氏幻术源于北派幻术，兼收各派精华，已逾百年历程。杜洋通过对傅氏家族的介绍，详细记载了国家级非物质文化遗产代表性项目傅氏幻术的传承之旅。①

七、传统美术类非物质文化遗产研究

目前，北京市传统美术类非物质文化遗产项目入选国家级非物质文化遗产项目名录的共有17项。学者们对北京市传统美术类非物质文化遗产项目研究较少，研究成果主要集中在应用上，理论研究相对缺乏。

表7 北京市传统美术类国家级非物质文化遗产项目名录

序号	编号	类别【数量】	项目名称
1	Ⅶ-27	传统美术【17项】	象牙雕刻
2	Ⅶ-57		北京玉雕
3	Ⅶ-15		内画（北京内画鼻烟壶）
4	Ⅶ-70		北京绢花
5	Ⅶ-50		北京灯彩（申报单位为"北京宫灯厂"）
6	Ⅶ-50		北京灯彩（申报单位为"北京鑫瑞祥通文化发展有限公司"）
7	Ⅶ-52		面人（北京面人郎）
8	Ⅶ-84		料器（北京料器）
9	Ⅶ-93		传统插花

---

① 杜洋：《我爸爸的爸爸的爸爸——记国家级非物质文化遗产傅氏幻术传承之旅》，《文化月刊》2015年第4期，第46—49页。

续表

序号	编号	类别【数量】	项目名称
10	Ⅶ-52	传统美术【17项】	面人（面人汤）
11	Ⅶ-84		料器（葡萄常料器）
12	Ⅶ-110		京绣
13	Ⅶ-47		泥塑（北京兔儿爷）
14	Ⅶ-63		汉字书法
15	Ⅶ-58		木雕（紫檀雕刻）
16	Ⅶ-122		赏石艺术
17	Ⅶ-32		金石篆刻

随着动物保护观念的逐渐兴起和相关动物保护法律政策的实施，以及"禁牙令"的出台，我国象牙雕刻技艺面临着"无牙可雕"的尴尬境遇。刘爽提出，如何在这一背景下进行牙雕技艺的传承成了一个主要的问题。[1]吴味霖以象牙雕刻历史与现状为题，介绍象牙雕刻这种在中国大地传承发展了数千年的传统技艺的发展历程。研究传统象牙雕刻在中国传统工艺中的地位，阐述当代象牙雕刻面临的现状，目的是让人们正视传承象牙雕刻这门技艺所遇到的问题。[2]

肖凤春认为，中国制玉历史悠久，范围较广，受到不同地域环境、政治经济、文化艺术等因素的影响，玉器制作表现出强烈的区域性特征。其中，北京、扬州曾是历史上两大著名的琢玉中心。北京作为"北玉作"的中心，自金元时发展起来，到清代更是设有专为皇家制玉的机构；扬州是"南玉作"的中心之一，明清以前就比较发达，明清以后扬州的玉器制作再次迎来高峰。当今，这两个琢玉中心依旧延续着

---

[1] 刘爽：《非物质文化遗产中"动物使用"的伦理问题——以我国象牙雕刻技艺为例》，《大众文艺》2020年第14期，第69—70页。
[2] 吴味霖：《象牙雕刻历史与现状》，《西部皮革》2018年第40卷第23期，第99页。

自己的辉煌。就当代玉雕艺术来讲，北京玉器风格多雄浑大气，格局开阔；扬州玉器风格多儒雅灵秀，精致细腻。①

北京内画鼻烟壶浓缩了传统及近代内画壶的特点，材质高档，造型优美，题材广泛，画意生动，诗、书、画、印在北京内画鼻烟壶中得到了完美的体现。麻敏对北京内画鼻烟壶的艺术特点及传承进行探讨，希望通过对北京内画鼻烟壶的阶段研究，使更多的理论家、学者关注北京内画鼻烟壶，保护优秀文化传统艺术，使之生生不息。②

兔儿爷是老北京中秋节代表性的节俗用品，它源于古老的月亮崇拜。明清以来，月宫玉兔逐渐从月崇拜的附属物中分离出来，在祭月仪式中形成了独立的形象，并逐渐丰富。兔儿爷兼具神圣和世俗的品性，融祭祀和游乐的功能于一体。如今兔儿爷已经成为最具代表性的北京非物质文化遗产之一，应该被更好地传承和弘扬。

老北京泥塑"兔儿爷"是典型的具有北京地域文化特征的代表性遗产，除了用来祭祀之外，还有娱乐的功能。"兔儿爷"的造型大致分为戏曲角色型和生活型两类，具有深厚的历史文化内涵。侯心羽等人认为，可以把"兔儿爷"文化中的设计元素发掘出来，应用到如闹钟、存钱罐、时尚女包等文创衍生品中进行再设计，并在现代设计和应用中保留传统文化内涵，更好地突出其特色优势，开发符合现代审美情趣的创意产品，使老北京传统"兔儿爷"形象焕发出新的生机。③

---

① 肖凤春：《北京、扬州的当代玉雕艺术比较》，《大众文艺》2017年第16期，第145—146页。
② 麻敏：《方寸之地呈千里之势——北京内画鼻烟壶绘画艺术及传承》，《湖南包装》2020年第35卷第3期，第74—78页。
③ 侯心羽、庄一兵、王一珉：《北京泥塑"兔儿爷"的文化内涵和衍生品设计》，《美与时代》（上）2017年第2期，第100—102页。

吕蕾和张继晓论述了北京文化基因的本质内涵，阐明了北京文化基因在中和之美、象征寓意、天人合一中的具体表现，结合兔儿爷文化，提出北京文化基因与兔儿爷文化相对应的文化基因表现，即中和之美与艺术美感、象征寓意与寓教于乐、天人合一与节俗实用。其文章进一步论证了二者相互影响、精神与物质的关系，得出只有将北京文化基因与传统民间工艺品相结合，扬长避短，不断创新，才能使北京现代民间工艺品设计走向世界。①

京绣是以北京为中心生产的手工刺绣，又称"宫廷绣"，和景泰蓝、玉雕、牙雕、雕漆、金漆镶嵌、花丝镶嵌、宫毯并称"燕京八绝"，历史上也曾和现在的苏绣、湘绣、顾绣并称"四大绣"。2009年11月，京绣被列为北京市级第三批非物质文化遗产。任静依基于对京绣一定的了解，对京绣工艺的传承现状进行了调查研究，主要通过走访传承人、对京绣商店的实地调查与文献资料研究来认识其整体传承现状，了解传承人相关情况、主要传承方式及其特点，进而发现其传承中存在的问题。②

面塑作为一种民间生命力极强的造型艺术，生长和扎根于民众生活，成为中国一种古老而又独特的民间艺术，已有数千年的历史。"面人郎"是北京面塑艺术中的一个流派。2008年6月，"面人郎"列入第二批国家级非物质文化遗产名录。纪学艳和吕林雪认为，"面人郎"在"手工"的基础上，融入面塑艺人大量的感性因素，体现了人类手脑协调运动的和谐生存状态，引导人们用面团捏成富有人情韵味的作品，具有较高的技艺水准和高度的艺术品位及审美价值。③

---

① 吕蕾、张继晓：《北京兔儿爷的文化基因特色探析》，《艺术教育》2016年第5期，第151—152页。
② 任静依：《京绣传承现状浅析及思考》，《北京文博文丛》2014年第2期，第56—61页。
③ 纪学艳、吕林雪：《谈北京面塑"面人郎"的艺术特色》，《北京联合大学学报》（自然科学版）2016年第30卷第1期，第50—54页。

八、传统技艺类非物质文化遗产研究

目前，北京市传统技艺类非物质文化遗产项目入选国家级非物质文化遗产项目名录的共有 42 项。在北京市传统技艺类非物质文化遗产项目上，学者们各抒己见，建树颇丰，但是针对传统技艺类非物质文化遗产项目的理论研究较少。

表 8 北京市传统技艺类国家级非物质文化遗产项目名录

序号	编号	类别【数量】	项目名称
1	Ⅷ-43	传统技艺【42项】	景泰蓝制作技艺
2	Ⅷ-44		聚元号弓箭制作技艺
3	Ⅷ-77		木版水印技艺
4	Ⅷ-50		雕漆技艺
5	Ⅷ-167		烤鸭技艺（全聚德挂炉烤鸭技艺）
6	Ⅷ-167		烤鸭技艺（便宜坊焖炉烤鸭技艺）
7	Ⅷ-126		金漆镶嵌髹饰技艺
8	Ⅷ-125		花丝镶嵌制作技艺
9	Ⅷ-110		地毯织造技艺（北京宫毯织造技艺）
10	Ⅷ-45		家具制作技艺（京作硬木家具制作技艺）
11	Ⅷ-38		剪刀锻制技艺（王麻子剪刀锻制技艺）
12	Ⅷ-82		剧装戏具制作技艺
13	Ⅷ-88		风筝制作技艺（北京风筝哈制作技艺）
14	Ⅷ-136		装裱修复技艺（古字画装裱修复技艺）
15	Ⅷ-136		装裱修复技艺（古籍修复技艺）
16	Ⅷ-90		琉璃烧制技艺
17	Ⅷ-113		盛锡福皮帽制作技艺

续表

序号	编号	类别【数量】	项目名称
18	Ⅷ-115	传统技艺【42项】	内联升千层底布鞋制作技艺
19	Ⅷ-158		酱菜制作技艺（六必居酱菜制作技艺）
20	Ⅷ-157		腐乳酿造技艺（王致和腐乳酿造技艺）
21	Ⅷ-147		花茶制作技艺（张一元茉莉花茶制作技艺）
22	Ⅷ-144		蒸馏酒传统酿造技艺（北京二锅头酒传统酿造技艺，申报单位为"北京红星股份有限公司"）
23	Ⅷ-144		蒸馏酒传统酿造技艺（北京二锅头酒传统酿造技艺，申报单位为"北京顺鑫农业股份有限公司牛栏山酒厂"）
24	Ⅷ-146		配制酒传统酿造技艺（菊花白酒传统酿造技艺）
25	Ⅷ-169		天福号酱肘子制作技艺
26	Ⅷ-168		牛羊肉烹制技艺（月盛斋酱烧牛羊肉制作技艺）
27	Ⅷ-168		牛羊肉烹制技艺（鸿宾楼全羊席制作技艺）
28	Ⅷ-168		牛羊肉烹制技艺（东来顺涮羊肉制作技艺）
29	Ⅷ-168		牛羊肉烹制技艺（北京烤肉制作技艺）
30	Ⅷ-171		都一处烧卖制作技艺
31	Ⅷ-204		仿膳（清廷御膳）制作技艺
32	Ⅷ-208		北京四合院传统营造技艺
33	Ⅷ-88		风筝制作技艺（北京风筝制作技艺，申报单位为"北京市海淀区文委、海淀区文化馆"）

续表

序号	编号	类别【数量】	项目名称
34	Ⅷ-88	传统技艺【42项】	风筝制作技艺（北京风筝制作技艺，申报单位为"北京市原崇文区体育馆路街道办事处"）
35	Ⅷ-124		民族乐器制作技艺（宏音斋笙管制作技艺）
36	Ⅷ-147		花茶制作技艺（吴裕泰茉莉花茶制作技艺）
37	Ⅷ-224		传统香制作技艺（药香制作技艺）
38	Ⅷ-225		一得阁墨汁制作技艺
39	Ⅷ-174		官式古建筑营造技艺
40	Ⅷ-197		青铜器修复及复制技艺
41	Ⅷ-202		古书画临摹复制技艺
42	Ⅷ-223		古代钟表修复技艺

2008年，北京花丝镶嵌列入第二批国家级非物质文化遗产名录，社会各界对花丝镶嵌的关注不断增多。然而，对于何时出现"花丝镶嵌"这一概念，少有人进行讨论；"花丝镶嵌"概念及其工艺内涵的界定，学术界更未达成共识。颜建超等人通过对古代文献的研究并综合前人已有的研究成果，试图探讨"花丝镶嵌"概念的由来及界定，认为中国古代并没有以"花丝镶嵌"命名的传统手工技艺，直至新中国成立初期，才出现"花丝镶嵌"这一概念；花丝镶嵌是以金银珠宝为主要原料，以花丝、镶嵌为主要制作工艺，并灵活集合了其他如錾刻、镀金、点翠、镂空等制作工艺，是一项集成的传统手工技艺。[①]

中华文化源远流长，博大精深，一些传统的工艺传承至今仍具有

---

① 颜建超、章梅芳、孙淑云：《"花丝镶嵌"概念的由来与界定》，《广西民族大学学报》（自然科学版）2016年第22卷第2期，第30—38页。

一定的审美价值与现实意义。作为我国本土具有鲜明特色的金属工艺，花丝镶嵌工艺曾一度被称为"燕京八绝"之一，拥有2000多年的发展历史，可见其影响力与历史性。随着我国社会主义现代化建设的不断发展，各种设计及镶嵌工艺层出不穷，这种花丝镶嵌工艺似乎已淡出了人们的视线。直至2008年，我国将花丝镶嵌工艺列为国家级非物质文化遗产，这一金属工艺才得以有效地保护与传承。易帆着重对花丝镶嵌工艺的发展进行深入分析，探究其在当代社会的发展道路，并为花丝镶嵌工艺的传承提出可行性建议。①

花丝镶嵌最早被称为"错金银"，汉代被誉为"焊缀金珠"，唐朝名"细金"，其制作工艺在明清时的北京达到巅峰。随着我国经济进一步转型和行业自身的发展变化，花丝镶嵌行业从新中国成立后的生产合作社形式到以国营企业为主体的形式，最后发展成为现在珠宝企业运作模式和工作室模式。全国花丝镶嵌设计生产主要集中在北京、成都、贵州三地，对比三地花丝镶嵌行业，对于探寻花丝镶嵌工艺这一非物质文化遗产保护问题，具有重要的参考意义。②目前，"生产性保护"已经在我国非物质文化遗产保护工作中得到落实。然而，根据崔衡的实际调研，"生产性保护"在具体落实过程中仍然存在着不少问题。崔衡试图通过对我国花丝镶嵌工艺"生产性保护"实践的考察，说明"生产性保护"在实践中面临的困难与亟待解决的问题。③

---

① 易帆：《探讨花丝镶嵌工艺的发展及传承》，《戏剧之家》2015年第20期，第162、170页。
② 崔衡：《花丝镶嵌工艺保护的问题与出路——以京、蜀、黔三地花丝镶嵌行业现状为例》，《文艺理论与批评》2015年第6期，第138—140页。
③ 崔衡：《"生产性保护"的实施与困境——以花丝镶嵌工艺为例》，《艺术评论》2016年第1期，第131—134页。

我国花丝镶嵌工艺具有悠久的历史，也蕴含着丰富的文化价值，其雏形可以追溯到商代。徐可介绍了花丝镶嵌工艺的发展历程与发展现状，研究了花丝镶嵌工艺的加工工艺与特点，并对其在现代首饰制作中的创新应用进行了具体分析，希望能给花丝镶嵌工艺的发展和在现代首饰制作中的应用提供借鉴与启发。[1]

在中国细金工艺的历史发展中，明清时期北京地区的花丝镶嵌堪称顶峰，这个时期涌现出了大量的艺术珍品。徐中海试从当时的政治、文化背景下，以万历皇帝的金善翼扇冠和乾隆皇帝的金瓯永固杯为切入点，综合这两个时期的珍品，从造型、纹样、工艺等几个方面分析这种国宝级技艺，来启发当下的艺术和工艺品创作。[2]

北京雕漆历经千年传承至今，随着时代的更迭历经沉浮，正处于由原来的轻工业向文化产业、文化事业双重属性转型的重要时期。陈聪认为其生存状态可谓喜忧参半，依旧存在着题材陈旧、工艺落后、人才短缺、管理混乱等问题。但是随着近年来国家"实施中华优秀传统文化传承发展工程"，出台《中国传统工艺振兴计划》，大力开展非物质文化遗产保护工作，以殷秀云为代表的雕漆从业者正在通过自己的雕漆创作、文化推广等方式，不遗余力地为北京雕漆的发展贡献力量。在此形势下，诸多问题正在好转。随着扶持政策顶层设计、与设计师合作平台搭建、手工艺服务体系建立等一系列政策的引导，北京雕漆获得了更好的生存空间，也有了明确的发展方向。[3]

---

[1] 徐可：《花丝镶嵌工艺在现代首饰制作中的创新应用研究》，《艺术教育》2016年第11期，第170—171页。

[2] 徐中海：《浅析明清时期的北京花丝镶嵌》，《群文天地》2012年第5期，第258页。

[3] 陈聪：《北京雕漆生存状态观察——以殷秀云雕漆为例》，《山东工艺美术学院学报》2020年第3期，第105—110页。

书画是我国传统文化背景下衍生出的瑰宝，更是承载了中华民族的发展历史。从唐朝开始至今，我国的书画艺术品呈现出了爆发式增长趋势，现存书画文物数量更是远超其他文物。在开展书画文物修复的时候，装裱修复是其中不可或缺的组成部分。对此，刘欢以书画装裱修复工艺的研究与分析为选题，对书画装裱修复工艺开展深入研究，提出全色与接笔可在书画装裱修复方面得以应用的见解。[①]赵江华着眼于书画修复中传统装裱艺术的应用，探究这一装裱艺术在书画修复中应用的形式和特征的同时，分析这一技术在书画修复中应用的重要性。[②]

"聚元号"弓箭铺是清朝末年北京东四大街"弓箭大院"里17家弓箭铺之一，且是目前所知北京唯一完整保存传统制作工艺的弓箭铺。仪德刚和张柏春调查了"聚元号"弓箭的制作方法。"聚元号"弓是用以猪皮熬制的胶把水牛角、竹子、牛筋等材料粘制成一体的传统反曲弓，其形制属于清代满族弓，具有弓较大的特征。现今传统弓箭制作行业已经退出了市场，但70多岁的"聚元号"经营者杨文通师傅在家里亲传手艺给他的三儿子杨福喜，使这种手艺得以保存。[③]

聚元号弓箭是北京地区传统弓箭制作技艺的杰出代表，是国家级非物质文化遗产项目。李扬认为聚元号弓箭的历史渊源及其制作

---

① 刘欢：《书画装裱修复工艺的研究与分析》，《艺术品鉴》2020年第15期，第109—110页。
② 赵江华：《传统装裱艺术在书画修复中的应用研究》，《艺术品鉴》2020年第17期，第50—51页。
③ 仪德刚、张柏春：《北京"聚元号"弓箭制作方法的调查》，《中国科技史料》2003年第4期，第53—71、102页。

流程，很大程度上体现出对材料使用的可持续及其再利用，展现出传统手工技艺"因材制宜"的特点，是传统手工艺人智慧的结晶。①

赵建民认为，"北京烤鸭"的焖炉炙烤烹饪技艺与汉代"貊炙"之间有着历史渊源和传承关系。当今以北京便宜坊为代表的"焖炉烤鸭"是华夏民族文化交流和融合的结晶，是一个富有民族历史文化底蕴的餐饮文化品牌。②

叶树良主要介绍北京烤鸭加工工艺，对生产工艺进行深入探讨，并针对烤鸭常见的质量问题展开分析，提出了具体的解决方法。③

因非物质文化遗产保护工作的推进，"老字号"的保护加传承成为近年来文化和商业领域共同面对的话题。李楠以北京非物质文化遗产老字号品牌"盛锡福"作为考察对象，深入老字号制作工场，对制作工艺进行记录考察，同时把相关的人文内容纳入调查范围，全面反映其技艺的整体风貌。老字号的传统手工艺不只与文化生产相关，还与大众生活、民族情志以及国家"文化走出去"战略有紧密的联系。④

舒瑜以北京"盛锡福"皮帽制作为个案讨论老字号的技艺传承问题。今天老字号的手工技艺被认为代表着传统，正是因为新的技术形态（机械工业）的出现。从老字号企业的发展史看，手工技艺与机械

---

① 李扬：《试论传统手工技艺生态及其再生——以聚元号弓箭为例》，《生态经济》（学术版）2014 年第 2 期，第 88—91 页。
② 赵建民：《北京"焖炉烤鸭"与汉代"貊炙"之历史渊源》，《扬州大学烹饪学报》2013 年第 30 卷第 1 期，第 11—13 页。
③ 叶树良：《北京烤鸭加工工艺研究》，《肉类工业》2012 年第 8 期，第 8—9 页。
④ 李楠：《北京皮帽非遗老字号"盛锡福"考察纪实》，《服饰导刊》2018 年第 7 卷第 3 期，第 20—24 页。

技术经历了长期碰撞、互动、融合的过程，但手工技艺有的工序始终是机械技术无法进入的最后防线，这就成为老字号存在的意义。他从老字号自身历史说起，再谈到当下的技艺传承，最后论及技术宇宙观的问题。①

隋文香和姜浩在调研的基础上，分析北京老字号企业——"内联升"经营管理的现状及存在的问题，同时提出今后发展的对策。通过对"内联升"发展之路的研究，得出"内联升"的发展是一条不断改革之路，是一条有自身特色的创新之路；老字号企业要生存发展，应当将历史基业与现代经营相契合。②

中国是风筝文化的发源地，中国三大特色风筝产地潍坊、天津和北京都集中在环渤海地区，这就使环渤海地区形成了璀璨的风筝传统文化。近年来，三个地区风筝文化的开发方式不同，使得风筝文化、经济、社会生活的结合程度迥异，其在当地经济与社会生活中所起的作用也有很大区别，最终导致风筝文化的发展和繁荣程度出现较大差异。张建梅坚持风筝文化为经济与社会生活服务的理念，贯彻保护与开发并举的思想，这是繁荣与发展风筝文化的必由之路。③

景泰蓝即铜胎掐丝珐琅，这一极具中国特色的传统手工技艺发展至今，集历史、文化、艺术、传统工艺于一身，融中国传统绘画、吉祥装饰、金属錾刻、宝石镶嵌以及冶金锻造、玻璃熔炼等技术于一体，是中国传统工艺美术的集大成者。景泰蓝曾多次作为国礼被赠送给

---

① 舒瑜：《老字号的技艺传承——以北京"盛锡福"皮帽制作为例》，《西北民族研究》2013年第2期，第113—123、170页。
② 隋文香、姜浩：《老字号"内联升"经营管理中的问题及对策研究》，《北京农学院学报》2007年第1期，第46—48页。
③ 张建梅：《环渤海风筝文化开发比较研究》，《天津大学学报》（社会科学版）2009年第11卷第2期，第114—119页。

友好国家,这种特殊身份加之自身的艺术特征与工艺特点,吸引了许多专家学者对其进行研究。学界的关注点大多集中在景泰蓝器型、纹饰、图案、色彩、创新、应用等方面,但对于景泰蓝制作流程中涉及的工匠——景泰蓝技艺价值的实现者缺乏关注与研究。杨君透过解析景泰蓝技艺每道工序的艺术价值,探讨景泰蓝工匠专业素养培养的重要性。①

景泰蓝作为珐琅的分支,其制作技艺缘起于东罗马帝国,在世界各国有不同的发展。在中国,经历了引入、繁荣、兴盛、衰败和现代复兴几个阶段后,景泰蓝制作技艺被确立为中国传统手工艺类非物质文化遗产之一。黄文捷和傅蓉蓉通过研究景泰蓝制作技艺在中国的发展和"珐琅"在国外的发展,致力于探索一条景泰蓝制作技艺介入当代设计的传承之路。这不仅是非物质文化遗产传播发展的要求,也是非物质文化遗产对当代设计提供新思路、新源泉的使命所在,不仅对景泰蓝的发展有重要意义,也对非物质文化遗产的传承与创新提供借鉴意义。②

茉莉花茶是我国六大茶类之一,北京的张一元、吴裕泰两家茶叶公司是我国目前经营茉莉花茶最好的公司。莫春凤等人对北京的张一元、吴裕泰两家茶叶公司制作茉莉花茶的工艺进行探讨。③

张一元老字号茶庄历史悠久。朱永杰等人认为老字号茶庄在文化

---

① 杨君:《透过景泰蓝技艺的艺术价值看工匠的培养》,《美术教育研究》2017年第16期,第46页。
② 黄文捷、傅蓉蓉:《基于非物质文化遗产传承的当代设计探索——以景泰蓝制作技艺为例》,《设计》2015年第5期,第88—90页。
③ 莫春凤、焦世霞、陈殷:《浅谈张一元、吴裕泰茉莉花茶的制作》,《农技服务》2017年第34卷第23期,第136页。

发展、产品设计以及运营方面存在着一些优势和问题。在文化发展对策方面，张一元亟须全面研究老字号文化，做好非物质文化遗产传承和保护工作，借助多种方式全方位宣传老字号文化；在产品设计对策方面，张一元应该突出产品的特色，抓好标准化建设工作；在产品运营对策方面，张一元须合理利用大数据，加快发展加盟连锁店，并向外市场深入拓展。[1]

髹漆工艺是中国人的发明，是漆器制作的主要工序，具有多元性，从涂漆到彩绘，从粘贴到镶嵌，从针刻文字到款彩，从堆漆到雕漆，皆为器物髹漆技法。素髹是最古老的髹漆技法，始于远古，盛于宋代；髹画工艺是基于人类对色彩的追求发展起来的，秦汉时期已趋成熟；镶嵌工艺发端于良渚文化时期，源于生漆的胶粘加固特性和对审美的追求，元代走向成熟；金髹工艺的兴起与金工技术和髹漆工艺的发展密切相关，唐代的金银平脱是其发展顶峰；锥画技法始于春秋战国时期的漆器表面针刻文字，为后世雕填、戗金、雕漆之先声；堆漆有如雕漆之美，商代可觅其踪迹，兴于汉代，由此催生了雕漆、纹髹等工艺；雕漆自唐代初兴，元代达顶峰，它是在汉代堆漆、锥髹、夹纻漆艺的基础上发展起来的。元、明、清时代，髹漆工艺体系已经完备，不同髹饰技法的变化结合，使中国古代漆器事业呈现出千文万华的繁荣局面。[2]

九、传统医药类非物质文化遗产研究

目前，北京市传统医药类非物质文化遗产项目入选国家级非物质文化遗产项目名录的共有12项。学者们针对北京市传统医药类非物

---

[1] 朱永杰、张宝秀、韩光辉：《张一元老字号茶庄的发展现状与对策探析》，《农业考古》2015年第2期，第98—103页。

[2] 张飞龙：《中国髹漆工艺溯源》，《中国生漆》2008年第1期，第21—37页。

质文化遗产项目研究较少，主要是从医学的角度入手对传统医药进行研究，缺少多学科多角度分析。

民族医药民俗是一个以民族医药为核心的民俗体系，无论是在历史上还是在现代都发挥着举足轻重的作用。王伟杰认为，大健康时代的到来为民族医药民俗的传承与保护提供了新的机遇与挑战，而加快民族医药单一类项目的申报及审批步伐，建立梯队合理、结构完善、层次分明的民族医药传承人队伍，利用新技术、新手段加快民族医药的市场化发展步伐，并创新民族医药知识产权的保护形式是未来传承民族医药的可行之策。①

表9 北京市传统医药类国家级非物质文化遗产项目名录

序号	编号	类别【数量】	项目名称
1	Ⅸ-7	传统医药【12项】	同仁堂中医药文化
2	Ⅸ-6		中医正骨疗法（宫廷正骨）
3	Ⅸ-6		中医正骨疗法（罗氏正骨法）
4	Ⅸ-11		传统中医药文化（鹤年堂中医药养生文化）
5	Ⅸ-2		中医诊法（葛氏捏筋拍打疗法）
6	Ⅸ-2		中医诊法（王氏脊椎疗法）
7	Ⅸ-2		中医诊疗法（清华池传统修脚术）
8	Ⅸ-4		中医传统制剂方法（安宫牛黄丸制作技艺）
9	Ⅸ-1		中医生命与疾病认知方法
10	Ⅸ-3		中药炮制技术
11	Ⅸ-4		中医传统制剂方法
12	Ⅸ-5		针灸

① 王伟杰：《中国传统医药类非物质文化遗产分类研究》，《江西社会科学》2013年第11期，第206—211页。

刘立云认为，目前传统医药的非物质文化遗产保护领域有两个薄弱的环节：一是尚未著书立传的医学思想、治疗手段及师承经验、配方；二是流传在民间的技术和方法。①

罗澍研究认为，非物质形态的民族医药文化表现形式是知识财产，从法律保护角度看受知识产权制度调整，但现有法律在民族医药文化与民族医药文化表现形式的权利归属、权利内容以及在民族医药的非物质文化遗产保护等方面均存在司法保护不足的问题；为提升民族医药文化财产的传承与发展的质量，以及参与市场的竞争力，民族医药需要从"文化遗产"单一结构向"文化遗产、文化产品和服务、知识产权"三位一体的财产结构转变，并形成货物贸易、服务贸易和知识产权贸易等多种创新发展方式，利用新载体与新传播方式进行跨界发展，积极开发文化衍生产品和服务，推动民族医药文化表现形式资源与其他资源跨界整合集聚，用跨界发展实现财产结构转变；后非遗时代对民族医药知识产权行政保护工作的重心应该由"保存、保护"向"知识产权促进"转移，提升民族医药自主知识产权的研究和运用能力，适时制定地方性民族医药单行条例，打造和保护民族医药品牌，推动民族医药知识产权贸易与融资。②

传统医药是中华民族传统文化的宝贵财富，构建科学合理的分类体系，对传统医药类非物质文化遗产的申报、评审、管理以及传承发展都将具有重要的现实意义。针对目前中国传统医药类非物质文化遗产名录稀少、归属不清、层次模糊等问题，王伟杰在批判继承国内传

---

① 刘立云：《非遗语境下的传统医药的非物质文化遗产保护之路》，《黑龙江史志》2014年第19期，第53—54页。
② 罗澍：《后非遗时代民族医药跨界发展与知识产权保护》，《长安大学学报》（社会科学版）2017年第19卷第2期，第89—94页。

统医药现有分类的基础上,根据中国传统医药非物质文化遗产名录中复合型项目与单一型项目并存的现状,重构了传统医药类非物质文化遗产的多线性分类体系。[①]

北京同仁堂是中医药行业的"中华老字号",距今已有350年的历史。百年不变的同仁堂精神为其赢得了广泛的赞誉和信任,使其成长为中医药行业的"龙头"。新时期,北京同仁堂又致力于海外发展,为中国中医药产业的发展提供了很多成功经验。其面对中医体系所做出的努力调试,也为传统中医药走向世界提供了宝贵借鉴。[②]

十、结语

综上所述,学术界对北京非物质文化遗产的研究已取得了丰富成果,不同种类的非物质文化遗产都有涉猎,不同学科的学者们都有介入,呈现出良好的发展态势。可以说,这些成果与成绩将助推该领域的研究向纵深方向发展。当然,在综述其成绩的同时,也发现了一些问题与不足。以下主要从四个方面就其存在的问题与完善建议进行论述。

其一,科研成果的形式较为单一,专著类的成果数量偏少。当前,学术界对北京十大类别的非物质文化遗产进行了研究,但其成果多是以期刊论文、学位论文和论文集的形式呈现,专门针对该领域的有关保护传承的研究专著较为鲜见。学术界在今后的研究中,应该重视弥补这一短板。

---

① 王伟杰:《中国传统医药类非物质文化遗产分类研究》,《江西社会科学》2013年第33卷第11期,第206—211页。
② 刘颖:《北京同仁堂的医药文化——走向世界的传统中医药》,《廊坊师范学院学报》(社会科学版)2019年第35卷第3期,第86—90页。

其二，该领域的研究多以单一学科为主，多学科交叉研究的学术氛围尚未形成。目前，学术界对非物质文化遗产保护传承的研究，基本上还是以单一学科为主。诸如民俗学、文学领域的学者重点关注民间文学和民俗类非物质文化遗产，音乐学、舞蹈学、戏剧戏曲学领域的学者重点关注传统音乐、舞蹈、戏剧和曲艺类非物质文化遗产，体育学、中医药学领域的学者重点关注传统体育和医药类非物质文化遗产。当然，这种以专门的学科重点关注专门领域的非物质文化遗产保护传承问题，本身就是学科责任和使命所在，无可厚非，但是如果从宏观理论视野与非物质文化遗产发展的角度来看，对非物质文化遗产保护传承问题的研究还需要摒弃学科门户之成见，破除专业自封之禁锢。具体而言，即需要不同学科、不同领域的专家学者同时介入、协同合作，对不同类别非物质文化遗产的保护传承开展交叉研究。

其三，研究范式及内容多为基于田野经验的对策性研究，在学理性的理论反思、建构方面还不足。学术研究离不开理论的观照与反思，综观前文所述相关成果的研究范式及内容，学术界在田野经验的对策性研究方面取得了重要成绩，但是在通过田野调查来反思、构建非物质文化遗产保护传承的理论研究方面还明显不足。因此，加强非物质文化遗产保护传承体系及理论构建方面的研究工作，将是今后学者们应当关注的一个重点。

其四，对非物质文化遗产保护传承的研究，标志性科研成果还不多，不同类别之间的研究成果质量差异明显。通观前文的论述可知，当下学术界在非物质文化遗产保护方面尽管取得了重要成绩，但是具有标志性的、极具学术分量的科研成果还不多，不同类别的非物质文化遗产研究成果的质量也参差不齐。如民间文学类，传统美术类，传统体育、游艺与杂技类等非物质文化遗产科研成果，其质量差异尤为突出。究其原因，一是田野调查的深度和持续度还不够，二是不同学科的理论与方法介入该研究领域还不足。有鉴于此，在今后的科研工作中，我们需要进一步加强田野调查，灵活运用不同学科领域的理论与方法，通过新理念、新理论和新方法介入与融合，努力将非物质文化遗产的研究推向新高度。

后 记

北京是拥有3000余年建城史和800余年建都史的世界历史文化名城。在长期的历史发展中，积淀了丰厚灿烂的历史文化，其中既有宝贵的物质文化遗产，也有宝贵的非物质文化遗产。它们既是中华文明源远流长的伟大见证，也是当前首都建设尤其是北京推进全国文化中心建设的宝贵资源。

本书是对非物质文化遗产的专门研究，是由我主持的北京市宣传文化高层次人才培养资助项目"北京市民俗类国家级非物质文化遗产保护现状与对策研究"（2016-05—2019-05）的结项成果，出版得到北京高校高精尖学科建设项目"北京学"学科资助，具体经费项目名称是"科技创新服务能力建设——服务北京全国文化中心的智库建设项目"（1221399210101010）。

本书是集体合作的结晶。文化和旅游部民族民间文艺发展中心项目管理处副处长毕传龙博士，中国社会科学院中国历史研究院副研究员关昕博士，电子工业出版社编辑刘同彪博士，中国社会科学院民族文学所研究员毛巧晖博士，北京联合大学应用文理学院副教授李扬博士，北京师范大学社会学院副教授鞠熙博士、贺少雅博士以及中国政法大学统战部孙蕾女士均参与了课题研究。大家主要运用田野调查、文献梳理等方法，创新性地以北京市6项民俗类国家级非物质文化遗产项目为整体，对厂甸庙会、东岳庙庙会、妙峰山庙会、敛巧饭习俗、元宵节（九曲黄河阵灯俗）和元宵节（千军台庄户幡会）等进行了扎实的田野调查，并在此基础上撰写研究报告。此外，课题还对北京非物质文化遗产研究状况进行了梳理。盼望本研究对于提升北京民俗类国家级非物质文化遗产项目的保护水平发挥积极作用。

具体执笔撰写情况如下：

张勃，绪论 民俗类非物质文化遗产的特征、意义与保护，第一章 北京市民俗类国家级非物质文化遗产项目保护现状与对策。

毕传龙，第二章 厂甸庙会保护现状与对策。

关昕，第三章 东岳庙庙会保护现状与对策。

刘同彪，第四章 妙峰山庙会保护现状与对策。

毛巧晖，第五章 敛巧饭习俗保护现状与对策。

李扬，第六章 密云九曲黄河阵灯俗保护现状与对策。

鞠熙、贺少雅，第七章 千军台庄户幡会保护现状与对策。

孙蕾，附录 北京非物质文化遗产研究综述。

本书得以尽快出版要感谢学苑出版社副总编刘丰先生和责任编辑徐志琴女士的大力支持。

非物质文化遗产是流变的传统，除了"绪论 民俗类非物质文化遗产的特征、意义与保护"部分，本书的研究成果主要基于2016—2019年的观察。有疏漏不当之处，敬请批评指正。

北京联合大学 张勃
2021年6月6日